本书受河南省博士后科研基金、国家西甜瓜现代农业产业技术体系建设专项、"新型城镇化与中原经济区建设"协同创新中心和"'三化'协调发展河南省协同创新中心"项目资助

西甜瓜产业经济发展研究
——以河南省为例

Study on the Industrial Economy's Development of Watermelon
and Muskmelon: A Case Study of Henan Province

张扬　著

经济管理出版社
ECONOMY & MANAGEMENT PUBLISHING HOUSE

图书在版编目（CIP）数据

西甜瓜产业经济发展研究——以河南省为例/张扬著. —北京：经济管理出版社，2014.12
ISBN 978-7-5096-3296-3

Ⅰ.①西… Ⅱ.①张… Ⅲ.①西瓜—瓜果园艺—产业发展—研究—河南省 ②甜瓜—瓜果园艺—产业发展—研究—河南省 Ⅳ.①F326.13

中国版本图书馆 CIP 数据核字（2014）第 178450 号

组稿编辑：杨　雪
责任编辑：杨　雪
责任印制：黄章平
责任校对：超　凡

出版发行：经济管理出版社
　　　　　（北京市海淀区北蜂窝 8 号中雅大厦 11 层　100038）
网　　　址：www. E-mp. com. cn
电　　　话：（010）51915602
印　　　刷：大恒数码印刷（北京）有限公司
经　　　销：新华书店
开　　　本：720mm×1000mm/16
印　　　张：13.75
字　　　数：223 千字
版　　　次：2014 年 12 月第 1 版　　2014 年 12 月第 1 次印刷
书　　　号：ISBN 978-7-5096-3296-3
定　　　价：48.00 元

前　言

目前，居民日常生活中蔬菜水果类的食物供应消费量已经占所有饮食消费的40%左右，这足以说明蔬菜水果在居民家庭饮食结构的重要地位。西瓜和甜瓜的生产在世界园艺中拥有重要的地位，就其产量和面积而言，西瓜在世界十大水果中名列第五位，甜瓜名列第九位。

西甜瓜具有重要的营养价值和经济价值。随着人民收入水平提高、可支配消费收入增加，消费支付能力大幅度提高，再加上人民生活理念所发生的根本性改变，也就是饮食内容要追求健康营养等的消费理念成为新时期居民消费的主旋律。因此，西甜瓜已经成为居民春、夏、秋、冬四季都能消费的食物。从另一个方面讲，西甜瓜还有非常重要的经济作用，西甜瓜产业的快速发展有利于推动整个国民经济的发展。改革开放以来，我国西甜瓜产业得到了长足的发展，在促进农民快速增收和满足人民日益增长的生活需求方面发挥了巨大作用。随着中国城乡经济的发展和居民生活水平的提高，西甜瓜在种植业中的地位越来越重要，居民对西甜瓜的消费需求也越来越大。这就为西甜瓜种植生产提供了巨大的市场空间。2012年我国西甜瓜产业总产值达2500亿元以上，约占种植业总产值的6%。未来西甜瓜产业将为带动种植业发展和农业可持续发展做出更多的贡献。

由于西甜瓜消费需求持续旺盛，国家已经非常重视西甜瓜的种植和经营。在西甜瓜产业技术体系建设与发展的推动下，我国西甜瓜产业技术经济取得了斐然的成绩，在西甜瓜的种植资源研究、新品种培育、栽培技术开发推广应用、西甜瓜综合经济效益研究等方面都取得了非常可喜的成就。根据联合国粮食及农业组织FAOSTAT数据库（2013年8月更新数据），2011年世界西瓜的总产量为10288.9万吨，中国占67.2%；世界甜瓜的总产量为3125.5万吨，中国占55.2%。正是由于国家对西甜瓜产业重视程度不断提高，西甜瓜产业技术的快速发展，再加上我国种植生产西甜瓜具有明显的比较优势，西甜瓜产业在国际市场的地位也越来越重要，出口创汇能力也越来越强。

从国内来看，河南省是最重要的西甜瓜种植生产省份，省内有我国西甜瓜种子培育研究的重要基地——中国农业科学院郑州果树研究所和河南省农业科学院园艺所，河南省在我国西甜瓜产业技术体系建设中具有非常重要的地位。本书以河南省为例研究我国的西甜瓜产业发展，利用河南省西甜瓜产业技术的调查数据和监测数据，研究分析中国西甜瓜产业经济发展的现状和发展变化的特点，通过成本收益分析，探索西甜瓜在生产、消费、流通等环节的成本收益情况，在此基础上对我国西甜瓜产业的相关政策进行梳理。一是尽其所能揭示西甜瓜产业发展中存在的问题，对西甜瓜生产经营情况进行分析，以河南省为例对西甜瓜的生产技术发展状况、经营成本、收益进行实证研究，探讨提高我国西甜瓜产业收益的有效途径。二是结合我国社会经济发展状况和居民消费意识变化趋势，探讨影响西甜瓜产业供需变动情况及其影响因素，指出西甜瓜产业供给中存在的问题，并以此为基础找出相应的原因，确保西甜瓜的生产者尽可能多地获取并创造更多的生产者剩余，确保其收益的最大化。

由于个人能力所限，本书的研究内容大部分还是局限于西甜瓜产业发展的"浅层"，虽然在其研究过程中借鉴参考了国内学者丰富深厚的研究成果，但是难免出现疏漏，恳请各位专家学者赐教，笔者将虚心学习，有不妥之处将及时改正。

本书是基于农业部"国家西甜瓜现代农业产业技术体系建设专项"的相关数据为基础进行研究的初步成果，能顺利出版得到了河南财经政法大学领导、专家学者的关心，也得到了河南省博士后科研基金、"新型城镇化与中原经济区建设"协同创新中心和"'三化'协调发展河南省协同创新中心"的大力支持，在此一并表示感谢！

张　扬

2014 年 6 月 30 日

目　录

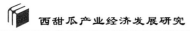

1 绪论

1.1 研究背景、目的和意义

1.1.1 研究背景

中国共产党十六大报告中明确提出了在进入 21 世纪的头 20 年，要集中力量，全面建设惠及十几亿人口的更高水平的小康社会，使经济更加发展、民主更加健全、科教更加进步、文化更加繁荣、社会更加和谐、人民生活更加殷实。十几年来，我国深入贯彻落实科学发展观，抓住机遇，取得了一系列新的历史性成就，为全面建设小康社会打下了坚实的基础。2002~2011 年，我国经济总量从世界第六位跃升到第二位，人均国内生产总值从 1000 多美元增加到 5400 多美元，货物贸易进出口总额从世界第五位跃居第二位，国际地位和影响力显著提高。区域发展协调性明显增强，城镇化进程加快，城镇人口超过农村人口。保障和改善民生成效显著，农业税全面取消，城乡居民收入大幅度提高，城镇居民人均可支配收入从 7703 元增加到 21810 元，农村居民人均纯收入从 2476 元增加到 6977 元；人民的教育和医疗水平显著提高；居民家庭财产普遍增加，消费结构快速升级，衣、食、住、行、用的条件显著改善，城乡低收入群体基本生活得到保障，文化生活丰富多彩。这些都充分说明人民的生活更加殷实。

随着人民可支配收入的快速增多，人民对更高生活质量的需求也不断提高。2013 年，我国粮食生产稳步发展，总产量再上千亿斤的新台阶，实现"十连增"。人民也不再满足基本的温饱的生活现状，开始追求高质量的生活状态。不仅要吃得饱，更要吃得好，不仅要有量上的满足，还要有质的保证。因此，人民非常重视科学的膳食结构和合理饮食搭配。所谓膳食平衡是指膳食中所含的营养素种类齐全、数量充足、比例适当，即氨基酸平衡、热量营养素平衡、酸碱平衡以及各种营养素摄入量之间也要平衡，只有这样才利于营养素的吸收和利用。日常生活中人们将必需食物分为五类。第一类是粮食类，是热量的主要来源。一般轻体力劳动者每天的摄入量以 300~500 克为宜，其余的热量由副食品供给，所以，粮食类食物占热能供给量为 60%~70%，约占膳食总量的 32%。第二类是富含动物蛋白质的食物，包括瘦肉、蛋、禽、鱼等，成人每天应摄入 70~100 克的蛋白质。据研究，人体对动物蛋白质的吸收率高于植物蛋白，较为理想的蛋白质摄入应是：动物蛋白占 1/4，豆类蛋白占 1/4，其余 2/4 则由粮食供给。因此，营养专家建议，每人每天应摄入禽、畜肉类 50~100 克，鱼虾类 50 克，蛋类 25~50 克。此类食物应占膳食总量的 13%。第三类是豆、乳及制品，因豆类富含蛋白质、不饱和脂肪酸和卵磷脂等，其蛋白质氨基酸的组成接近人体需要，所以每人每天应补充豆类 50 克、奶类 100 克，此类食物占总量的 9.5%。第四类是蔬菜、水果，这是人体维生素、无机盐和食物纤维的主要来源，但因蔬菜品种很多，营养成分也存在很大差异。例如：绿叶类蔬菜含大量的胡萝卜素、抗坏血酸以及钙、磷等无机盐；根茎类蔬菜有丰富的淀粉、蛋白质和胡萝卜素；鲜豆类蔬菜中的碳水化合物、铁及硫胺素是其他蔬菜所不能比的，所以每人每天应摄入 400~500 克，其中绿叶菜应保持 1/2 以上。新鲜的水果是抗坏血酸的良好来源，可以提供大量的蛋白质、磷、铁等无机盐，故而每人每天应摄入 100~200 克鲜果。此类食物应占总量的 40%。第五类是油脂类，油脂类可供给热量，促进脂溶性维生素的吸收，供给不饱和脂肪酸。植物油所含的必需脂肪酸比动物油高，而动物油的饱和脂肪酸多，脂肪熔点也比较高，因此不易为人体消化吸收，故而应少吃动物脂肪，多吃植物油。因此，营养学家建议油脂的摄入比例为饱和脂肪酸与多烯不饱和脂肪酸及单烯不饱和脂肪酸各占 1/3，油脂应按每千克体重每天 1 克摄入，约占总膳食比重的 1.5%。因此，以上五类食物长期缺乏任何一种都会影响身体健康。为保持均衡膳食，人们每天的膳食不宜吃得太精，更不应在节日中暴饮暴食，真正做到粗细搭配、有荤有素，健康就会更有保障。

从以上论述可知,蔬菜和水果在人们食物供应中占到40%左右,这就足以说明它们是合理的饮食搭配重要组成部分,并对身心健康具有非常重要的作用。西瓜和甜瓜的生产在世界园艺中拥有重要的地位,就其产量和种植面积而言,西瓜在世界十大水果中名列第五位,仅次于葡萄、香蕉、柑橘、苹果,而甜瓜则名列第九位。西甜瓜也以其生产周期短、经济效益高在经济作物中名列前茅,被称为高效的园艺作物。因此,西瓜和甜瓜无论是营养价值和经济价值,在人民生活和工作中都具有非常重要的地位。改革开放以来,我国西甜瓜产业得到了长足的发展,在促进农民快速增收和满足人民日益增长的生活需求方面发挥了巨大作用。随着中国城乡经济的发展和居民生活水平的提高,西甜瓜在种植业中的地位越来越重要,2012年我国西甜瓜产业总产值达2500亿元以上,约占种植业总产值的6%,未来西甜瓜产业将为带动种植业发展和农业可持续发展做出更多的贡献。但是,近些年来,西甜瓜产业有种植收入持续降低,种植面积不断减少的趋势。以河南省为例,从河南省西甜瓜产业经济专项调查结果显示,西甜瓜平均亩产收入2011年为3972元,2012年为3088元,比上年下降了近900元,2013年为2046元,比上年下降超过1000元,再次呈现下降的趋势。伴随着西甜瓜种植收入的减少,瓜农种植积极性也持续走低。从对河南省2013年西甜瓜种植农户调查结果显示,因种植西甜瓜收入低,有近90%以上的瓜农不愿意再继续从事西甜瓜的种植。因此,对西甜瓜产业经济进行更加深入细致的研究,不仅是促进西甜瓜产业健康发展的内在要求,也是丰富居民膳食结构、确保人民生活水平持续提高的重要举措。

1.1.2 研究目的

为促进社会经济可持续发展,确保居民饮食安全甚至粮食安全,夺取全面建设小康社会的新胜利,推进中国特色社会主义事业的快速发展,国家出台了"十二五"规划纲要,规划纲要中充分体现了国家确保我国各产业均衡发展的政策导向和对农业产业在政策上的显著倾斜。国家出台了近50个农业产业体系建设规划,其中西甜瓜产业体系也备受重视,成为我国农业现代化的重要任务之一。在西甜瓜产业技术体系建设与发展的推动下,我国西甜瓜产业技术经济取得了斐然的成绩。本书在国家西甜瓜产业技术体系的大力支持下,利用河南省西甜瓜产业技术的调查数据和监测数据，研究分析中国西甜瓜产业经济发展的现状和发展变化的特点，通过成本收益分析，探索西甜瓜在生产、消费、流通等环节的成本收益情况，在此基础上对我国西甜瓜产业的相关政策进行梳理。具体目的为：①在对西甜瓜产业相关理论进行详细、系统梳理的基础上，研究我国西甜瓜产业经济的历史和发展现状，揭示西甜瓜产业发展中存在的问题，探讨提高我国西甜瓜产业收益的有效途径。②对西甜瓜生产经营情况进行分析，以河南省为例对西甜瓜的生产技术发展状况、经营成本、收益进行实证研究。③结合我国社会经济发展状况和居民收入的变化趋势，分析西甜瓜产业供需变动情况及其影响因素，指出西甜瓜产业供给中存在的问题，并以此为基础找出相应的原因，确保西甜瓜的生产者获取并创造更多的生产者剩余，确保其收益的最大化。④作为"十二五"规划确定的重要产业技术体系之一，本书研究结论必将成为西甜瓜产业技术体系的重要组成部分，为高效统计、管理全国西甜瓜产业信息，确保科学研究的积累与可持续性，同时也为产业及政府相关部门提供信息支撑。⑤在以上分析的基础上对中国西甜瓜产业发展提出合理的政策建议。

1.1.3 研究意义

在全球经济一体化的大背景下，以河南省为例深入研究我国西甜瓜产业的相关经济问题，对促进我国西甜瓜市场的供需平衡，提高西甜瓜产品的品质和市场竞争力，推动我国西甜瓜产业健康发展有着重要的理论与实践意义。同时，西甜瓜产业经济的健康发展，对促进农业产业结构调整、加快实现社会主义新农村建设和全面实现小康社会发挥着重要的作用。

理论意义：西甜瓜产业能够成为我国现代农业产业发展体系中的重要组成部分，已经充分说明西甜瓜产业在社会经济发展中的重要地位。从产业组织、产业结构和产业关联等视角进行深入的研究并形成较为成熟的理论，为西甜瓜产业及其相关组织的发展奠定了理论基础。但是，迄今为止，尽管许多学者从不同的角度对西甜瓜产业进行了研究，而对西甜瓜产业理论进行系统研究的人还非常少，而且已有的分析大多是针对果蔬或鲜活农产品流通的定性分析，缺乏对西甜瓜流通中相关数据的整理和定量分析。本书通过对西甜瓜流通各环节成本收益进行实证分析，并且在实地调研的基础上对各参与主体的合作意愿和流通效率的影响因素进行研究，能对西甜瓜在流通方面的研究作一定的补充。

实践意义：近几年来，西甜瓜产业比较收益呈现下降趋势是多方面的原因造成的，不仅有生产环节的原因，还有流通环节的原因，同时也有消费环节的原因，本书旨在通过对河南省西甜瓜种植农户调研的基础上，对西甜瓜供给与需求、成本与效益、流通与贸易、比较优势与出口竞争等重要环节进行实证研究，并提出西甜瓜产业稳定健康发展的政策建议。这些研究对提高西甜瓜种植的收益率具有重要的现实意义。因此，本书对西甜瓜产业发展及西甜瓜农户增收甚至发展中国家西甜瓜产业的发展有一定的借鉴意义。

1.2　国内外研究综述

1.2.1　国内外有关农业产业的研究

关于农业产业化研究。自从有人类社会文明以来，农业产业一直是人类生产文明发展的基础产业。第二次世界大战以后，发达国家兴起一种农业纵向组织经营形式——农业产业化。主要是依靠其经济基础把农业相关的第二、第三产业联合起来形成纵向经营模式，将农业生产资料供应、生产、农产品加工、储运和销售结合形成完整的经济体系，从而提高农业经济效益。这种农业产业化主要表现出三种形式：合同制一体化、完全一体化和农业协会等合作组织牵头而形成的一体化。形成农业产业化的原因主要有三个方面：首先，发达国家的农场规模普遍较大，庞大的规模必须建立一个相应稳定的供销关系，这样才能使生产稳定发展。产业化组织不仅能满足农户对生产资料、种植技术和资金的需要，还能够帮助农场主进一步地加工和销售农产品，这样就解决了大规模农场生产资料供给和农产品生产和销售等诸多核心问题，有利于生产的稳定和发展。其次，由于农业生产的高度快速发展，社会劳动的分工和协作也变得密切和复杂，于是农业内部开始逐步划分出越来越多的行业和部门，它们之间相互独立却又紧密联系，形成了包含有农用物资的生产与供应、农业生产、收购、运输、加工、包装和销售的各个环节的有机组合。最后，自成一体的产业化生产内部各主体之间也相互制约，通过合同或企业关系的形式把企业与农场主连在一起，使产业化生产的各个部门形成既相互促进又相互制约的有机整体。

关于农业产业组织范式的研究。对于产业的范式研究主要集中在两个方面：一是运用产业组织理论对产业范式 SCP（Structure-Conduct-Performance）的研究；二是运用一般均衡理论对产业组织范式的研究。产业组织理论认为产业结构决定了产业内的竞争状态，决定着企业的行为及其战略，并最终决定企业的绩效。均衡理论研究主要集中在 20 世纪 70 年代的芝加哥学派，他们提出了厂商行为对市场结构具有反作用，市场绩效对厂商行为有影响，厂商行为继而决定了市场绩效；除此以外，博弈论和交易费用理论也成为研究产业组织理论的重要方法。1961 年，Clodius 和 Mueller 研究了将 SCP 范式应用于农业部门的市场功能；随后 Harriss 将 SCP 范式引入第三世界国家食品市场的功能研究；Marion B. W. 于 1986 年研究了美国食品行业产业组织的绩效；1994 年，Clemens Lutz 同样采用 SCP 分析了贝宁湾玉米的市场功能；Viaene J.和 Gellynck X.分别于 1995 年和 1999 年也采用 SCP 范式研究了欧洲食品部门的结构、行为、绩效及处于经济转型期的波兰和捷克的食品业和饮料业的竞争力；Przepiora 和 Mcleay 采用同样的分析方法来研究经济处于转型期的波兰奶制品加工业。

我国学者在借鉴国外经验的基础上，立足于本国国情对农业产业化进行了深入的研究。一是关于农业产业化内涵的研究。胡定寰在《微观农业产业化的理论及其应用》中讨论了微观农业产业化组织形成的内在动因，认为在社会主义经济体制下，通过农业产业化经营，龙头企业相较于其他形式的农业经营方式可以取得更大的经济利益或企业利润，这是我国采用微观农业产业化的主要原因。靳相木分析了我国农业产业组织创新的原因在于目前农业产业组织存在不适应性，这导致我国农业长期外部规模，浪费了大量的农业资源，所以农业产业化兴起与发展的实质是一种转变，即由传统农业向现代农业的转变。在此转变过程中农业产业组织形式发生了巨大的变革，以适应现代化农业的要求从而可以进一步整合和优化配置农村市场各类资源。二是关于产业化模式及其发展方向的研究。张天琦等对产业化的三种组织形式进行了比较研究，强调市场最终选择的组织形式才是最有效的，指出目前我国农业产业组织创新的主要形式应该是"龙头企业、中介组织、专业农协等+农户"的准市场、准企业形式，政府的作用空间是为调整组织形式创造外部条件。三是对农业产业化组织制度性质的研究。高燕等认为，根据我国国情，在坚持以家庭联产承包责任制为主、统分结合的双层经营体制长期稳定不变的前提下，要把农业产前、产中、产后诸环节重新连接在一起，最好的解决途径是农业产业化经营的组织与制度创新。四是对产业化组织效率的研究。罗必良通过实证比较研究指出，一个经济组织的绩效，既取决于组织制度安排与环境的相容性，又取决于组织内部的制度安排，认为合作社可以在一定程度上克服"公司+农户"型组织的缺陷，降低了交易成本，产本质量和价格更加稳定。

1.2.2 关于西甜瓜产业的研究

（1）关于西甜瓜产业现状的研究。国家西甜瓜产业技术体系首席专家许勇从品种研发、栽培技术、生产技术、产业信息管理这四个方面对西甜瓜产业技术体系"十二五"的重点任务进行了阐述。戴照义作为西甜瓜产业体系湖北试验站的站长，与郭凤领、李金泉对湖北省的西甜瓜产业现状进行了分析，提出西甜瓜的种植面积自 1996 年以来一直是增长的，但在 6~7 月西甜瓜大量上市的时候"卖瓜难"的问题依然存在。别之龙也指出武汉市西甜瓜产业的品种选育比较滞后，品牌意识薄弱。Mark L.Fowler、George L.Klein、Gorham W. Hussey、John Tappan Porter 对影响俄克拉荷马州西瓜产业的经济因素和印第安纳州西瓜的竞争力进行研究。陶永红、陆春梅对甘肃民勤县的甜瓜生产销售方面存在的问题进行了分析，并提出提高甜瓜生产效益的对策。焦自高、鲁波通过对山东省西甜瓜产业发展现状及存在问题的分析，提出要依靠科技进步以提高山东省西甜瓜的产业竞争力。王宝海对江苏省的西甜瓜发展历史进行了回顾，对现有的问题进行了分析，得出结论：现有的西甜瓜产品结构不能满足市场需要。早在 2005 年，江苏省西瓜总产量 390 万吨，人均消费量 52 千克，这是一个相当可观的人均消费量。李虎林通过对榆林市西瓜产业现状的分析，提出科学技术、信息服务、流通体系等方面的不断完善和提高是发展西瓜产业的关键。胡美华也对浙江的西甜瓜产业的问题进行了分析，提出设施化、标准化、规模化和产业化生产的建议。

（2）关于西甜瓜品种培育和种植技术方面研究。Nisha Pillay、Kerstin Muller 分析出德国西瓜价格的上涨主要归因于无籽瓜品种，并且结合相关数据分析得出西瓜价格将会持续上涨的结果。马跃列出西甜瓜研究工作已获得了四次国家级奖，全是对西甜瓜品种培育和推广的肯定。第二届西甜瓜产业之乡联盟大会在众多专家学者的研究和建议中提炼出了对西甜瓜产业发展有重要促进作用的"十大技术、八大模式"。刘文革作为无籽西瓜育种界的专家，通过剖析我国无籽西瓜产业的现状和问题，提出了有关无籽西瓜科研生产的具体建议。别之龙对我国西瓜嫁接育苗产出，结合现状提出了相关建议。

（3）关于西甜瓜产业组织的研究。Craig Chase 指出了美国爱荷华州阻碍西甜瓜生产的原因有种植人数下降、劳动力成本上升、市场不规范等，西甜瓜流通相应受阻，西甜瓜的生产者积极性不强，同时也给出了提高西甜瓜生产者和批发商利润率的具体建议。薛睿杰专访了北京市乐平西甜瓜专业合作社理事长，亦是人大代表的冯乐平女士，了解到农民专业合作社对西甜瓜品质的提升、西甜瓜的销售和瓜农的致富有着很强的带动作用。

1.2.3 研究述评

通过对农业产业、农业产业组织和西甜瓜产业研究文献的梳理，我们可以大致归纳出以下几方面的研究成果：①实施农业产业化是提高农业经济效益的主要途径。农业产业化主要是通过特定产业链条将各种相关产业集聚于农业生产的产前、产中和产后的各个环节，形成利益共享、风险共担的利益机制。在国内外农业生产中，农业产业化主要呈现出三种主要不同的形式，分别是合同制一体化、完全一体化和农业协会等合作组织牵头而形成的一体化。从产业组织理论看，不同的产业化组织形式，其内部的产业组织范式也不尽相同，不同的产业结构决定了各个产业化主体的市场行为及其发展战略也各不相同，最终决定产业化的经济绩效。结合我国农业生产实际，以龙头企业为核心的农业产业化更适合我国的国情，其组织形式也要随着市场发展不断地进行组织创新和制度创新。②对西甜瓜产业经营状况进行了深入研究。国家西甜瓜产业技术体系中的各位专家对西甜瓜的品种研发、栽培技术、生产技术、产业信息等进行了研究，结果表明我国西甜瓜产业还存在着产品结构不合理、信息服务不到位、流通体系不科学等问题，这些问题制约了西甜瓜产业经济效益的提高，同时也建议推进西甜瓜合作建设，提高西甜瓜产业组织化程度，实施设施化、标准化、规模化的生产，提高西甜瓜生产者和批发商利润率，最终实现西甜瓜产业效益。③国内针对西瓜产业的研究大多来自基层从事西瓜生产的技术工作人员和其他相关人员，还有从事西瓜研究的企业或科研人员，他们参与生产和管理，亲身体验，对中国西瓜生产、市场和流通各个环节的现实状况及存在的问题了解更加真实，把握更加准确，提供的数据资料也更加翔实可靠，有利于定性地认识我国西瓜产业问题。④国内外西甜瓜产业的定量分析及不同的研究视角，为本书提供了很好的借鉴，也为本书提供了理论基础和研究方法。

随着西甜瓜在人们的膳食结构中的地位越来越重要，国家对西甜瓜产业发展重视程度也不断提升，西甜瓜产业成为近 50 个农业现代化重点建设的产业体系之一，因此，西甜瓜产业也逐步成为国内外学者研究的重点。在现有研究文献的基础上，结合西甜瓜产业发展情况，在今后一段时间内，西甜瓜产业经济的研究重点应该集中在以下几个方面：

第一，对西甜瓜产业进行全面系统的研究。至今，国内外有关西甜瓜产业经济的研究主要集中在西甜瓜产业的某个方面或某些方面的现状、问题上，这些研究都不具有普遍性，因此，为西甜瓜产业经济进行全面详细的研究提供了新空间。

第二，对西甜瓜产业进行定量研究。国内外现有的文献大多侧重于定性和描述性分析，对西甜瓜产业经济进行定量分析的非常少，通过建立计量经济模型，对影响西甜瓜产业经济的各种因素进行计量检验的更少。因此，运用西甜瓜产业经济的相关数据，通过构建计量经济模型，对西甜瓜产业经济进行定量分析，将成为未来研究的重点。

第三，对西甜瓜产业进行微观实证和宏观分析相结合的研究。现有文献多侧重于对西甜瓜产业发展进行宏观分析，对西甜瓜产业的技术发展方向进行研判。有些文献主要集中于局部地区西甜瓜产业发展情况，通过西甜瓜产业技术研究数据、产量数据、流通环节数据进行微观实证分析，很少进行微观实证与宏观分析统一分析。因此，从宏观上分析西甜瓜产业发展前景及其重要性和微观上定量分析西甜瓜产业发展具体情况，并将两者相结合，将是未来研究的重点。

第四，对西甜瓜产业投入产出进行研究。关于西瓜生产方面的经济学研究很少，分析数据大多局限于较短的时期、一定的区域，缺少对西瓜生产投入产出情况的研究，不能全面反映我国西瓜生产率的状况。

1.3 研究的主要内容

本书的研究思路如下：第一步，建立西甜瓜产业发展的理论框架，对西甜瓜产业组织发展、产业结构演变和比较优势理论深化进行分析。第二步，在宏观方面，对国际西甜瓜产业发展状况、世界贸易情况，我国西甜瓜主要种植区域、种植面积、产量水平、进出口贸易情况进行统计分析；在微观方面，以河南省为例，较为详细地论述河南省西甜瓜产业发展情况、产业发展的影响因素。第三步，利用河南省西甜瓜产业调研数据，对河南省西甜瓜生产成本、不同种植方式下成本收益情况进行分类分析。第四步，在西甜瓜产业的成本收益中，产业链条中各参与主体的利益联结机制息息相关，特别是西甜瓜专业合作组织作为联结瓜农与市场的桥梁，在这个利益链条中发挥着重要的作用。在分析西甜瓜专业合作组织运营方式的前提下，归纳总结西甜瓜专业合作组织的盈利模式。在以上综合分析的基础上，提出了可行性且贴合市场需要的政策建议。本书主要内容可划分为五部分：

第一部分：理论归纳和梳理。主要是从产业组织理论分析西甜瓜产业种植经营情况、西甜瓜产业组织发展情况及其在西甜瓜产业发展中的作用；从产业结构理论分析西甜瓜产业在整个农业产业中的地位，在农业生产结构不断调整优化的前提下，西甜瓜产业在农业产业中地位与作用的变动情况；从比较优势理论来论述我国大部分地区在种植经营西甜瓜产业方面具有明显的区位优势，特别是河南省地处中原，有适宜西甜瓜种植生产的人文、地理和自然条件等。

第二部分：现状描述和影响因素分析。主要是从宏观视角和微观视角两个方面描述西甜瓜产业发展状况。从宏观方面，主要分析了国际上西甜瓜的主要种植区域、世界上西甜瓜的主要进出口国家及世界贸易情况；分析我国西甜瓜产业种植经营面积变动情况、历年西甜瓜的总产量变动情况及进出口变动情况，进一步说明我国是世界上西甜瓜的主要种植经营国、进出口国家。从微观方面，以西甜瓜的主要种植省份——河南省为主，介绍西甜瓜种植经营面积变动情况、历年西甜瓜产量变动情况及近几年来西甜瓜进出口总量的变化情况。

第三部分：实证分析。详细地描述了 2011 年和 2012 年河南省西甜瓜产业经济调研情况，通过对调研数据进行统计分析，研究西甜瓜不同种植方式、不同播种方式等情况下种植经营的成本收益情况纵向比较分析两年内西甜瓜的成本收益变动情况。

第四部分：西甜瓜专业合作组织分析。梳理归纳西甜瓜专业合作组织的内涵、特征以及承担的各种功能；归纳整理全国专业合作组织发展情况、河南省西甜瓜专业合作组织发展现况、经营情况；利用对河南省西甜瓜专业合作组织的调查数据、详细的座谈情况等，分析西甜瓜专业合作组织在西甜瓜产业发展中发挥的作用，研究西甜瓜专业合作组织经营情况及成本收益情况等。

第五部分：西甜瓜产业发展前景分析。在以上分析总结的基础上，归纳推理西甜瓜产业的主要结论。依据国民经济发展状况及其对西甜瓜产业发展的要求，提出西甜瓜产业发展的方向和具体政策措施。

1.4　主要研究方法

本书采用规范研究与实证研究相结合、定性分析与定量分析相结合的研究方法，具体包括理论分析法、文献分析法、案例分析法、实证分析法、对比分析法等研究方法，分析工具主要有 Stata12、SPSS19.0 等。

（1）理论分析法。以产业经济理论、产业组织理论、产业结构理论、交易成本理论和平均利润理论为支撑，研究以西甜瓜产业为代表的农产品产业经济的特点和基本规律。

（2）文献分析法。通过万方数据库、维普全文期刊数据库、CNKI 全文数据库等搜集西甜瓜产业、西甜瓜产业成本收益及利润分配的国内外相关研究文献。

（3）案例分析法。以调研为基础，对特点突出的西甜瓜主产区作为典型代表进行分析，提炼和总结出西甜瓜中利润分配的关键特点。在西甜瓜主产区选取河南省等地作为调研对象，与主产区相关负责人、西甜瓜农民专业合作组织负责人及主要相关农民主体进行座谈，就西甜瓜供应链中的利润分配情况及内在影响因素等情况进行了解，并收集相关数据。

（4）实证分析法。通过对中间利润分成模型的研究，分析西甜瓜产业经济的利润分配情况，显示在降低瓜农交易成本时农民合作组织所凸显的功能。此外，针对所调研的特定对象和目标探索有效科学的模型来对样本数据进行分析和处理，通过经济分析软件找寻其内在规律，从而得出准确的结论。

（5）对比分析法。本书的研究针对西甜瓜产业发展中各环节的利润分配情况进行对比，也对西甜瓜不同渠道的流通参与主体之间的不同利润分配情况予以对比。从对比中找出其间的差别，并分析差别的深层次原因，从而对提高西甜瓜产业经济发展和对农民增收提出有价值的建议。

2 理论综述

2.1 产业组织理论

2.1.1 产业组织内涵

产业组织是同一产业内市场关系与企业的组织形成的。这种企业间的市场关系主要包括：市场交易、市场行为关系、市场中资源占用关系和市场切身利益关系。产业组织通常是以具体的特定产业为研究对象的，主要研究产业的竞争和垄断问题，但是现今还延伸到企业内部结构和企业与政府之间的探讨，简言之，在这之前产业组织理论研究的核心内容是垄断与竞争关系。产业组织理论是经济在不断发展的过程中，各种市场弊端开始显现出来，一些学者开始关注研究这方面的知识才应运而生的，以微观经济学理论为基础，具体分析企业的内部组织结构与市场绩效、市场行为、市场结构以及市场中厂商之间的相互影响和作用。

2.1.2 传统的产业组织观点

第一，亚当·斯密关于产业组织的观点。最早研究产业组织核心问题的是经济学家亚当·斯密，他的研究所涉及的领域是关于市场价格竞争机制和分工合作方面。在其著作《国富论》中，亚当·斯密系统阐述了在市场竞争较大的情况下，价格也会随之而改变，以至于市场秩序会出现混乱的局面，应该怎样才能创造出一个合理完好的市场秩序和具有"帕累托"最优状态的经济社会，这就是我们熟悉的"看不见的手"定理；同时，亚当·斯密也是分工协作理论的创始人，通过对其经典"大头针"案例的剖析，他揭示了经济效率的提高与专业化分工协作有着必然的联系。

第二，马歇尔关于产业组织的观点。亚当·斯密在关注竞争机制所产生的作用以及分工与协作产生规模经济效益的同时，忽视了竞争与规模经济之间的关系问题，为了完善这一空缺，最早把产业组织概念引入经济学的新古典经济学家、产业组织理论的先驱——马歇尔做出了很大贡献。马歇尔在分析规模经济的成因时，发现了竞争与规模经济之间的矛盾，被后人称为"马歇尔冲突"，即大规模生产为企业带来规模经济性，使企业单位产品成本不断下降、市场占有率不断提高，其结果必然导致市场结构中垄断因素的不断增强，而垄断的形成则会阻碍竞争机制在资源配置中所发挥的作用，使经济丧失活力，从而扼杀自由竞争。后来，马歇尔在《产业贸易》中强调指出，事实上几乎所有的竞争中都有垄断性因素，并根据市场的不确定性而起着作用。这一观点为后来哈佛大学张伯伦教授所吸收，他提出了"垄断性竞争"概念。

2.1.3　产业组织理论

第一，产业组织理论存在着两大不同的学派，并且两大学派关于产业组织发展存在着较大的分歧。产业组织理论是现代经济学的重要组成部分。产业组织理论在形成和发展过程中，逐渐形成了具有重要影响力的两大学派，即哈佛学派和芝加哥学派。两大学派的理论分别在不同时代成为美国政府制定反垄断政策的依据。但是哈佛学派和芝加哥学派在对产业组织进行研究时存在着大量分歧，如产业分析范式中的决定因素、高额利润形成的原因、进入壁垒的定义和对反垄断政策等。哈佛学派认为在产业分析范式中市场结构是核心成为决定因素之一，然而芝加哥学派则认为决定市场结构的是市场绩效或者企业行为，高集中度的市场结构中高额利润的来源一直是哈佛学派和芝加哥学派争论的焦点。哈佛学派认为高额利润来自垄断势力，而芝加哥学派认为它是企业高效率和创新的结果。所以厂商垂直契约在哈佛学派看来只是竞争企业合作的一种隐蔽方式而已，必然会产生无效率；而芝加哥学派则认为垂直契约能够将经销商和制造商紧密地联系在一起，提高效率，有利于竞争，市场可以有效运行。对于市场中的企业，哈佛学派观点认为首先要禁止兼并，以防止形成垄断企业，如果垄断企业已经形成，那么政府就要运用政策对其进行干预；芝加哥学派则反对这样的政府干预，认为政府应该减少控制，放松反托拉斯法。这主要是因为哈佛学派认为企业垄断势力能够长期保持，政府不对其进行政策干预，必然破坏了资源有效配置；而芝加哥学派则认为企业的垄断势力只是暂时存在，高效率或创新产生的高利润率会吸引新企业加入，即使是卡特尔也会破裂，高利润率难以长期维持。由此，从某种角度可知哈佛学派主张对大企业的拆分，代表了中小企业的利益，而芝加哥学派则代表大企业利益集体。

第二，哈佛学派和芝加哥学派的共同目的都是实现社会的福利最大化。虽然哈佛学派和芝加哥学派的产业组织理论存在很多不同点，但是我们不难看出两大学派的共同目的其实都是为了确保有效的竞争，实现社会福利的最大化。只是由于两大学派兴起的时代背景和时代背景下相关主流经济理论的不同，使得两大学派对如何实现理想的市场绩效采取了不同的分析路径。20世纪30年代大萧条时期哈佛学派兴起，而当时以凯恩斯经济学为主流，经济大萧条使得人们对市场这只"无形的手"失去信心，而政府这只"有形的手"的干预得到人们的认可。所以当时的哈佛学派也认为通过政府这只"有形的手"可以对不合理的市场结构进行调节和完善，从而得到理想的市场绩效，这也使得哈佛学派更加注重过程。而芝加哥学派兴起于美国经济滞胀时期，当时凯恩斯经济学遭到人们的质疑，自由主义又重新得到了社会的推崇，所以芝加哥学派信奉自由市场经济中的竞争机制作用，相信市场力量的自我调节能力，认为市场竞争过程是市场自由发挥作用的过程，适者生存，劣者淘汰，即所谓的"生存检验"。

2.1.4 产业组织理论新发展

首先，博弈论被引入产业组织理论。20世纪80年代前后，以泰勒尔、克瑞普斯等人为代表的经济学家将博弈论引入产业组织理论的研究领域，用博弈论的分析方法对整个产业组织学的理论体系进行了改造，逐渐形成了"新产业组织学"的理论体系。新产业组织理论的特点可以归纳为三个主要方面：从重视市场结构的研究转向重视企业行为的研究，即由"结构主义"转向"行为主义"；突破了传统产业组织理论单向、静态的研究框架，建立了双向的、动态的研究框架；博弈论的引入使产业组织学成为 70 年代中期以来经济学中最富生机、最激动人心的领域。但是，谢勒认为"新产业经济学"的成绩被大大高估了。施马兰西也同意博弈论方法在分析不完全竞争方面有一定的不足。

其次，在哈佛学派和芝加哥学派的基础上发展了新奥地利学派。新奥地利学派的产业组织理论是建立在哈佛学派和芝加哥学派的基础上，对这两个学派的观点和看法提出了质疑，同时又进行了补充，提出了新的观点。新奥地利学派认为人类的财富提高主要在于生产效率的提高以及采用新技术、新产品，在社会经济发展的过程中本身就是一个遵循自然规律自我淘汰的过程。政府不过多地干预，生存下来的企业大都经历了惨烈的竞争，所以这就强调企业者必须具备创新精神的重要性。企业家可能在经历更多的挑战、不断地接受新的知识情况下会提高自我，获得高的绩效。因此，在政策上，新奥地利学派对传统的哈佛学派的反垄断政策基本持批判态度，强烈反对政府干预，认为政府的信息也是不完全的。新奥地利学派认为，市场竞争源于企业家的创新精神，只要确保自由的进入机会，就能形成充分的竞争压力，唯一能真正成为进入壁垒的就是政府的进入规制政策和行政垄断，因此最有效的政策是自由放任政策。

最后，制度经济学派把交易费用理论应用于产业经济理论研究。近年来，崛起的以科斯的交易费用理论为基础，从制度角度研究经济问题的"新制度产业经济学"，也被称为"后 SCP 流派"，其代表人物有科斯、诺斯、威廉姆森、阿尔钦等人。该学派组织理论的主要特点在于它引入交易费用理论，对交易费用经济学的理论体系、基本假说、研究方法和研究范围作了系统的阐述，彻底改变了只从技术角度考察企业和只从垄断竞争角度考察市场的传统观念，为企业行为的研究提供了全新的理论视角，对产业组织的深化起了直接的推动作用。

交易费用理论的发展为产业组织理论从产业间的研究扩展到产业组织内部研究提供了理论基础，产业组织内部规模与交易费用的权衡更是推动了产业组织研究不断深化。交易成本方法在一般价格理论基础上，通过交易成本的差异来说明不同产业之间存在不同结构、行为和绩效的原因；将研究重点从市场结构转移到产业组织内部行为，通过企业与市场的交易费用差异来说明企业与市场的边界关系；通过引入博弈论方法，分析行为主体相互作用说明交易费用存在的原因。从而把产业组织理论发展为"新产业组织理论"。新产业组织理论彻底打破了传统产业组织理论只从技术角度考察企业，从垄断和竞争角度考察市场的传统；把企业与市场之间的关系由相继关系转变为并列关系；把分析重点由垄断与竞争的结构转向行为主体之间的博弈。认为交易者的行为属性决定了交易费用，进而决定企业规模，最终决定了市场结构。他们把产业组织理论的研究重点从结构转向了行为研究。另外，许多学者从可竞争市场对产业组织理论进行了拓展。德姆塞茨、鲍莫尔、潘扎和威利格强调如果面临其他企业的进入威胁，只有少数企业（甚至只有一个企业）的产业也可能是竞争性的。如果价格高于成本时企业能够快速进入，而价格低于成本时企业能够迅速退出，那么该市场被称为是可竞争的。正如鲍莫尔、潘扎和威利格所解释的那样，如果退出成本较高，那么企业将不愿进入该产业。虽然只有少量企业，但容易进入和退出的市场依然是可竞争的，而且具有竞争性市场的特点：价格等于边际成本，企业的战略行为不能影响价格。用"可竞争市场理论"替代完全竞争市场理论，并企图由此证明市场机制的有用性和减少政府干预的必要性的分析过于简单机械，因为现实经济活动中，企业进出市场不可能完全无障碍，就算技术性障碍可以被克服，但信息的不充分、外部性、寡头企业之间实施的各种策略等因素也足以影响到市场均衡的实现。对此，可竞争市场理论并不能做出说明，不能为政府的放松管制政策提出充分理由。

产业组织理论形成与发展经历了一个历史渐进过程，从最早马歇尔对产业组织与垄断的关注，到以哈佛学派为代表的产业组织理论的形成，再到芝加哥学派的补充，以及新产业组织理论和竞争市场理论等的发展与完善，产业组织理论逐渐走向了成熟。

2.1.5 产业组织理论在西甜瓜产业中的应用

首先，西甜瓜产业是产业发展的重要组成部分，参与西甜瓜产业生产经营的个体或组织直接影响着西甜瓜产业的生产与发展。西甜瓜是居民膳食结构的重要组成部分，直接影响着人民生活质量，也可以说西甜瓜产业组织的经营发展状况和参与市场竞争情况不仅决定着西甜瓜产业的发展，而且也影响着国民经济的健康可持续发展。因此，加快产业组织理论在西甜瓜产业组织发展中的推广应用，对于加快西甜瓜产业的发展具有重要的作用。

其次，要重视西甜瓜产业组织的经营行为。自博弈论引入产业组织理论后，对产业组织的认识也由对产业组织的结构研究转向了对产业组织的经营行为研究。对西甜瓜产业经营绩效起决定性作用的不是西甜瓜产业组织的组织结构，而是产业组织的市场经营行为，是西甜瓜产业的生产经营者依据市场信息特别是市场需求变动而及时调整自己的经营策略，做到与市场需求变动的动态均衡，才能获取更高的经济绩效。同时，在这个过程中，西甜瓜产业组织应具有创新精神，不断在西甜瓜的生产经营中广泛地应用新技术、新产品，提高其生产效率，增加产业自身参与市场竞争的能力。

最后，要提高西甜瓜产业的市场交易效率，降低交易成本。制度经济学把交易费用理论应用于产业经济发展中，推动了产业组织理论的纵深发展，改变了以往单纯从技术和垄断竞争等视角研究产业组织。西甜瓜产业最终的绩效也是通过市场交易来实现的，交易效率的高低不仅影响交易成本，而且直接影响着西甜瓜产业是否可持续发展。这主要是因为西甜瓜生产经营者只有从西甜瓜产业的种植生产中获取预期的经济收益，才会保持较高的西甜瓜的种植经营意愿。因此，西甜瓜产业组织在西甜瓜的生产经营过程中，不仅要优化组织结构，提高产业组织经营管理效率，还要持续不断地与市场保持互动性均衡，改善西甜瓜的市场交易模式，提高市场交易效率。

2.2 产业结构理论

2.2.1 产业结构内涵

产业结构，即指在社会再生产过程中，一个国家或地区的产业组成即资源在产业间配置状态，产业发展水平即各产业所占比重，以及产业间的技术经济联系即产业间相互依存、相互作用的方式。同时，产业结构又是国民经济中不同的产业部门和不同的行业之间的比例构成以及它们之间及其各自内部的相互依存、相互制约的有机联系。产业结构不仅关系着经济增长的速度，而且也直接决定着经济增长是否保持科学的持续性。在不同的经济发展阶段，一个国家或区域的产业结构是不完全相同的，因此，产业结构既是一个整体概念，又是一个发展的概念。总体说来，产业结构理论是随着社会生产力水平的提高和产业的发展而不断发展的。

产业结构可以从两个角度来考察：

一是从"质"的角度动态地揭示产业间技术经济联系与联系方式不断发生变化的趋势，揭示经济发展过程的国民经济各部门中起主导或支柱地位的产业部门的不断替代的规律及其相应的"结构"效益，从而形成狭义的产业结构理论。

二是从"量"的角度静态地研究和分析一定时期内产业间联系与联系方式的技术经济数量比例关系，即产业间"投入"与"产出"的量的比例关系，从而形成产业关联理论。广义的产业结构理论包括狭义的产业结构理论和产业关联理论。

2.2.2　产业结构理论形成与发展

2.2.2.1　萌芽期

早在 17 世纪，古典经济学的威廉·配第就发现不同的产业结构是导致不同的国家和地区经济发展水平参差不齐、差距拉大的决定性因素。在 1672 年出版的《政治算术》中，他把英国农民和船员的收入进行了比较，发现船员的收入是农民的 3 倍。在经过仔细的考察和论证之后，配第得出了这样的结论：农业的地位在逐步地下降，收入减少次于工业，而工业的收入又次于商业。配第发现，随着经济的不断发展，产业结构发生了变化，涉农的第一产业所取得的收入占的比例远远低于第二、第三产业的收益。当工业的收益远远超过农业时，劳动力必然由农业向工业转移，当商业的收益又远远超过工业时，劳动力会再由工业向商业转移，这就是形成劳动力由第一产业向第二、第三产业转移的局面的最大原因。可以说，配第定理揭示了结构演变和经济发展的基本方向。

重农学派的创始人 F.魁奈分别于 1758 年和 1766 年发表了重要论著《经济表》和《经济表分析》。他根据自己创立的"纯产品"学说，提出了关于社会阶级结构的划分：生产阶级，即从事农业可创造纯产品的阶级，包括租地农场主和农业工人；土地所有者阶级，即通过地租和赋税从生产阶级那里取得"纯产品"的阶级，包括地主及其仆从、君、主官吏等；不生产阶级，即不创造"纯产品"的阶级，包括工商资本家和工人。他在经济理论上的突出贡献是在"纯产品"学说的基础上对社会资本再生产和流通条件的分析。

在配第之后，亚当·斯密在《国富论》中虽未明确提出产业结构（Industrial Structure）概念，但论述了产业部门（Branch of Industry）、产业发展及资本投入应遵循农、工、批、零、商业的顺序。其时恰处工业革命前夕，重商主义阻碍工业进步的局限性和商业繁荣的虚假性已暴露出来。就此而论，配第、魁奈及亚当·斯密的发现和研究是产业结构理论的重要思想来源之一。

2.2.2.2　形成期

20世纪30~40年代是现代产业结构理论的形成时期。这时期对产业结构理论的形成做出突出贡献的主要有费夏、C.克拉克、赤松要、里昂惕夫和S.库兹涅茨等人。18世纪中叶之后，工业部门在第一次、第二次工业革命推进下突飞猛进，服务部门也有较大扩展。在20世纪30年代大危机时期，工业部门衰退，从统计上体现出服务部门在经济中的明显优势。于是，人们回忆起17世纪中期配第的朴素思想。新西兰经济学家费夏以统计数字为依据，再次提起配第的论断，并首次提出了关于三次产业的划分方法，产业结构理论开始初具雏形。

日本经济学家赤松要在1932年提出了产业发展的"雁形形态论"。该理论主张，本国产业发展要与国际市场紧密地结合起来，使产业结构国际化；后起的国家可以通过四个阶段来加快本国工业化进程；产业发展政策要根据"雁形形态论"的特点制定。赤松要认为，日本的产业通常经历"进口→当地生产→开拓出口→出口增长"四个阶段并呈周期循环。某一产业随着进口的不断增加，国内生产和出口的形成，其图形就如三只大雁展翅翱翔。人们常以此表述后进国家工业化、重工业化和高加工度发展过程，并称为"雁形产业发展形态"。

在吸收并继承了配第、费夏等人的观点的基础上，C.克拉克建立起了完整、系统的理论框架。在1940年出版的《经济发展条件》中，他通过对40多个国家和地区不同时期三次产业劳动投入和总产出的资料的整理和比较，总结了劳动力在三次产业中的结构变化与人均国民收入的提高存在着一定的规律性：劳动人口从农业向制造业，进而从制造业向商业及服务业移动，即所谓克拉克法则。其理论前提是，以若干经济在时间推移中的变化为依据。这种时间系列意味着经济发展，而经济发展在此是指不断提高的国民收入。

库兹涅茨在 1941 年的著作《国民收入及其构成》中就阐述了国民收入与产业结构间的重要联系。他通过对大量历史经济资料的研究得出重要结论：产业结构和劳动力的部门结构将趋于下降；政府消费在国民生产总值中的比重趋于上升，个人消费比重趋于下降。理论上，他把克拉克单纯的"时间序列"转变为直接的"经济增长"概念，即"在不存在人均产品的明显减少即人均产品一定或增加的情况下产生的人口的持续增加"。同时，"人口与人均产品双方的增加缺一不可"，而"所谓持续增加，指不会因短期的变动而消失的大幅度提高"。后来，他将产业结构重新划分为"农业部门"、"工业部门"和"服务部门"，并使用了产业的相对国民收入这一概念来进一步分析产业结构。由此，克拉克法则的地位在现代经济社会中更趋稳固。

2.2.2.3 发展完善期

产业结构理论在 20 世纪 50~60 年代得到了较快的发展。此时期对产业结构理论研究做出突出贡献的代表人物包括里昂惕夫、库兹涅茨、A.刘易斯、赫希曼、罗斯托、钱纳里、霍夫曼、希金斯及一批日本学者等。

（1）里昂惕夫、库兹涅茨、霍夫曼和丁伯根沿着主流经济学经济增长理论的研究思路，分析了经济增长中的产业结构问题。

里昂惕夫对产业结构进行了更加深入的研究。他于 1953 年和 1966 年分别出版了《美国经济结构研究》和《投入产出经济学》两部书，建立了投入产出分析体系，他利用这一分析经济体系的结构与各部门在生产中的关系，分析国内各地区间的经济关系以及各种经济政策所产生的影响，在《现代经济增长》和《各国经济增长》中，他深入研究了经济增长与产业结构关系问题。

丁伯根关于制定经济的理论包含丰富的产业结构理论。如认为，经济结构就是要有意识地运用一些手段以达到某种目的，其中就包含了调整结构的手段。他将经济政策区分为数量政策、性质政策和改革三种。其中，性质政策就是改变结构（投入产出表）中的一些元素，改革就改变基础中的一些元素。又如在他的发展计划理论中所采用的大型联立方程式体系，就是凯恩斯、哈罗德、多马以及里昂惕夫等人多种模型的混合物；另外，他所采用的部分投入产出法，就是一种产业关联方法，它直接从投资计划项目开始，把微观计划简单地加总成为宏观计划。

（2）刘易斯、希金斯、赫希曼、罗斯托、钱纳里的产业结构理论则是发展经济学研究的进一步延伸。其研究存在两种思路：

第一，二元结构分析思路。刘易斯于1954年发表的《劳动无限供给条件下的经济发展》一文，提出了用以解释发展中国家经济问题的理论模型即刘易斯理论（二元经济结构模型）。他认为发展中国家普遍存在着整个经济由弱小的现代资本主义部门和强大的传统农业部门组成的情况，发展中国家的经济是一种二元经济，其经济发展就是要扩大现代资本主义部门、缩小传统农业部门。因此，发展中国家应该通过扩张工业部门来吸收农业中的过剩劳动力，促进工业的增长与发展，消除工农之间以及工农业内部的结构失衡，二元经济模式就是两部门间的劳动力转移的经济发展模式。

希金斯分析了二元素结构中，先进部门和原有部门的生产函数的差异。原有部门的生产函数属于可替代型的，而先进部门存在固定投入系数型的生产函数，此部门采取的是资本密集型的技术。

第二，不平衡发展战略分析思路。赫希曼在1958年出版的《经济发展战略》中提出了一个不平衡增长模型，突出了早期发展经济学家限于直接生产部门和基础设施部门发展次序的狭义讨论，其中，关联效应理论和最有效次序理论已经成为发展经济学中的重要分析工具。

罗斯托提出了著名的主导产业扩散效应理论和经济成长阶段理论。他认为，产业结构的变化对经济增长具有重大的影响；在经济发展中重视发挥主导产业的扩散效应。他将人类社会发展划分成六个阶段，其中最关键的是"起飞"和"追求生活质量"两个阶段。如何在落后的传统社会里实现经济的"起飞"，始终是罗斯托关注的一个焦点问题。主导产业的扩散效应是罗斯托的又一重要贡献。罗斯托认为，无论在任何时期，甚至在一个成熟并继续成长的经济体系中，经济增长之所以能够保持，是为数不多的主导部门迅速扩大的结果，而且这种扩大又通过所谓的回顾效应、旁侧效应和向前效应对其他产业部门产生了具有重要意义的作用。由此，罗斯托认为一国应该选择具有扩散效应的部门作为主导产业部门，将主导产业的产业优势辐射传递到产业关联链上的各个产业中，以期带动和促进其他产业的发展和社会进步。

钱纳里对产业结构理论的发展贡献颇多。他认为，经济发展中资本与劳动的替代弹性是不变的，从而发展了柯布—道格拉斯的生产函数学说。指出在经济发展中产业结构会发生变化，对外贸易中初级产品出口将会减少，逐步实现进口替代和出口替代。他从经济发展的长期过程中考察了制造业内部各产业部门的地位和作用的变动，揭示了制造业内部结构转换的原因，即产业间存在着产业关联效应，为了解制造业内部的结构变动趋势奠定了基础。他将制造业区分为初期产业、中期产业和后期产业。所谓初期产业就是在经济发展初期对经济发展起主要作用的制造业部门，如食品产业等；中期产业就是在经济发展中期对经济发展起主要作用的制造业部门，如石油、化工等；后期产业就是在经济发展后期起主要作用的制造业部门，如日用品和机械制造等。

2.2.3 中国对产业结构理论研究

（1）改革开放初期，我国学者对产业结构理论展开了多方面的研究。主要表现在以下几个方面：

一是产业结构研究范式。主要体现在片面强调重工业、忽视消费品而导致的产业结构失衡问题。1979 年，欧阳胜指出两大部类平衡发展的规律是社会再生产的普遍规律，保持两大部类平衡发展是经济计划工作的首要任务。另外就是开始了对中国现实产业结构问题的实证研究，逐渐摆脱以往的纯粹理论探讨，把理论与实际经济情况接轨，重点转向了对中国现实问题的批判性分析。西方国家产业发展的历史和现状以及相应的学术研究也开始被我国学者所了解，对国内学者的研究思路和方法产生了一定影响。这让国内学者真实感受到了结构问题研究在框架和方法上的多样性，使我国经济理论工作者的眼界得到开拓。其后国内研究结构问题的学者开始较多借鉴、学习和应用西方产业经济理论的思路和方法，其中杨治所著的《产业经济学导论》最具代表性。这些西方学术思想的引入对研究范式的转换起了重要的推动作用。从 20 世纪 80 年代中期开始，国外有关产业结构的代表论著陆续在我国翻译出版，这些译著提供了新的研究角度和研究方法，提供了许多国家结构演变的经验材料，对我国学者影响深远。

二是产业结构政策。一些研究其他国家特别是后起工业化国家战后经济发展经验的论著也逐渐被介绍进我国。有些国家被认为通过选择"主导产业"、"带头产业"促进了产业结构升级和经济高速增长，特别是战后日本和韩国这方面的成功经验引起我国学者较多关注，包括佐贯利雄的《日本经济的结构分析》等。这些论著主要是以日本发展的成功经验为案例，认为由于产业结构状况和经济发展水平有明显的相关性，后起国家可以借鉴先行国家的经验，发挥"后发优势"，通过政府的积极干预即产业政策，主动推动产业结构的调整和升级。其后，产业政策的研究成为我国产业经济学界的热点，较早期的研究有周叔莲、杨沐主编的《国外产业政策研究》，王慧炯、李泊溪、周林主编的《中国产业部门政策研究》等。这些研究认为产业政策应该在我国产业结构调整中发挥重要作用。

（2）进入21世纪，我国学者对产业结构理论研究进入了一个新领域。一是产业结构调整方面的研究。国内学者在前期研究的基础上，对产业结构理论在我国推广、应用开始向纵深方向发展，主要集中在新型工业化方向。刘世锦等人认为，我国经济已经进入以市场为基础、技术含量高、可持续性比较强的重化工业发展阶段。国家统计局也认为我国进入了重化工业快速发展的时期。林毅夫等人认为，重化工业不符合当前中国经济与社会发展的需要。中国劳动力过剩，应当更关注劳动密集型而不是资本密集型产业的发展。对于落后地区的产业结构调整，王德文等人认为，中国工业结构越来越符合中国的资源和要素禀赋，劳动力成本低廉的比较优势得到不断发挥，在振兴和改造传统的老工业基地过程中，应将大力发展轻工业部门和劳动密集型产业放在突出地位。江小涓和李辉也对中国服务业的发展与内部结构变化进行了考察，并分析对服务业发展的影响因素。程

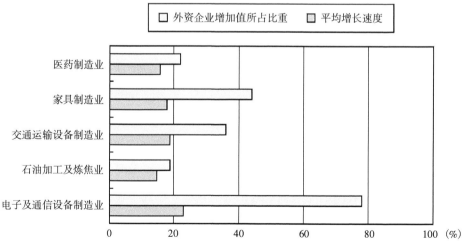

图 2.1　1998~2002 年增长最快的工业行业及外资在企业增加值中所占比重

资料来源：《中国统计年鉴》（1998~2002）。

大中基于中国服务业发展的实际，指出服务业就业增长相对较快的主因是服务业劳动生产率增长相对滞后。

二是对产业政策选择的研究成为新的研究重点。资源枯竭产业和受到国际强烈冲击产业的政策既是理论问题，又是我国现实的急迫需求。郭克莎认为，工业政策的调整要形成以产业结构政策为中心，处理好政府适度和有效干预的问题是新时期经济政策的关键。李江帆认为，我国第三产业将受到不同程度的冲击，需要加快人才政策和产业政策的改革。随着对外开放的不断深化，产业安全问题也逐渐成为产业政策研究的重点，部分学者认为我国应该有限松动市场准入，加强对外监管，培养民族企业。

图2.1显示出我国产业结构中存在的突出问题，自主创新能力不足。前些年，我们通过扩大对外开放，有效利用国内、国外两种资源和两个市场，特别是大量利用了全球技术资源，促进了产业结构优化升级。这是由于我们处于科技全球化不断深化的环境之中，有大量先进技术跨国转移，跨国公司将许多新技术在其全球生产体系内使用，有些技术还很快向海外企业转让。科技全球化使发展中国家通过开放引进技术的空间大大拓展。

（3）改革开放以来，我国产业结构中的一个突出问题是服务业的发展相对滞后。与同等收入水平的国家相比，我国服务业在国民经济中的比重明显偏低。2001年，我国服务业产出占GDP的比重为34%，服务业就业占社会就业总数的比重为28%。从全球GDP增长的贡献率来看，自20世纪60年代开始，主要发达国家的服务业在整个国民经济当中的比重超过了50%，美国在50年代就超过了50%。此后，世界各个国家服务业都呈现了增长的趋势，服务业的增加值占GDP的比重不断上升。1980~2000年，全球服务业增加值占GDP比重由56%升至63%，主要发达国家达到71%，中等收入国家达到61%，低收入国家达到43%。全球服务业就业的比重也稳步增加，西方发达国家服务业就业比重普遍达到70%左右，少数发达国家达到80%以上。1999年，大部分发展中国家就业劳动力占全部就业劳动力的比重平均达到40%以上。在发达国家的大都市、产业结构服务化的特征尤为明显，其GDP的70%、就业人口的70%都集中在现代服务业。如纽约、伦敦的服务业占GDP的比重均超过85%，服务业就业人数占总就业人数达到70%以上，服务贸易占到贸易总额的1/4，服务消费占到所有消费的

1/2 左右。由于服务业的发达，国际化大都市通常均是国际服务中心。产业投资结构的变化也从另一个侧面反映了产业结构服务化的趋势。20 世纪 50 年代初服务业占对外直接投资的比重不到 20%，在 70 年代初也只有 25%。到了 80 年代中期，在世界对外投资约 7000 亿美元总存量中，投资于服务行业的资金已达到 3000 亿美元，占 40%左右。1990 年，服务业吸收的外商直接投资超过了第一、第二产业之和，在跨国投资总额中所占比重达到了 50.1%。20 世纪 90 年代以来，服务业外商直接投资在投资总额中一直占据一半以上的份额。因此，我国服务业比重仍然明显低于同类国家的水平。①

　　服务业发展滞后不仅表现在比重上，而且表现在供给能力和服务质量上。与制造业绝大多数行业和产品供给充裕、质量品种合乎需求、国际竞争力较强的状况相比，我国有较多服务产品供给的数量和质量都不能满足需求。目前我国一些供不应求的行业，价格明显高出国际市场的行业，服务质量远远不能满足消费者需求的行业，大多数是服务行业。特别在一些具有垄断、半垄断性质的行业中，如电信服务、运输服务、医疗服务、教育服务、文化服务、金融服务等行业中，由于服务产品开发不足、服务价格高、服务质量不稳定等现象较为普遍地存在，使大量潜在需求得不到满足。这种状况不仅抑制了服务业自身的发展，更重要的

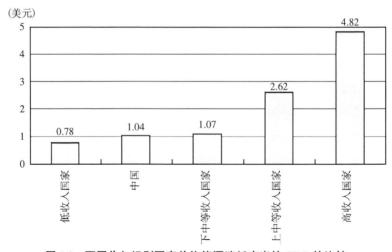

图 2.2　不同收入组别国家单位能源消耗产出的 GDP 的比较

---

　　① 国家信息中心预测部. 我国服务业发展现状及前景分析. 中经专网，http://info.shic.gov.cn，2004–01–18.

是影响了服务业更好地发挥促进各个行业发展和提高人民生活水平的作用。

另外,资源能源消耗仍然偏高。我国的能源消耗弹性系数在最近两年又有明显反弹。2002 年和 2003 年,我国能源消耗弹性分别达到了 1.19 和 1.42,能源消费的增长速度高于 GDP 的增长速度。即使如此,能源供给仍然很紧张,部分地区频繁出现了供电紧张问题。石油进口也大幅上升,2004 年,我国进口原油 12272 万吨,比 2003 年增长 34.8%,成品油进口 3788 万吨,增长 34.1%。经济增长面临的资源能源约束加大。[①] 与发达国家相比,我国能源的产出效率显著较低,表现为单位能源消耗生产的 GDP 较低。

在不同的发展阶段,单位能耗的产出能力明显不同。2001 年,每千克石油当量能源消耗产出的 GDP,高收入国家为 4.82 美元,而低收入国家仅仅为 0.78 美元,中等收入国家为 1.35 美元。其中,下中等收入国家为 1.07 美元,上中等收入国家为 2.62 美元。我国处于下中等收入国家级别,仅为 1.04 美元,处于同组国家的平均水平上。相同组别的印度,该指标为 0.9 美元,印度尼西亚该指标为 0.93 美元。[②]

2.2.4 产业结构理论在西甜瓜产业中的应用

产业结构是国民经济中不同的产业部门和不同的行业之间的比例构成的具体表现,它体现了一个国家或区域各种生产要素在各产业间的分配情况。自古以来,农业产业一直是国民经济的基础产业,在国民经济发展中起着非常重要的作用。随着国民经济发展和人民生活水平的提高,农业产业的产值虽然在国民经济总产值中所占的比重在不断地降低,但是农业产业在产业结构中的基础地位和作用是任何产业都不可替代的。

首先,西甜瓜产业是农业产业的重要组成部分,在农业产业内部产业结构中,西甜瓜产业的地位与作用越来越重要。随着国民经济的快速发展,在农业产业中,种植业、林业、畜牧业和渔业所占的比重也不断地进行优化和调整,种植业所占的比重由原来的一枝独秀,也逐步减少到较为适当的比例之内。在人民生活质量不断提高的前提下,人民追求营养全面化,膳食结构也变得越来越科学,

---

① 江小涓. 产业结构优化升级:新阶段和新任务 [J]. 财贸经济,2005 (4):3-9.
② 数据来源于世界银行《世界发展指标》(World Development Index) 2004 年网络版。

西甜瓜因为营养价值高，在人民日常生活中的作用也变得更加重要，消费量也不断再创新高。

其次，加快各种生产要素向西甜瓜产业集聚，提升农业产业结构向市场化产业发展。正像配第认为的那样，产业结构差异是导致不同地区经济发展水平差异的决定性因素，而农业产业内部结构的不同也是导致不同地区农业产业发展不平衡的根本原因。随着经济的发展，农业产业内部也应该逐步减少传统种植业所占的比重，加大新兴农业特别是经济作物产业的种植与生产。这就引导农业产业生产经营者调整生产经营思路，主动地把参与农业生产的土地、资本、技术等各种要素向市场化农业产业的集聚，如西甜瓜产业的集聚。而劳动人口应该从传统农业生产中逐步解放出来，流转到工商业中，提高农业产业中劳动的产出效率。

最后，政府应加快于西甜瓜产业发展相关政策的调整，使其成为西甜瓜产业发展的另外一种推动力。政府不但要从宏观视角重视西甜瓜产业的发展，而且要从微观政策措施出发，规范鼓励西甜瓜产业发展，把西甜瓜产业逐步培育成为区域性的主导产业部门，增强与区域内其他产业的关联性，带动和促进其他产业的发展和社会进步。

2.3 比较优势理论

2.3.1 比较优势理论内涵

比较优势是指各国在土地、劳动力、资本、技术乃至制度等有形和无形的自然资源禀赋上存在着相对差异，从而使一个国家在某类产品的生产上因为生产率的不同，所具的优势也不同，在流通领域中表现出相对价格优势，并把它作为与国际分工和开展国际贸易的依据和条件。比较优势是李嘉图在亚当·斯密的绝对成本优势的基础上提出来的，并做了一定的补充和完善。李嘉图认为每个国家都可以根据自己的资源禀赋的条件来生产自己具有相对优势的产品，这样可以达到资源共享，以较低的成本赚取更高的利润，对国家贸易的发展也有促进作用。而亚当认为在国际贸易中生产自己绝对优势的产品，进口生产成本较高劣势的产品，出口自己的优势产品，认为这样才能产生国际贸易。

（1）该理论认为世界是永恒的，是一个静态均衡的世界，是一个各国间、各经济集团间利益和谐一致的世界。李嘉图提出了九个假定作为其论述的前提条件：一是只考虑两个国家和两种商品；二是坚持劳动价值论，以英、葡两国的真实劳动成本的差异建立比较成本说，假定所有的劳动都是同质的；三是生产是在成本不变的情况下进行的；四是没有运输费用；五是包括劳动在内的生产要素都是充分就业的，它们在国内完全流动，在国际之间不能流动；六是生产要素市场和商品市场是完全竞争的市场；七是收入分配没有变化；八是贸易是按物物交换的方式进行的；九是不存在技术进步和经济发展，国际经济是静态的。

（2）李嘉图解释了劳动生产率差异如何引起国际贸易，但没有进一步解释造成各国劳动生产率差异的原因。

（3）该理论的一条重要结论是，各国根据比较优势原则，将进行完全的专业化生产。同时，根据其结论进行推导，两国比较优势差距越大，则贸易的空间越大。那么，当前的国际贸易应该主要发生在发达国家与发展中国家之间。现实中，难以找到一个国家在国际贸易中进行完全的专业化生产。一般来说，各国都会生产一些与进口商品相替代的产品。

这个理论为世界各国尤其是发展中国家的发展做出了巨大的理论贡献，促进了社会生产力的发展，该理论作为自由贸易的重要基础之一，在历史上起到过积极的促进作用。

2.3.2　比较优势理论的表现形式

比较优势的成分在国际贸易中是显著变化的。不同的国家禀赋的自然资源的程度也会有所不同，它会根据当地开发利用和挖掘能力的不同情况出现异样的局面；而要素在国际贸易中的质量情形则由于自然界力作用而出现生产率的大和小。当众多要素相互结合、互相作用时，各个物质生产要素自身的发展变化更呈动态趋势。从比较优势理论来看，占据主导地位的要素正是一个国家在一定时期内比较优势的主要来源。图 2.3 可以表示比较优势的表现形式主要是两个方面，一是生产领域，二是流通领域。

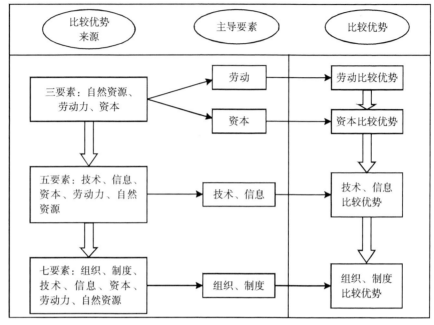

图 2.3 演进比较优势模型

从生产领域看，比较优势表现为不同国家因生产效率的不同而所处的优势也不同，每个国家生产率与单位时间内劳动所创造出的财富、生产的效率、资金的投入、技术的运用等产品产出的价值水平以及产品的质量、特性等都是息息相关的。李嘉图的比较成本说以劳动价值论为基础，各国生产同一产品而劳动生产效率不同阐述了比较优势存在的原因。但是随着经济的发展，决定生产率的已经不只是劳动这一传统要素了，资本、技术、管理制度等现代要素都会直接影响产品的生产效率。技术差距论强调技术要素效益在经济增长中的作用越来越突出，认为技术不仅是一种生产要素，而且是效率最高的要素，技术的创新和使用可以间接地影响其他要素的效率。人力资本理论是技术和劳动的组合产生的，人力资本理论着重突出人力资本要素的效率的作用，它认为资本不仅包括物质资本，也包括人力资本。各种要素效率的不同，反映了通过提高各种要素的生产效率以达到获取比较优势的目的。各种要素生产效率的不同，既可以表现为各种要素效率上的本质差异，也可以表现为各国通过研究使低效率的要素得以充分利用变成高效率的要素，这分别称为静态要素效率的差异和动态要素效率的差异。静态要素效率的比较优势是由于自然、历史的原因造成的。它假定要素效率是一成不变的。

动态要素效率则会根据贸易中的各种外在条件的变化而变化。而要提高本国的要素效率，则要对人力资本和技术研发有更大的投入。迈克尔·波特比较优势理论阐述了改变企业内部的管理制度与外部的制度环境。比较优势理论的一个重要方面就是看要素组合的比例是否有效率。

从流通领域看，比较优势表现为相对价格差异，由于在人力资本、技术等投入的力度上有所差别，导致成品的价格会随之而改变。资源要素的投入比例不同，产生的效果就会有所不同。俄林在研究中认为要素禀赋对比较优势的影响有很大关系，如在生产贸易中，各国生产同一产品，在要素组合比例一致的情况下，并且要素和要素之间不能够取代，却得出了各国同类产品质量和性能是一样的结论。这就说明实际上要素之间是可以互相取代的，生产同类产品的要素比例也可以做相应的调整。某种产品在不同的国家既定的要素价格下可能是劳动密集型的也可能是资金技术密集型的。所以，不同的生产者会选择最优的要素组合进行生产，则以最小的成本投资获得最大的利润。但是企业内部制度制定的合理性与投资成本的大小所获得的效果起着举足轻重的作用。而一国既定的要素价格体系是否合理则是由企业外部的经济制度所决定的，合理的制度会产生合理的价格体系，从而使得全社会要素在企业的努力行为中得到最优配置。

斯密和李嘉图贸易模型以及 H-O 模型实质上都是把国家间先天赋予的生产条件差别作为贸易基础，因此，从李嘉图到 20 世纪中期以前的比较优势理论被称为外生比较优势理论。

2.3.3　内生比较优势理论

外生比较优势理论的产生与盛行与当时粗糙的产业状况紧密相连。当时产业的生产形态是劳动密集而非技术密集型，国际贸易的主要产品是香料、丝绸、烟草和矿产等，而国家的资源、资金与技术还处于发展中状态。随着 20 世纪 60 年代以来全球经济和国际贸易的迅速发展，外生比较优势理论并不足以解释丰富多元的贸易形态，于是，出现了"里昂惕夫之谜"和"比较优势陷阱"的观点。"里昂惕夫之谜"指出了比较优势理论的不足之处，他用美国的例子来证明，因为美国自然资源禀赋条件优越，有丰富的人力资源、技术资源，应该进口劳动密集型产品，出口资本密集型产品，但是检验的结果却相悖，也就是说，里昂惕夫揭示出传统的比较优势理论的不足之处，他认为不能够把比较优势理论局限于有形的资本、劳动等几个生产要素上。另外，在比较优势理论的基础上，实施比较优势战略的发展中国家出现了困境，如贸易条件和贫困化不断恶化，从而提出了"比较优势陷阱"的观点。

解决以上困境，注定要由内生比较优势理论来完成。内生比较优势理论引入规模经济、产品差异等概念体系以及从专业化、技术差异、制度、博弈以及演化等不同角度完善和拓展了传统比较优势理论。

20世纪80年代，克鲁格曼和赫尔普曼引入规模经济来分析比较优势，发展了一个基于自由进入和平均成本定价的垄断竞争模型，将产品多样性的数目视为由规模报酬和市场规模之间的相互作用内生所决定。为实现规模经济而不是因为要素报酬差异而进行的（产业内）专业化能使相似要素含量的商品实行双向贸易，各国的资源越相似，这种产业内贸易越重要。也就是说，在报酬递增和存在差异化产品的情况下，当国家间越来越相似，规模经济将取代要素禀赋的差异成为国际贸易的重要动因。实际上，克鲁格曼更早时候（Krugman，1980）就提出国内市场规模会影响一国在国际上的比较优势。他论述了在几种背景下具有大的该国市场的厂商更能有效利用规模经济从而在国际上更有竞争力。许多实证研究也表明，出口商通常比内销的厂商规模更大，厂商和产业的规模与出口量之间具有正相关关系。

表 2.1 静态比较优势和动态比较优势的差异

项目	静态比较优势	动态比较优势
视角	静态和绝对视角	动态和相对视角
竞争周期	短期	中长期
竞争力领域	侧重外延投入性质的劳动力优势、资本优势、产品竞争优势、市场规模优势等	侧重自主科技创新优势、技术标准优势、知识产权优势、服务业优势、产品竞争优势、劳动力优势、资本优势、市场规模优势等在内的综合比较优势
竞争体系1	部分竞争力，局部抗衡	整体竞争力，全面抗衡
竞争体系2	依附性	独立性
竞争体系3	各自独立的孤立比较优势	相互转换、有机结合的比较优势

20世纪90年代，梯伯特进一步总结并集中论述了递增性内部规模收益（Increasing Internal Returns to Scale）作为比较优势的源泉。他认为具有递增性内

部规模收益的模型在三方面优于传统的比较优势学说：第一，是该模型建立了一个从专业化中获取收益的新基础，即使贸易伙伴们具有相同的技术和要素比例。第二，该模型认为具有大的国内市场的厂商在世界市场中有竞争优势。第三，该模型有助于理解贸易、生产率和增长之间可能的联系。杨小凯和博兰在批评新古典主流理论的基础上，从专业化和分工的角度拓展了对内生比较优势的分析。他们认为，内生比较优势会随着分工水平的提高而提高。由于分工提高了每个人的专业化水平，从而加速了个人人力资本的积累，这样，对于一个即使没有先天的或者外生比较优势的个人，通过参与分工，提高自己的专业化水平，也能获得内生比较优势。他们关于内生比较优势的分析被置于一个将交易成本和分工演进相互作用的理论框架之中。按照这一框架，经济增长并不单是一个资源配置问题，而是经济组织演进的问题，市场发育、技术进步只是组织演进的后果。该框架分析了经济由自给自足向高水平分工演进的动态均衡过程，并阐释了斯密和扬格的思想：经济增长源于劳动分工的演进。在经济发展初期，由于专业化带来的收益流的贴现值低于由专业化引起交易成本增加所导致的现期效用的损失，因此专业化水平将很低；随着时间的推移，生产的熟能生巧效应将使专业化带来的收益逐渐增加，因此将会出现一个较高的专业化水平，内生比较优势随之不断增强。应当强调的是，他们的框架不同于标准的新古典框架，后者对比较优势的分析主要基于规模经济，而他们的框架将专业化和分工置于分析的核心，并且严格区分了规模经济和专业化经济，从而发扬了斯密关于分工和内生比较优势的核心思想。

比较优势理论的扩展路径如图 2.4 所示。

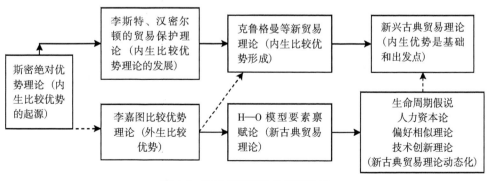

图 2.4 比较优势理论的扩展路径

2.3.4　比较优势理论在发展中国家的应用

比较优势理论在发展中国家的应用也存在着不同的甚至是相互对立的观点。

巴拉萨根据新古典贸易理论提出了外贸优势转移假说，并在此基础上形成了阶梯比较优势论。他预期各国进出口商品结构和比较优势会随着生产要素积累的状况而改变。与传统的发达与落后两极划分法不同的是，巴拉萨认为国际分工的类型和经济发展阶段之间排列着许多阶梯。更新发展阶梯的过程是连续的而非中断的。按发展阶梯划分，当今世界经济中大致存在以下几类国家和地区：属第一阶梯的发达国家；属第二阶梯的新兴工业化国家，如亚洲"四小龙"和拉美的巴西、阿根廷和墨西哥；属第三阶梯的次级新兴工业化国家和地区，如东盟各国(新加坡除外)、中国和印度；属第四阶梯的是其他发展中国家和地区。根据这种阶梯划分，阶梯比较优势呈现出动态演变的过程：各国按照比较优势发展出口，能够取代已发展至更高阶梯的国家原来的出口。在阶梯式发展的格局中，发达国家和新兴工业化国家将分别发展起各自的新兴产业，同时将失去优势的产业转移给较低发展阶段的国家。执行出口导向战略的落后国家就能够利用各自的比较优势，进入更高的经济和贸易发展阶梯。针对阶梯比较优势理论，对发展中国家外贸增长前景持悲观观点的经济学家提出了批评，他们批评的主要依据是发展中国家在国际竞争中处于劣势，难以攀登比较优势的阶梯。恩斯特和欧康诺在一份研究报告中提出，国际间产品竞争的加剧使许多发展中国家难以维持原有的国际分工。他们认为，亚洲"四小龙"的发展是靠使用大量非熟练劳动力生产低品质和低成本的制成品取得的，对外贸易曾经是他们经济增长的引擎，但是，当更多的发展中国家采用相似的经济发展策略时，国际上贸易保护主义的压力也在日益增强。新兴工业化国家的厂商虽已试图以产品升级和分散出口市场减轻贸易保护主义的危害，但这种调整是一个缓慢的过程。霍夫曼也举出部分次级新兴工业化国家被迫限制服装产量以缓解来自发达国家贸易保护主义的压力的例证，说明落后国家进入出口主导型的发展阶梯是十分困难的。

多勒尔把比较优势的技术和制度分析延伸至发展中国家。他认为，尽管关于技术差异的讨论主要针对发达国家，发展中国家在总体上并不居于技术创造的前沿，但技术进步在发展中国家的经济增长和比较优势的演进中扮演着重要角色。

许多事实表明成功的发展中国家已从发达国家引入技术，而发展中国家感兴趣的制度也是那些有利于技术引进以及适应既存技术的制度。一些关于增长的实证文献确实对这些观点给予了支持。研究表明，对工厂和设备的投资、教育变量（如中小学入学率）以及在外贸和外资方面的开放政策同经济增长高度相关。这些实证说明了落后的优势在于引进别处的先进技术，但是，对这个潜在优势的利用要求相应的制度支持，如强有力的教育体制和在外贸外资方面的开放制度。如果制度支持具有持续性，如能持续几十年，将会对社会的真实收入增加产生巨大的影响。这样，对发展中国家而言，将会获得知识资本积累的长期收益。多勒尔实际上强调了制度激励和技术进步是发展中国家获取长期比较优势的源泉，这对于像中国这样的发展中国家具有一定的借鉴意义。

然而，正如前面已提到的争论一样，比较优势理论在中国的应用也引起了相应的争论。争论的焦点在于能否应用比较优势理论作为指导中国经济发展的战略思想。林毅夫等在批判赶超战略的基础上提出应依据比较优势制定发展战略。他们指出，赶超战略最终并没有带动发展中国家的经济持久快速增长，却使发展中国家经济付出惨重代价。赶超战略的失败主要是因为这种战略是以牺牲经济整体进步为代价的少数产业的赶超，不足以支持资源结构的升级或总体经济实力的提高。赶超战略所扶持的产业部门，由于不符合资源禀赋的比较优势，只好完全依赖扭曲价格和国家保护政策才得以生存。在赶超战略下，违背比较优势所形成的畸形产业结构与劳动力丰富的资源结构形成矛盾，使大规模的人口不能分享经济发展的好处而陷入贫困。他们认为，作为一种替代性选择，遵循比较优势是一种更有效的发展战略。这一战略就是使一个经济的产业和技术结构充分利用其资源禀赋的比较优势，从而使资源禀赋结构随之不断提高。他们的比较优势战略实质上是对李嘉图外生比较优势理论的继承和应用。

但是，对于这种比较优势能否作为像中国这样的发展中国家制定发展战略的依据，另外一些学者有不同的看法。如洪银兴认为，在国际贸易中的劳动密集型产品市场，由于发达国家存在资本对劳动的替代，使得发展中国家的劳动密集型产品并不具有竞争优势。而且，虽然发展中国家劳动密集型产品因其工资低而劳动力成本较低，但发达国家面对国内充分就业的压力，会以各种壁垒阻碍廉价的劳动密集型产品进入，从而造成在劳动密集型产品和技术密集型产品的贸易中，以劳动密集型和自然资源密集型产品出口为主的国家总是处于不利地位，出现"比较利益陷阱"。他认为要摆脱这种不利局面，就应当将比较优势转化为竞争优势，转换的关键是将高新技术，包括从国外引进的高技术与丰富的劳动力资源结合。左大培则从技术进步的另一角度表述了对中国遵循外生比较优势理论的怀疑和否定。他提出应当把产业技术密集化作为经济发展的根本，为此应当制订促进技术进步的贸易政策。他强调通过扶植处于幼稚期的高技术产业来获取内生比较优势。

2.3.5 比较优势理论在西甜瓜产业中的应用

比较优势理论是用于解释两个国家因土地、劳动力、资本、技术等方面所形成的要素资源禀赋上存在着相对差异，从而会使某个国家在某类产品上存在生产率的不同并具有相对优势。在农业产业发展中，受土地、水、阳光等自然条件的影响，同种农业产业在不同的地区也存在着不同的生产率。换言之，就是相同产业在不同的种植区域也适用比较优势理论。

第一，选择适宜区域大力发展西甜瓜产业。依据比较优势理论，应该选择适宜的地区大力发展西甜瓜产业，也只有这样，才能充分发挥区域要素禀赋的条件，西甜瓜产业的生产效率才会更高，否则，只能是浪费要素资源。我国地域辽阔，所跨经纬度比较广，适宜栽培的农作物的种类也比较多。西甜瓜因其种植生产过程对光照、水土、气候等自然条件有特殊的要求，这就要求一定要在种植西甜瓜具有比较优势的地区大力发展西甜瓜产业。随着我国西甜瓜产业的发展，西甜瓜主要的产业经济区由传统的华北、西北 2 个产区，逐渐发展到现在的华北、西北、长江中下游以及华南 4 个产区。各个产区分别根据当地的资源气候条件，通过不同的种植方式以及不同的种植品种发展西甜瓜产业。

第二，提升西甜瓜产业的质量，大力发展西甜瓜出口贸易。就所处的地理位置和自然纬度，我国大部分地区都适宜种植西甜瓜，与世界上其他国家相比较，我国具有种植和发展西甜瓜产业的自然优势，再加上我国最早存在农耕文化，拥有西甜瓜种植栽培的生产技术优势，这些条件都决定了我国在西甜瓜国际贸易中具有相对的比较优势。因此，我们应该大力发展出口导向型西甜瓜产业，也使西甜瓜产业逐步成为出口创汇的重要产业之一。我国是世界上最大的西瓜、甜瓜生产国,其种植面积和产量均位居世界第一。改革开放之前,西甜瓜生产是由政府在"以粮为纲"方针指导下安排的。随着改革开放的深入,政府逐渐放开对瓜果生产的限制,使其产量和价格充分接受市场供需关系的调节,从而全面促进了西甜瓜产业的快速发展。西甜瓜的种植面积由 1980 年的 33 万公顷逐渐增长到 2008 年的 260 万公顷,充分满足了消费者对于西甜瓜的基本需求,并逐步提高全国消费者多元化需求的满足度。据不完全统计,西甜瓜的人均年消费量在 50 公斤左右,消费量占全国 6~8 月夏季上市水果的 60% 左右,同时每年出口创汇 640 万美元左右,占蔬菜出口的 6% 左右,西甜瓜不仅成为了保障人民生活水平的重要的水果,而且慢慢发展成为一项具有国际竞争力的新产业。

2.4　本章小结

　　西甜瓜产业是产业发展的重要组成部分,参与西甜瓜产业生产经营的个体或组织直接影响着西甜瓜产业的生产与发展。西甜瓜产业组织是产业组织中重要成分之一,其经营运营状况、参与市场竞争情况不仅决定着西甜瓜产业的发展,也影响着国民经济的健康可持续发展。自博弈论引入产业组织理论以后,产业组织研究开始转向对产业组织的经营行为研究。决定西甜瓜产业经营绩效的不是西甜瓜产业组织的组织结构,而是产业组织的市场经营行为。产业组织要根据市场需求变动的动态均衡,调整自己的生产经营行为,这样才能做到西甜瓜产业经营绩效最大化。市场交易效率高低也是决定西甜瓜产业经济效益的重要因素之一,这是制度经济学中交易费用理论应用于产业组织发展的重要成果之一。在西甜瓜产业发展中引入交易费用,改变了以往单纯从技术和垄断竞争等方面研究产业组织发展的视角。西甜瓜是时鲜水果,更需要提高市场交易效率,不但要缩短西甜瓜交易流通时间,还要降低西甜瓜的交易费用,这样才能降低西甜瓜的流通成本,提高西甜瓜产业组织的绩效。

　　西甜瓜产业是农业产业的重要分支之一,农业产业中各个产业的比例构成影响着农业产业的总产值。西甜瓜有非常重要的经济作用,种植经营情况直接影着农民的经营收入，因此，西甜瓜产业的种植比例是否科学直接决定农业的总产值、农民的家庭收入和居民的生活水平。既然西甜瓜产业在农民增收、提高居民生活水平方面具有非常重要的作用，就需要加快西甜瓜产业快速发展，促使各种生产要素向西甜瓜产业集聚，提升农业产业结构向市场化产业发展。

西甜瓜种植经营受自然条件制约和影响较为明显，由于不同区域自然禀赋条件不同，也就决定了不同地区种植西甜瓜的收益状况是不同的。在合理区域进行西甜瓜种植生产，就必须要遵循比较优势理论，否则只能浪费要素资源。此外，根据比较优势理论，要大力发展西甜瓜出口贸易，提高产业出口创汇的水平，这主要是因为我国是西甜瓜的主要种植生产国，具有天然种植生产的比较优势。

3 西甜瓜产业发展现状

3.1 世界西甜瓜产业发展情况

3.1.1 世界西甜瓜种植面积及分布、产量现状

西瓜、甜瓜均是世界农业中的重要水果作物，产区分布较为广泛，几乎在全球范围内都有种植，特别是在北纬65度至南纬23度的范围内。自20世纪90年代以来，西甜瓜均进入快速增长阶段，西甜瓜的种植和产量不断攀新高。根据联合国粮食及农业组织数据库（FAOSTAT）显示（2012年8月更新），在2010年十大水果中，西瓜的种植面积和产量分别居第一位和第二位（仅次于香蕉），甜瓜的种植面积和产量分别居第五位和第七位。从全世界的分布情况看，土耳其的西瓜生产和西班牙的甜瓜生产在其农业生产中占有重要位置，俄罗斯、美国、日本、韩国、墨西哥、印度等国在西瓜、甜瓜生产与研究方面具有较强实力。

3.1.1.1 世界西甜瓜种植面积及分布

（1）西瓜的种植面积及分布。20世纪90年代中期以前，世界西瓜的收获面积较为稳定，始终在200万公顷上下波动，之后世界西瓜收获面积有小幅上升趋势，从1996年的241万公顷扩大到2011年的357万公顷，15年间收获面积增长了48.1%。2011年世界生产西瓜的国家和地区约有112个，其中亚洲一直是西瓜最重要的产地，而且亚洲在世界西瓜生产中的地位不断提升。1980年亚洲西瓜收获面积为100.25万公顷，占世界西瓜总收获面积的52.47%，2011年亚洲西

瓜收获面积达到 273.83 万公顷，占世界总收获面积的比重上升为 76.74%，与 1980 年相比面积扩大了近两倍，年均增长率为 3.29%。欧洲的西瓜收获面积居世界第二位，2011 年为 34.09 万公顷，占世界总收获面积的 9.55%，与 1980 年相比呈负增长，面积缩小了 27.55%。美洲西瓜的收获面积排世界第三位，2011 年为 27.05 万公顷，占世界总收获面积的 7.58%，相比 1980 年增长了 16.77%。非洲的西瓜收获面积从 1980 年的 12.76 万公顷增长到 2011 年的 21.38 万公顷，占世界西瓜面积的 5.99%，年均增长速度为 1.68%。大洋洲的西瓜收获面积虽然增长较快，但在世界西瓜生产中占的比重非常低（见图 3.1）。

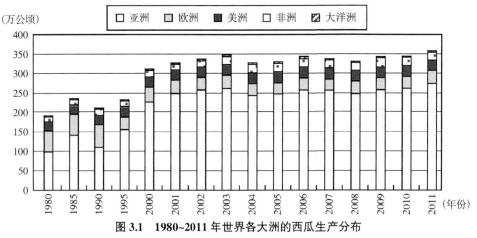

图 3.1　1980~2011 年世界各大洲的西瓜生产分布

数据来源：FAOSTAT。

用市场集中率指标 CR_n 来评估世界西瓜生产的集中程度，CR_1、CR_5 和 CR_{10} 分别代表产量最高的西瓜生产国、产量最高的 5 个和产量最高的 10 个西瓜生产国的产量之和占世界总产量的比重。如表 3.1 所示，西瓜的市场集中程度不断提高，CR_1 值从 1980 年的 20.72% 提高到 2000 年的 67.70%，到 2005 年则降至 65.86%，2011 年回升至 66.60%，但自 1996 年起 CR_1 值就超过了 50%，说明近 10 多年来中国基本主导了世界的西瓜生产；CR_5 值从 1980 年的 57.24% 提高到 2000 年的 79.49%，到 2011 年降至 78.40%，说明世界西瓜产量近八成集中在中国、伊朗、土耳其、巴西和美国这五个国家；CR_{10} 值从 1980 年的 73.36% 提高到 2011 年的 84.85%，总体可见，世界西瓜生产的集中程度还是比较高的。

表 3.1 世界西瓜主要生产国演变

单位：万吨

排名	1980 年		1990 年		2000 年		2005 年		2011 年	
	国家	产量	国家	产量	国家	产量	国家	产量	国家	产量
1	中国	547	中国	1096	中国	5182	中国	6011	中国	6958
2	苏联	379	苏联	500	土耳其	390	土耳其	397	伊朗	450
3	土耳其	300	土耳其	330	埃及	179	伊朗	326	土耳其	386
4	伊朗	170	伊朗	265	美国	169	美国	174	巴西	220
5	埃及	116	美国	114	伊朗	165	巴西	164	美国	177
6	美国	103	埃及	101	墨西哥	105	埃及	150	俄罗斯	157
7	日本	98	西班牙	82	韩国	92	俄罗斯	96	埃及	151
8	叙利亚	91	日本	75	西班牙	72	韩国	90	阿尔及利亚	135
9	意大利	71	意大利	66	巴西	68	墨西哥	86	乌兹别克斯坦	129
10	泰国	63	希腊	63	希腊	66	阿尔及利亚	86	墨西哥	100
集中度 (%)	CR1	20.72	CR1	31.42	CR1	67.70	CR1	65.86	CR1	66.60
	CR5	57.24	CR5	66.07	CR5	79.49	CR5	77.75	CR5	78.40
	CR10	73.36	CR10	77.16	CR10	84.75	CR10	83.48	CR10	84.85

数据来源：FAOSTAT。

（2）甜瓜的种植面积及分布。从甜瓜生产的世界地理分布情况来看，由于受地缘和气候条件因素影响，甜瓜生产的世界地理分布相对集中。亚洲是全世界最重要的甜瓜主产区，亚洲甜瓜产量一直在世界甜瓜生产中列第一位。特别是近几年来，随着人们收入水平的不断提高，居民对于水果的消费量也呈现不断扩大的趋势，推动了甜瓜产业的快速发展，甜瓜种植面积增长较快。世界甜瓜收获面积从 1980 年的 62.73 万公顷扩大到 2011 年的 114.45 万公顷，面积扩大了 82.44%（见图 3.2）。

利用市场集中率指标 CRn 来对世界甜瓜生产的集中程度情况进行评估，CR1、CR3、CR5 和 CR10 分别代表产量排列第一名、前三名、前五名和前十名甜瓜主产国的产量之和占世界总产量的比重。相关年度的 CR1、CR3、CR5 和 CR10 如图 3.3 所示。CR1 值、CR3 值、CR5 值和 CR10 值在 2001~2011 年都出现不同程度下降，即世界甜瓜生产集中程度总体呈下降趋势。2001 年 CR1 值为 49.08%，到 2011 年则降至 47.94%，虽然 CR1 值低于 50%，但中国依然占据着世界甜瓜生产的相对优势地位。CR3 值从 2001 年的 61.61%，降至 2011 年的

57.64%。CR5 值从 2001 年的 69.06%，降至 2011 年的 67.72%。CR10 值从 2001 年的 83.08%，降至 2011 年的 80.79%。生产集中度的小幅下降在一定程度上说明，随着世界各国积极发展现代化农业，甜瓜生产已经逐步突破地域和气候条件限制，成为重要的世界性大宗瓜果作物，但是，这十大甜瓜主产国依然占据着世界甜瓜生产的优势地位（见图 3.3）。

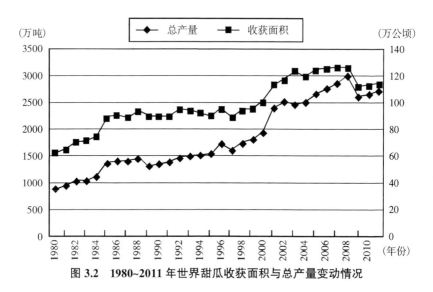

图 3.2　1980~2011 年世界甜瓜收获面积与总产量变动情况

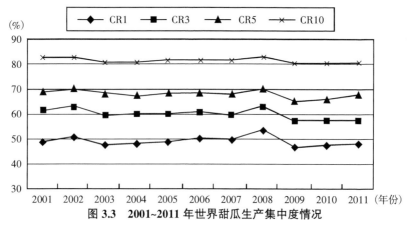

图 3.3　2001~2011 年世界甜瓜生产集中度情况

3.1.1.2　世界西甜瓜产量

2001 年以来，西甜瓜的主要生产国一直保持相对稳定（见表 3.2），中国、土耳其、伊朗、美国和埃及在近 10 年来一直在西瓜生产大国的前六位中。2010

年，中国的西瓜产量居全世界第一位，达到 6623 万吨，巴西的产量也是稳步上升，由 2005 年的 164 万吨上升到 2010 年的 205 万吨。中国、土耳其、伊朗、美国和西班牙在近 10 年来一直在甜瓜生产大国的前六位中。中国甜瓜产量也由 2001 年的 1180 万吨上升到 2010 年的 1257 万吨，上升了 77 万吨。土耳其的西瓜生产和西班牙的甜瓜生产在其农业生产中占有重要位置，俄罗斯、美国、日本、韩国、墨西哥、印度等国在西瓜、甜瓜生产与研究方面具有较强实力。

表 3.2　2001~2010 年世界六大西甜瓜生产国

单位：万吨

品种	排名	2001 年		2005 年		2010 年	
		国家	产量	国家	产量	国家	产量
西瓜	1	中国	5751	中国	6011	中国	6623
	2	土耳其	402	土耳其	397	土耳其	368
	3	美国	184	伊朗	326	伊朗	347
	4	伊朗	182	美国	174	巴西	205
	5	埃及	145	巴西	164	美国	189
	6	墨西哥	97	埃及	150	埃及	164
甜瓜	1	中国	1180	中国	1305	中国	1257
	2	土耳其	178	土耳其	177	土耳其	161
	3	美国	124	伊朗	158	伊朗	132
	4	伊朗	108	美国	118	埃及	108
	5	西班牙	98	西班牙	109	美国	104
	6	埃及	86	摩洛哥	65	西班牙	93

数据来源：FAOSTAT。

（1）从西瓜产量上看，2011 年，亚洲西瓜产量占全球西瓜产量的 83.99%，是重要的西瓜主产区。与种植面积方面的排名不同，美洲的西瓜产量高于欧洲，为 616.33 万吨，占全球西瓜产量的 5.9%，排名第二位。欧洲的西瓜产量占世界西瓜生产总量的 5.37%，排名第三位。非洲的西瓜产量为 480.73 万吨，占全球西瓜总量的 4.6%。大洋洲的西瓜产量在世界西瓜生产中份额依旧很小，大约为 0.14%。

（2）从甜瓜产量上看，由于受地缘和气候条件因素影响，甜瓜生产的世界地理分布相对集中。亚洲是全世界最重要的甜瓜主产区，亚洲甜瓜产量一直在世界甜瓜生产中列第一位。2011 年，亚洲、美洲、欧洲、非洲和大洋洲的甜瓜产量分别为 1980.86 万吨、347.66 万吨、212.18 万吨、180.82 万吨和 8.07 万吨，在世界甜瓜总产量中所占的比重依次为 72.57%、12.74%、7.77%、6.62% 和 0.30%。虽然近几年来,欧洲、美洲和非洲的甜瓜产量有较快速度增长,但是其产量在世界甜瓜总产量中所占份额仍然非常小(见图 3.4)。

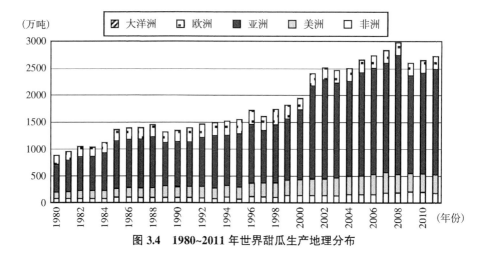

图 3.4　1980~2011 年世界甜瓜生产地理分布

2001 年以来,世界甜瓜的主要生产国基本保持稳定。2011 年,世界五大甜瓜主产国分别是中国、伊朗、土耳其、埃及、美国。特别是近几年来,伊朗甜瓜生产能力上升趋势相对明显,先后超过美国和土耳其成为世界第二大甜瓜主产国。2011 年,中国的甜瓜产量达到 1308.55 万吨,是伊朗、土耳其、美国、埃及四个国家甜瓜产量总和的 2.38 倍,一直保持着世界最大甜瓜生产国的优势地位。西班牙、印度、摩洛哥、意大利和墨西哥则是稳定于世界第六位至第十位。这10 个国家分布在四个大洲,亚洲有中国、土耳其、伊朗、印度;北美洲有美国、墨西哥;欧洲有西班牙、意大利;非洲有埃及和摩洛哥。

3.1.2　世界西甜瓜国际贸易情况

西甜瓜是一种世界性的大宗瓜果作物,是世界农业中的重要水果作物,其总产量和种植面积都在逐年增长,未来具有广阔的市场消费需求前景,而且随着世界经济全球化的进一步发展,以及先进的农业科学技术在西甜瓜育种、生产、加工、流通等各个环节的广泛推广和应用,世界西甜瓜国际贸易也日益健康发展壮大。

西甜瓜世界进出口总量近年来保持在每年 300 万吨左右。出口量最多的西班牙约为 60 万吨；其次，墨西哥约为 50 万吨，美国约为 35 万吨，希腊和匈牙利分别约为 30 万吨，马来西亚约为 20 万吨，中国大陆仅为 5 万吨左右。2009 年每吨西甜瓜平均出口价：西班牙约为 360 美元，墨西哥约为 270 美元，美国约为 300 美元，匈牙利约为 100 美元，马来西亚约为 140 美元。进口量最多的美国约为 40 万吨，其次，德国为 32 万吨，加拿大为 31 万吨，中国大陆约为 20 万吨（主要从越南、缅甸、老挝等国进口），中国香港约为 10 万吨。随着中国与东盟自由贸易区关系的进一步密切，东南亚进口西甜瓜已经对中国冬、春西甜瓜市场供应产生了重要影响。

西瓜贸易量呈现总体上升趋势。1961~2010 年，世界西瓜贸易量呈现波动中不断上升的趋势（见图 3.5）。1961 年世界西瓜进口量为 7.71 万吨，到 2010 年增长到 246.78 万吨，增加了 239.07 万吨；1961 年世界出口量为 15.67 万吨，到 2010 年增长到 321.26 万吨，增加了 305.59 万吨。

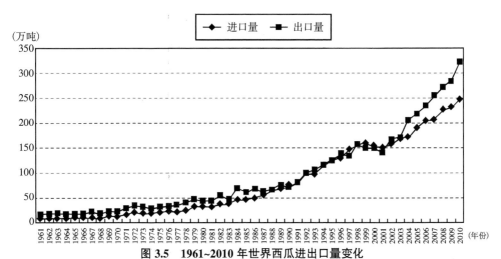

图 3.5　1961~2010 年世界西瓜进出口量变化

数据来源：FAOSTAT。

从各大洲的西瓜贸易状况来看，世界西瓜贸易主要分布在欧洲、美洲和亚洲（见图 3.6）。其中，欧洲的西瓜进出口量最大，2010 年欧洲西瓜进口量占全球西瓜总进口量的 48.81%，出口量占全球西瓜总出口量的 36.21%。美洲的西瓜进口量占世界第二位，出口量占世界第三位。亚洲的西瓜进口量为 22.26%，占世界第三位，但出口量高于美洲，排世界第二位。大洋洲和非洲的西瓜贸易量较少，占世界总贸易量的比例很小。在进出口的绝对数量方面，除了欧洲的进口量高于出口量外，其余四大洲的西瓜进口量均低于出口量。

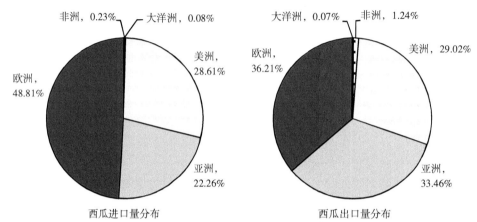

图 3.6　2010 年世界西瓜贸易分布
数据来源：FAOSTAT。

　　2010 年世界排名前十位的西瓜进口国的进口量为 177.74 万吨，占世界进口总量的 72.02%。排名前五位的国家分别是美国、中国、德国、加拿大和法国，这五个国家的西瓜进口量占世界进口总量的 55.11%。美国和加拿大是北美最主要的西瓜进口国，2010 年西瓜进口量达 64.45 万吨，占世界进口总量的 26.11%。德国、法国、波兰、荷兰、捷克、英国则是欧洲的重要西瓜进口国，2010 年这些欧洲国家的进口量达 73.84 万吨，占世界进口总量的 29.92%。亚洲国家进口西瓜比较多的当属中国和阿联酋，其中，中国 2010 年进口西瓜 31.73 万吨，占当年世界西瓜进口总量的 12.86%，是仅次于美国的第二大西瓜进口国（见表 3.3）。

表 3.3　2010 年世界十大西瓜进口国

进口量排名	国家/地区	数量（万吨）	占世界比例（%）	金额（百万美元）	单位价值（美元/吨）
1	美国	44.82	18.16	268.15	598.28
2	中国	31.73	12.86	35.74	112.64
3	德国	28.72	11.64	161.30	561.63
4	加拿大	19.63	7.95	93.86	478.15
5	法国	11.10	4.50	65.58	590.81
6	波兰	9.83	3.98	36.15	367.75
7	荷兰	9.58	3.88	57.42	599.37

进口量排名	国家/地区	数量（万吨）	占世界比例（%）	金额（百万美元）	单位价值（美元/吨）
8	捷克	8.67	3.51	32.45	374.28
9	阿联酋	7.72	3.13	24.05	311.53
10	英国	5.94	2.41	41.40	696.97

数据来源：FAOSTAT。

2010 年世界排名前十位的西瓜出口国的出口量为 242.67 万吨，占世界出口总量的 75.54%。排名前五位的西瓜出口国分别是墨西哥、西班牙、伊朗、叙利亚和美国，这五个国家的出口量占世界出口总量的 54.56%。墨西哥和美国是美洲最主要的西瓜出口国，2010 年的西瓜出口量达到 70.22 万吨，占世界出口量的 21.85%。西班牙、希腊、意大利、荷兰是欧洲主要的西瓜出口国，2010 年这四个国家的西瓜出口量达 91.77 万吨，占世界出口量的 28.57%（见表 3.4）。2010 年中国的西瓜出口量为 5.08 万吨，在世界总排名为 16 位，出口金额 1251.9 万美元。

表 3.4 2010 年世界十大西瓜出口国

出口量排名	国家/地区	数量（万吨）	占世界比例（%）	金额（百万美元）	单位价值（美元/吨）
1	墨西哥	50.93	15.85	277.99	545.83
2	西班牙	49.15	15.30	283.90	577.62
3	伊朗	34.83	10.84	89.76	257.71
4	叙利亚	21.10	6.57	33.40	158.29
5	美国	19.29	6.00	105.66	547.74
6	越南	17.75	5.53	24.88	140.17
7	希腊	17.70	5.51	58.56	330.85
8	意大利	17.11	5.33	78.42	458.33
9	荷兰	7.81	2.43	65.44	837.90
10	哈萨克斯坦	7.00	2.18	18.00	257.14

数据来源：FAOSTAT。

从 1980~2011 年世界甜瓜国际贸易量变化情况来看（见图 3.7），世界甜瓜的贸易量、出口量和进口量总体均呈现出阶段性增长的发展态势。世界甜瓜总贸易量从 1980 年的 81.22 万吨增长到 2011 年的 408.05 万吨，增长了 402.40%。其中，世界甜瓜出口量从 1980 年的 38.31 万吨增长到 2011 年的 207.07 万吨，增长了 440.51%；世界甜瓜进口量从 1980 年的 42.91 万吨增长到 2011 年的 200.98 万

西甜瓜产业经济发展研究

吨，增长了 368.38%。

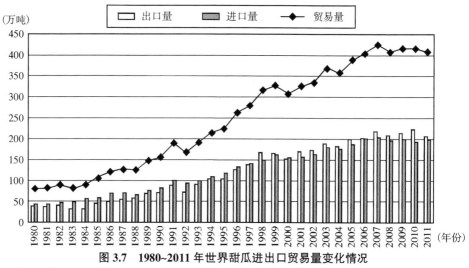

图 3.7　1980~2011 年世界甜瓜进出口贸易量变化情况

数据来源：FAOSTAT。

从世界甜瓜贸易地区情况来看（见图 3.8），世界甜瓜贸易地区主要分布在美洲、欧洲两个地区。美洲是世界甜瓜贸易总量、出口贸易量最大的地区，欧洲是世界甜瓜进口贸易量最大的地区，而亚洲无论是贸易总量还是进口、出口贸易量方面跟欧美相比都偏小，与其世界第一甜瓜生产地区的地位极为不符。以 2011 年为例，甜瓜国际贸易总量方面，美洲、欧洲、亚洲、非洲和大洋洲的甜瓜贸易总量分别为 212.62 万吨、152.18 万吨、35.84 万吨、6.70 万吨和 0.71 万吨，分别占世界甜瓜贸易总量的 52.11%、37.29%、8.78%、1.64% 和 0.17%。甜瓜出口贸

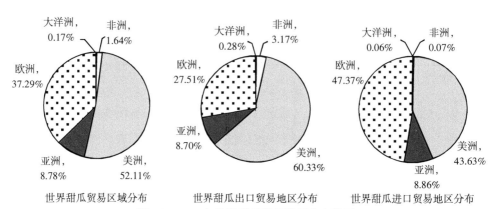

世界甜瓜贸易区域分布　　　世界甜瓜出口贸易地区分布　　　世界甜瓜进口贸易地区分布

图 3.8　2011 年世界甜瓜贸易地区分布格局

· 48 ·

易方面，美洲、欧洲、亚洲、非洲和大洋洲的出口贸易量分别为 124.93 万吨、56.97 万吨、18.02 万吨、6.56 万吨和 0.58 万吨，分别占世界甜瓜出口贸易量的 60.33%、27.51%、8.7%、3.17%和 0.28%；甜瓜进口贸易方面，欧洲、美洲、亚洲、非洲和大洋洲的甜瓜进口贸易量分别为 95.21 万吨、87.70 万吨、17.81 万吨、0.14 万吨和 0.12 万吨，分别占世界甜瓜进口贸易总量的 47.37%、43.63%、8.86%、0.07%和 0.06%。

从 1980~2011 年世界甜瓜国际贸易额和贸易条件的变化情况来看（见图 3.7、图 3.8），世界甜瓜的贸易额、出口额和进口额总体上均呈现阶段性增长的发展态势，国际进出口贸易条件也在不断改善。世界甜瓜国际贸易额、出口额、进口额分别从 1980 年的 3.52 亿美元、1.65 亿美元和 1.88 亿美元增长到 2011 年的 30.18 亿美元、13.70 亿美元和 16.49 亿美元（见图 3.9），年均增长率分别达到 6.49%、6.85%和 7.03%。世界甜瓜出口每吨单价从 1980 年的 429.71 美元/吨增长到 2011 年的 661.61 美元/吨，增长了 53.97%。世界甜瓜进口每吨单价从 1980 年的 437.14 美元/吨增长到 2011 年的 820.48 美元/吨，增长了 87.69%，年均增长率达到 1.99%。

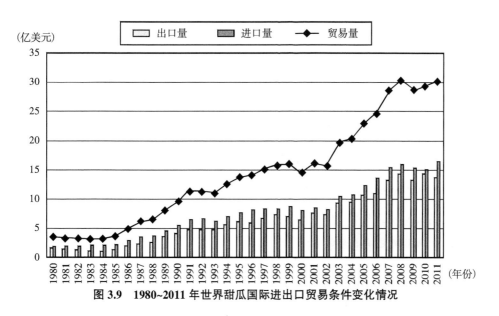

图 3.9 1980~2011 年世界甜瓜国际进出口贸易条件变化情况

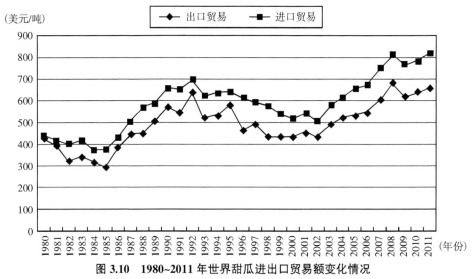

图 3.10 1980~2011 年世界甜瓜进出口贸易额变化情况

数据来源：FAOSTAT。

3.2 中国西甜瓜产业发展情况

中国西瓜面积占世界总面积的 60% 以上、产量占世界总产量的 70% 以上；中国甜瓜面积占世界总面积的 45% 以上，产量占世界总产量的 55% 以上。中国西甜瓜人均年消费量是世界人均消费量的 2~3 倍，约占全国夏季果品市场总量的 50%。中国西甜瓜播种面积在"十一五"期间超过麻类、糖料、烟叶、药材等传统经济作物，约占蔬菜面积的 11.5%、占种植业播种总面积的 1.5%，但其产值约为种植业总产值的 6%，在部分主产区约为 20%。因此，在农村种植业中，西甜瓜是农民快速实现经济增收的高效园艺作物，在实现农民收入 2020 年增收翻番的规划中将发挥越来越重要的作用。

3.2.1 西甜瓜发展的历史沿革

中国西甜瓜种植历史悠久，幅员辽阔，产量居世界前列，生产技术经验丰富，对世界西瓜产业和西瓜科学做出了巨大贡献。伴随着我国政治经济体制的改革，西甜瓜产业的生产经营也在不断改变。根据西甜瓜产业发展特点，大致可以分为以下四个阶段：

3.2.1.1 总量短缺阶段

本阶段主要为新中国成立初期至 20 世纪 60 年代初。1949 年新中国成立初期，农业、农村人口在全国总人口中所占比重较大，基本稳定在 80% 左右，农业劳动生产率也相对较低，因此，当时的工作重心是以解决全国人民的温饱问题为主要目标，而果品的生产并未正式纳入工作日程。进入"一五"（1953~1957）计划经济时期，随着中国进入国民经济恢复时期，城市、工矿区人口剧增以及对出口创汇的需要，对于甜瓜等果品的需求量大幅增加，而当时既没有专门从事西甜瓜品种选育的科研机构，也没有专门从事西甜瓜科研工作的人员和专门负责组织生产和推广的相关单位，栽培的品种多为农家品种，栽培的技术基本沿用传统的种植技术，无论是产量还是质量水平都比较低，西甜瓜生产长期处于严重短缺状态，供需矛盾日渐突出。为了解决这一问题，1959 年农业部在全国果树生产会议上提出在传统的西甜瓜产业和大中城市郊区与工矿区要像安排水果、蔬菜一样安排瓜类生产，并委托中国农业科学院果树研究所成立瓜类研究室，负责开展全国性相关瓜类科研、会议活动。而到了 20 世纪 60 年代中后期，由于部分地区受到"极左"思想影响，过于片面强调"以粮为纲"的发展方针，短期内大幅削减经济作物种植面积，一些传统的甜瓜主产区，像河南的开封、山东的德州、浙江的平湖和甘肃的兰州等地，为了粮食上纲，不顾本地区土质资源（多为沙地）不宜发展粮食生产的现实条件，盲目扩大粮食作物生产，导致许多老的西甜瓜主产区的西甜瓜生产受到严重破坏，特别是甜瓜破坏更为严重。1970 年，全国甜瓜种植面积已经不足 10 万公顷，产量也减少到 111.31 万吨（见图 3.11），不少城市不得不实行凭证限量供应。

3.2.1.2 恢复与发展阶段

本阶段主要为 20 世纪 60 年代中期至 1978 年改革开放前。在此阶段，政府非常重视因西甜瓜短缺给人们造成的一系列问题，1979 年 9 月中共十一届四中全会又通过了《关于加快农业发展若干问题的决定》，提出要正确、完整地贯彻执行"农林牧副渔同时并举"和"以粮为纲，全面发展，因地制宜，适当集中"的方针，有计划地逐步改变我国当时的农业结构和人们的食物构成，把只重视粮食

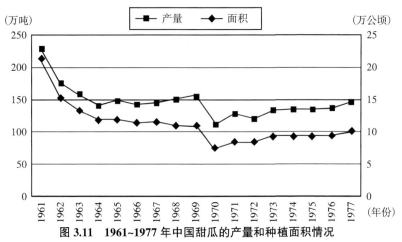

图 3.11　1961~1977 年中国甜瓜的产量和种植面积情况

数据来源:《中国农业统计资料》。

种植业、忽视经济作物种植业和林业、牧业、副业、渔业的状况改变过来。进入 20 世纪 80 年代后,随着农村家庭联产承包责任制的全面推广和公有制基础上的有计划的商品经济的确立,在很大程度上充分调动了瓜农种植西甜瓜的生产积极性,特别是 1984 年之后,国家对水果等经济作物采取产销开放、市场调节得流通体制改革,水果价格持续上扬,导致西甜瓜产业迅猛发展。北京由原来的几万亩扩大到十几万亩,上海也由原来的几万亩逐步扩大到 30 多万亩,顺利缓解了西甜瓜供应紧张的问题。1959 年,政府把西甜瓜纳入水果类生产发展规划范围。1960 年,各省(市、区)也陆续启动了西甜瓜科研工作,大大推动了我国西甜瓜科研生产的发展。

　　单就甜瓜而言,发展快速。1978 年中国的甜瓜种植面积为 10.66 万公顷,总产量为 151.67 万吨,而到了 1985 年中国的甜瓜种植面积达到 22.17 万公顷,总产量达到 343.27 万吨,种植面积和产量都出现了成倍增长,整个甜瓜产业出现跨越式的快速发展(见图 3.12)。这种发展速度,一方面体现了为适应社会需求的增长积极调整农业内部结构的客观要求,另一方面也反映了在农产品计划管理放开以后,分散经营的广大瓜农在价值规律作用下盲目追求经济利益的趋同现象,在一定程度上冲击了粮、棉等主要农作物的生产,为此,之后国家又重新重视了粮、棉生产,适当调整了粮、棉、果之间的栽培种植比例,后期粮棉种植面积有所回升,西甜瓜种植面积有所缩减。

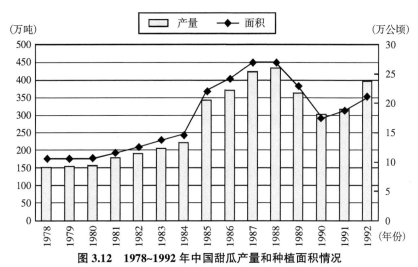

图 3.12　1978~1992 年中国甜瓜产量和种植面积情况

数据来源：《中国农业统计资料》。

整体来看，在这一历史发展阶段，中国的甜瓜生产在改革开放、家庭联产承包责任制、市场流通体制改革等各项政策促进下，逐步弱化计划瓜农的经营自主权得到有效保障，充分激发了瓜农种植甜瓜的生产积极性，种植面积和产量出现跨越式的快速发展，基本上能够满足我国城乡消费者夏季对于甜瓜的消费需求。

3.2.1.3　快速发展阶段

本阶段主要为改革开放后至 20 世纪 90 年代初期。改革开放以来，随着市场经济的发展、农业结构的调整以及农产品的大流通，西甜瓜生产和瓜类专业队伍不断扩大，西甜瓜行业出现了欣欣向荣的局面。1984 年，政府对瓜果生产的调控由计划经济转为市场调节、产销开放，促进了西甜瓜产业的全面快速发展，西甜瓜收获面积由 1984 年的 50 万公顷一跃超过 70 万公顷。[①] 20 世纪 80 年代中后期，西甜瓜的比较经济效益十分突出，河南、山东、安徽、江苏等东部产区，西甜瓜亩产 1000~1600 公斤，产值高达 120~260 元，经济效益比当地大田作物高数倍，迅速提升了农民收入水平。与此同时，全国的西甜瓜生产科研发展很快，尤其是无籽西甜瓜、西甜瓜杂一代利用及其制种开发、嫁接西甜瓜以及塑料薄膜覆盖栽培四大技术迅速得以推广应用，对推动我国西甜瓜事业的发展发挥了重要作

---

① 数据来源于《新中国农业 60 年统计资料》。

用。西甜瓜行业在产业经济发展、产业文化繁荣、产业研究技术进步等方面取得了辉煌成就，达到兴旺发达的黄金盛期。

3.2.1.4 提升产业化发展水平阶段

1993 年，随着有中国特色社会主义市场经济体制的确立和全面推行，西甜瓜产量大幅度提高，生产规模达到 85 万公顷以上，全国主产区首次出现区域性西甜瓜市场价跌难卖现象。其后在 1998 年、2002 年，在西甜瓜集中采收上市季节，各主产区西甜瓜市场相继发生季节性、区域性的产销严重失衡，造成丰产不丰收的"卖瓜难"问题。

目前，中国西甜瓜产业进入了一个崭新的发展阶段，商品瓜的基地产区更加集中，产业化优势明显，品种更新加快，西甜瓜供应基本实现了平衡，西甜瓜产品由卖方市场急速转移为买方市场。从市场经济发展的现状分析，提高西甜瓜产品质量、优化与调整西甜瓜产业结构、改善西甜瓜品质已经成为新时期西甜瓜产业发展的主要目标，西甜瓜生产由过去片面追求高产早熟，转向更加注重提升产品质量，应用推广规范化栽培模式及品种配套技术，改善商品瓜质量。

3.2.2 西甜瓜生产情况

自 20 世纪 60 年代以来，中国一直是世界上西甜瓜的最主要生产国，特别是 2001 年以来，中国已经成为全球西甜瓜最大生产国。2011 年，中国西瓜播种面积达 180.32 万公顷，总产量为 6889.3 万吨，每公顷产量为 38.21 吨。与 2010 年相比，播种面积减少了 0.93 万公顷，总产量增加了 71.2 万吨，增加了 1.04%，占世界西瓜总产量的 70% 以上，中国成为世界西瓜第一种植大国。甜瓜的种植面积占世界总面积的 45% 以上，产量占 50% 左右。①西甜瓜的人均消费量是世界人均消费量的 2~3 倍，占全国夏季果品市场总量的 50% 左右。因此，在农业种植业中，西甜瓜是农民快速实现经济增收的高效园艺作物，在我国农业结构调整与农民增收中发挥着重要作用。

3.2.2.1 西甜瓜种植面积

2011 年，我国西瓜播种面积达到 180.32 万公顷，是 1996 年种植面积的 1.88

---

① 联合国粮农组织数据库（FAOSTAT）中对于甜瓜进出口相关数据只更新到 2011 年，所以本章中对于世界甜瓜消费量的统计截至 2011 年。

倍，15 年间平均年增长率为 4.30%；2011 年我国甜瓜的播种面积达到 39.74 万公顷，是 1996 年的 2.61 倍，15 年间平均年增长率为 6.61%。相比较而言，西瓜的种植面积大大超过甜瓜，但甜瓜种植面积的年增长率大于西瓜的年增长率。[①]

根据相关资料的统计数据，全国西甜瓜种植面积及占瓜果类[②]种植面积的比重如图 3.13 所示。

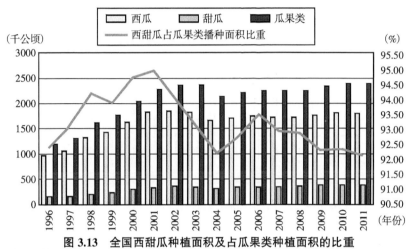

图 3.13 全国西甜瓜种植面积及占瓜果类种植面积的比重

数据来源：《新中国农业 60 年统计资料》、《中国农业年鉴》(2012)。

如图 3.13 所示，全国西甜瓜种植面积占了全国瓜果类种植面积的绝大部分，2011 年所占比例虽不如 2001 年高，但仍占 92% 以上。从种植面积来看，西甜瓜是瓜果类种植中绝对的主流产品。

3.2.2.2 西甜瓜历年总产量

2011 年我国西瓜的总产量达到 6889.3 万吨，是 1996 年的 2.45 倍，15 年间平均年增长率为 6.17%；2011 年我国甜瓜的总产量达到 1278.5 万吨，是 1996 年的 3.52 倍，15 年间平均年增长率为 8.74%。相比较而言，甜瓜的总产量约为西瓜的 1/5，但甜瓜的平均年增长率略高于西瓜。西甜瓜的产量的增速比播种面积

[①] 联合国粮农组织数据库（FAOSTAT）中对于甜瓜进出口相关数据只更新到 2011 年，所以本章中对于世界甜瓜消费量的统计截至 2011 年。

[②] 按照国际分类标准，水果产量包括乔木类和藤本类水果，多年生草本水果及果用瓜等（如西瓜、甜瓜、白兰瓜、哈密瓜、脆瓜等）。从 2001 年年报开始，我国水果产量执行国际标准，水果产量扣除果用瓜即老口径水果产量。

的增速快，说明西甜瓜近 16 年来的单产得到了不断提升。

根据相关资料的统计数据，全国西甜瓜总产量及占瓜果类总产量的比重如图 3.14 所示。

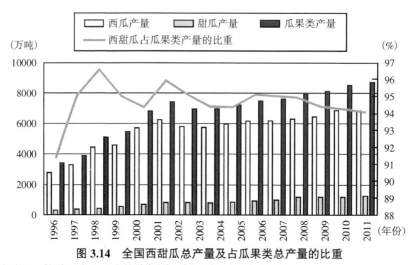

图 3.14　全国西甜瓜总产量及占瓜果类总产量的比重

数据来源：《新中国农业 60 年统计资料》、《中国农业年鉴》(2012)。

如图 3.14 所示，全国西甜瓜产量占了瓜果类产量的绝大部分，2011 年所占比重虽不如 1998 年高，但仍占 94% 以上，在瓜果类产量中处于绝对的优势地位。

从单产而言，瓜果类和园林水果类的单产表现与其总产量增长的表现一样，也好于其他作物。由表 3.5 可知，2003~2010 年，瓜果和水果单产分别提高了 20.73% 和 39.27%，年均分别提高 2.73 个和 4.85 个百分点。这两类作物单产的提高，与近些年瓜果类新品种、新技术的开发和优势产业带的能力建设有关。从瓜果类 2010 年与 2003 年相对比的增长率来看，瓜果类单位面积产量的增长幅度在主要农作物中仅次于水果、棉花、油料，与小麦的单位面积产量的增长幅度相当。可见，近些年来瓜果类的种植技术和品种开发取得了较明显的成绩。

目前已列入现代农业产业技术体系建设中的 50 多个主要农产品基本涵盖了我国不同生态区栽培的主要农作物类型，西甜瓜产业技术体系就是该体系中的一分子。现代农业产业技术体系的建设和实施促进了水果生产能力的提升，也为西甜瓜产业的发展带来了新的机遇。

表 3.5   2003~2010 年主要农作物单位面积产量变化

单位: 公斤/公顷

年份 品类	2003	2004	2005	2006	2007	2008	2009	2010	2010 年相对 2003 年增长 (%)
粮食	4333	4621	4642	4716	4748	4951	4871	4974	14.79
稻谷	6061	6311	6260	6279	6433	6563	6585	6553	8.12
小麦	3932	4252	4275	4593	4608	4762	4739	4748	20.75
玉米	4813	5120	5287	5326	5167	5556	5259	5454	13.32
大豆	1653	1815	1705	1621	1454	1703	1630	1771	7.15
油料	1875	2125	2149	2249	2270	2302	2310	2326	24.05
棉花	951	1111	1129	1295	1286	1302	1289	1229	29.23
蔬菜	30095	31357	31856	32425	32577	33140	33619	34263	13.85
瓜果	29592	32359	32996	33406	33826	34926	34927	35726	20.73
园林水果	8002	8593	8805	9483	10047	10564	10994	11145	39.27

数据来源:《农业统计年报》(2010)、《新中国农业 60 年统计资料》。

3.2.2.3 历年西甜瓜产量地区分布

我国幅员辽阔,南北气候差异大,地理特征明显,因而我国不同区域所种植的主要农产品各有千秋。西甜瓜最适合大陆性气候,在适宜环境中,较高的昼温和较低的夜温有利于西甜瓜生长,特别是有利于果实糖分的积累。鉴于各地区域特征明显,所以西甜瓜产量的全国分布也参差不齐。

首先,西瓜产量大省主要集中在山东、河南等地区。表 3.6 显示,1996 年,全国西瓜的产量大省为山东、河南,分别为 597.7 万吨和 414.1 万吨,位列全国的前两位,两省的西瓜产量总计占到了全国产量的 36% 以上。其次为安徽、河北和湖南等。2001 年,全国西瓜产量最大的省市为山东,产量为 1115.6 万吨,其次为河南,产量为 1037.3 万吨,两省产量占全国总产量的 37.65%,第三位至第十位的省份分别为安徽、湖北、江苏、河北、湖南、江西、浙江和广西。2006 年,西瓜产量大省还是河南和山东,其中河南的产量超过了山东,成为全国西瓜第一产量大省,产量达到了 1259.3 万吨,山东产量为 1016.1 万吨,两省的西瓜产量占全国总产量比重为 36.79%。

1996 年,全国主要省市甜瓜产量排名中,山东产量最高,为 70.2 万吨,位居第一名;河南、黑龙江、湖北和湖南分别位居第二位至第五位,产量分别为 44.1 万吨、35.0 万吨、28.2 万吨和 28.2 万吨。2001 年,在全国主要省市甜瓜产

西甜瓜产业经济发展研究

表 3.6 1996、2001 和 2006 年全国主要省份西瓜产量、所占比重及排序

单位：万吨；%

地 区	1996 年			2001 年			2006 年		
	产量	比重	排序	产量	比重	排序	产量	比重	排序
北 京	19.0	0.68	11	42.8	0.75	19	37.1	0.60	24
天 津	12.4	0.44	27	40.3	0.70	20	33.1	0.54	25
河 北	181.0	6.45	4	341.5	5.97	6	359.4	5.81	4
山 西	51.5	1.83	15	69.2	1.21	15	72.7	1.18	19
内蒙古	39.8	1.42	19	75.3	1.32	13	133.7	2.16	12
辽 宁	21.3	0.76	21	59.5	1.04	16	75.8	1.23	18
吉 林	39.8	1.42	17	111.5	1.95	11	106.3	1.72	13
黑龙江	90.4	3.22	10	233.8	4.09	8	263.8	4.27	8
上 海	15.1	0.54	25	51.9	0.91	17	54.9	0.89	22
江 苏	127.0	4.52	7	353.1	6.18	5	328.4	5.31	5
浙 江	91.2	3.25	9	229.4	4.01	8	283.8	4.59	5
安 徽	216.5	7.71	3	393.0	6.87	3	492.5	7.96	3
福 建	53.0	1.89	14	56.3	0.98	18	62.4	1.01	21
江 西	106.2	3.80	8	178.3	3.12	8	140.7	2.28	11
山 东	597.7	21.30	1	1115.6	19.51	1	1016.1	16.43	2
河 南	414.1	14.75	2	1037.3	18.14	2	1259.3	20.36	1
湖 北	175.8	6.26	6	386.8	6.76	4	280.9	4.54	6
湖 南	176.6	6.29	5	268.0	4.69	7	267.4	4.32	7
广 东	65.6	2.34	12	75.9	1.33	12	89.4	1.45	17
广 西	75.0	2.67	11	133.1	2.33	9	147.0	2.38	9
海 南	17.2	0.61	23	36.3	0.63	21	51.4	0.83	23
重 庆	—	—	—	14.0	0.24	25	23.6	0.38	28
四 川	37.0	1.32	20	81.4	1.42	9	95.0	1.54	16
贵 州	16.5	0.59	24	24.3	0.42	24	49.0	0.79	26
云 南	10.3	0.37	28	26.1	0.46	23	31.5	0.51	27
西 藏	—	—	—	—	—	—	0.2	0.00	—
陕 西	53.8	1.92	13	72.4	1.27	14	145.8	2.36	10
甘 肃	38.8	1.38	18	75.7	1.32	13	98.1	1.59	15
青 海	0.2	0.01	29	0.5	0.01	26	1.0	0.02	29
宁 夏	13.6	0.48	26	35.1	0.61	22	79.2	1.28	20
新 疆	49.8	1.77	16	99.4	1.74	10	105.3	1.70	14
全国总计	2806.7	100.00	—	5717.8	100.00	—	6184.5	100.00	—

数据来源：《新中国农业 60 年统计资料》。

量中，黑龙江产量最高，达到了 100.5 万吨，排名第一位，其次分别为山东的 99.8 万吨、河南的 74.9 万吨、新疆的 56.9 万吨和吉林的 53.2 万吨。2006 年，全

国主要省市甜瓜产量中，山东的产量全国最高，达到了 149.5 万吨，其次为河南的 147.7 万吨，黑龙江、内蒙古、河北等分列其后（见表 3.7）。

表 3.7　1996、2001 和 2006 年全国主要省市甜瓜产量、比例及排序

单位：万吨；%

地　区	1996 年			2001 年			2006 年		
	产量	比重	排名	产量	比重	排名	产量	比重	排名
北　京	1.0	0.28	22	2.2	0.30	24	1.4	0.15	25
天　津	7.3	2.01	14	13.8	1.86	14	3.6	0.38	24
河　北	13.8	3.80	10	31.8	4.28	10	51.8	5.45	5
山　西	7.6	2.09	15	5.4	0.73	19	6.9	0.73	19
内蒙古	9.4	2.59	12	29.1	3.92	11	54.5	5.73	4
辽　宁	7.1	1.95	16	34.9	4.70	9	31.5	3.31	9
吉　林	21.4	5.89	7	53.2	7.16	5	46.4	4.88	6
黑龙江	35.0	9.63	3	100.5	13.54	1	96.0	10.10	3
上　海	8.8	2.42	13	18.1	2.44	13	12.1	1.27	13
江　苏	25.0	6.88	6	47.8	6.44	7	44.3	4.66	7
浙　江	—	—	—	8.0	1.08	15	14.5	1.53	12
安　徽	13.0	3.58	9	27.2	3.66	12	35.6	3.75	8
福　建	—	—	—	2.8	0.38	23	9.9	1.04	16
江　西	—	—	—	5.8	0.78	18	9.6	1.01	17
山　东	70.2	19.31	1	99.8	13.44	2	149.5	15.73	1
河　南	44.1	12.13	2	74.9	10.09	3	147.7	15.54	2
湖　北	28.2	7.76	4	49.3	6.64	6	35.1	3.69	9
湖　南	28.2	7.76	4	41.8	5.63	8	31.5	3.31	10
广　东	4.1	1.13	17	4.2	0.57	20	8.5	0.89	18
广　西	—	—	—	11.2	1.51	16	11.8	1.24	15
海　南	3.9	1.07	18	2.9	0.39	22	3.2	0.34	20
重　庆				0.4	0.05	28			
四　川	—	—	—	1.9	0.26	26	1.8	0.19	23
贵　州	2.5	0.69	20	2.1	0.28	25	2.1	0.22	21
云　南	—	—	—	0.4	0.05	28	1.1	0.12	
陕　西	3.7	1.02	19	3.6	0.48	21	19.0	2.00	11
甘　肃	11.5	3.16	11	11.1	1.49	17	17.8	1.87	14
宁　夏	0.4	0.11	21	1.3	0.18	27	4.6	0.48	22
新　疆	17.3	4.76	8	56.9	7.66	4	98.8	10.39	4
全国总计	363.6	100.00	—	742.5	100.00	—	950.6	100.00	—

数据来源：《新中国农业 60 年统计资料》。

从表 3.6 和表 3.7 可以大致看出，我国西甜瓜的产量在全国各地区的分布情况。虽然历年的产量排名略有变化，但总体来说，排名前十位的主产省市变动不大。表 3.8 列出我国各地区 2011 年产量排名。

表 3.8　2011 年西甜瓜各地区产量排名情况

单位：万吨

排　名	地　区	西　瓜	地　区	甜　瓜
1	河　南	1346.7	河　南	219.9
2	山　东	1079.8	山　东	198.0
3	安　徽	510.9	新　疆	193.1
4	河　北	389.8	河　北	75.9
5	江　苏	382.1	内蒙古	66.3
6	湖　南	301.6	江　苏	59.5
7	湖　北	277.1	黑龙江	58.3
8	浙　江	264.3	辽　宁	57.1
9	广　西	255.5	吉　林	49.9
10	新　疆	240.1	安　徽	44.5
11	陕　西	200.4	湖　北	41.5
12	内蒙古	181.7	陕　西	38.2
13	江　西	158.0	湖　南	33.3
14	宁　夏	151.7	广　西	23.1
15	黑龙江	145.6	浙　江	22.8
16	甘　肃	144.0	甘　肃	22.0
17	辽　宁	129.4	宁　夏	12.6
18	吉　林	111.6	江　西	11.1
19	四　川	109.8	广　东	10.1
20	广　东	79.0	上　海	9.0
21	海　南	69.6	福　建	8.8
22	福　建	66.9	山　西	6.3
23	云　南	60.3	海　南	5.0
24	山　西	54.2	天　津	3.2
25	贵　州	40.6	贵　州	2.7
26	重　庆	38.4	云　南	2.0
27	上　海	37.0	四　川	1.8
28	北　京	35.5	北　京	1.2
29	天　津	24.4	重　庆	1.1
30	青　海	3.0		
31	西　藏	0.3		

数据来源：《中国农业年鉴》(2012)。

结合表 3.6、表 3.7、表 3.8 可以看出,河南、山东、安徽、河北、江苏、新疆为西甜瓜主产大省,承载着我国大部分西甜瓜的生产和流通任务,西甜瓜生产和流通情况也对当地的农业产值和农民收入有着重要的影响。

3.2.2.4　我国西甜瓜生产区域性集中趋势明显

我国的气候及地域资源的差异产生了农产品种植的区域性特征,农产品生产的地域性差异形成了流通规律性的地理流向和季节流动。我国西甜瓜的种类丰富、品种多样。根据种植栽培方式的不同,可以分为露地甜瓜栽培和设施甜瓜栽培。根据目前我国各地区西甜瓜栽培的实际情况、栽培品种与生产条件的不同,大致可以把我国的西甜瓜种植栽培区域划分为以下六大主产区域(见表 3.9)。

表 3.9　中国西甜瓜种植栽培区域划分

种植栽培区域	气候类型	包含的省、区、市
东北栽培地区	温带半干旱气候	辽宁、吉林、黑龙江
华北栽培地区	温带大陆性季风气候	河南、河北、山西、山东、北京、天津、陕西
西南栽培地区	高原山地气候	云南、贵州、四川、重庆
西北栽培地区	温带大陆性气候	新疆、宁夏、内蒙古、甘肃
长江中下游栽培地区	亚热带湿润气候	江苏、浙江、安徽、上海、江西、湖北、湖南
华南栽培地区	热带、亚热带气候	广东、广西、海南、福建

(1)东北栽培地区。东北栽培地区主要包括辽宁、吉林、黑龙江三个省份,西甜瓜生产历史悠久,土质肥沃,气候类型属于温带半干旱气候。

甜瓜栽培情况:东北栽培地区是我国薄皮甜瓜中晚熟品种的最大商品生产区,栽培方式多以露地栽培为主,近些年,部分地区也因地制宜发展了厚皮甜瓜的保护地栽培。2001 年,东北栽培地区的甜瓜栽培面积为 96.3 千公顷,总产量为 188.6 万吨,是当时中国第三大甜瓜主产区。特别是黑龙江省,在 2001 年曾一度是全国最大的甜瓜主产省份,甜瓜产量达到 100.5 万吨,占全国甜瓜总产量的 13.5%。然而,在接下来的几年时间里,该栽培地区的甜瓜栽培面积和总产量都出现不同程度的缩减,甜瓜生产规模优势正逐步丧失,到 2012 年,栽培面积缩减到 56.2 千公顷,总产量也减少到 184.9 万吨,分别减少了 41.64% 和 1.96%。占全国甜瓜总产量的比重也由 2001 年的 25.40% 下降到 2012 年的 13.89%。目前东北栽培地区是全国第四大甜瓜主产区域。

西瓜栽培情况:东北产区包括黑龙江、辽宁和吉林,该产区的西瓜产量在

1996~2011 年翻了一番，生产规模扩大 1.66 倍。黑龙江曾是重要的西瓜生产大省，但 2007 年后西瓜播种面积明显下降，2011 年西瓜播种面积仅为 3.4 万公顷，比 21 世纪初减少一多半。辽宁的西瓜产业发展较快，西瓜播种面积从 1996 年的 0.67 万公顷扩大到 2011 年的 2.3 万公顷，产量从 21.3 万吨增加到 129.4 万吨。

（2）华北栽培地区。华北栽培地区主要包括河南、河北、山西、山东、北京、天津、陕西等省、市，属于温带大陆性季风气候区，日照充足、昼夜温差大等得天独厚的生态条件非常适宜甜瓜生产，是我国中早熟西甜瓜的传统老产区。

甜瓜栽培情况：20 世纪 80 年代后，随着我国厚皮甜瓜东移栽培首先在华北平原获得成功以及保护地甜瓜生产栽培技术的广泛推广应用，保护地厚皮甜瓜生产面积发展迅速，目前该区域已经成为我国最重要的保护地厚皮甜瓜产区。2001 年，华北栽培地区的甜瓜栽培面积为 82.5 千公顷，总产量为 231.5 万吨。由于中早熟品种增收的效应比较显著，近年来该栽培地区的甜瓜栽培面积和产量均呈现稳步增长的态势。到 2012 年，该地区总产量增长到 549.6 万吨，增加 137.41%，占全国甜瓜总产量的比重也由 2001 年的 31.18% 扩大到 2012 年的 41.27%。目前华北栽培地区已经发展成为中国第一大甜瓜主产区域。其中，河南省部分地区采取了"小麦—甜瓜—棉花（辣椒）"一年三收模式和"小麦—甜瓜—棉花（辣椒）—玉米"一年四收模式，收到了很好的市场经济效益。2012 年，河南甜瓜产量达到 182 万吨，占全国甜瓜总产量的 13.67%。山东省也在积极发展大中拱棚、高畦、日光温室以及套作、轮作等栽培方式，2012 年甜瓜产量达到 210.3 万吨，占全国甜瓜总产量的 15.79%。目前，山东、河南分别是中国第二、第三大甜瓜主产省份，两个省甜瓜产量之和约占全国甜瓜总产量的 29.46%。

西瓜栽培情况：华北产区包括北京、天津、河北、陕西和内蒙古。1996~2011 年，华北区的西瓜播种面积从 8.6 万公顷扩大到 14.9 万公顷，占全国总播种面积的 8.28%；西瓜产量从 303.7 万吨增加到 685.6 万吨，翻了一番，在全国西瓜总产量中的比重一直保持在 10% 左右。河北省是华北产区的主要产地，2011 年其播种面积几乎占华北产区的一半，在全国的排名为第九位。2005 年以来，内蒙古的西瓜生产发展较快，2010 年播种面积达 4.1 万公顷，比 2005 年扩大了近一倍，2010 年其产量占华北总产量的 26.2%。

（3）西南栽培地区。西南栽培地区主要包括云南、贵州、四川、重庆等省市,属于高原山地气候,以阴雨、云雾为主,日照不足、气候多湿、气温偏低。而西甜瓜属于喜温作物,该地区的气候条件往往会对西甜瓜的生长发育产生不良影响,不利西甜瓜的稳产、高产。因此,整体来讲,该地区不适宜发展西甜瓜生产。

甜瓜栽培情况:在全国六大甜瓜产区的划分中,西南栽培地区的甜瓜生产规模一直是排名最后的。2012 年,西南栽培地区的甜瓜总产量仅为 7.0 万吨,栽培面积也只有 4.8 千公顷,分别占全国总量的 0.53%和 1.17%,足见该地区甜瓜产业规模之小。但是,也不能排除该区域内个别地区具备生产甜瓜的小气候条件(西南热区,如云南省的元谋县,贵州省的平塘县,四川省的攀枝花市、西昌市等地区),由于该地区具有冬无严寒,温暖干旱、日照充足、热量丰富的小气候条件,具备了发展保护地甜瓜生产的有利条件,其品种以反季节厚皮甜瓜为主。贵州省是西南栽培地区最大的甜瓜生产省份,产量约占该栽培区域内甜瓜总产量的 30%~50%,其次是四川、云南和重庆。

西瓜栽培情况:西南地区不利于西瓜的高产稳产,2011 年西瓜产量为 294.4 万吨,是我国西瓜产量最低的产区。近年来,西瓜生产在该区的种植业结构中所占比例有逐步扩大趋势。四川是西南区域最大的西瓜生产大省,约占西南区域西瓜产量的一半,其次是云南、贵州和重庆。

(4)西北栽培地区。西北栽培地区主要包括新疆、宁夏、内蒙古、甘肃等省区,属于典型的温带大陆性气候,空气干燥、日照充足、昼夜温差大、温光条件好、热量资源丰富、干旱少雨,年降水量自东向西迅速递减。根据干旱程度和栽培特点不同,该地区又可以分为东部半干旱栽培区和西部干旱栽培区。东部半干旱栽培地区主要包括甘肃的兰州附近地区(生产沙田白兰瓜、皋兰甜瓜等)、宁夏的银川平原地区(生产盐池甜瓜、张亮香瓜等)和内蒙古的河套地区(生产河套蜜、黄河蜜等),是西甜瓜均可进行露地栽培的共生过渡地带。

甜瓜栽培情况:西部干旱栽培区主要包括新疆全区(生产哈密瓜)和甘肃的河西走廊地区(生产瓜州蜜瓜等),以中晚熟厚皮甜瓜品种为主。西北栽培地区的特殊气候条件,为发展甜瓜生产提供了良好的生态环境,生产的甜瓜素以优质、高产著称,是中国传统的商品厚皮甜瓜主产区。2001 年,西北栽培地区的甜瓜栽培面积为 41.7 千公顷,总产量为 98.4 万吨,是当时中国第四大甜瓜主产区，与第三大甜瓜产区华北栽培地区相比还有一定差距。随着近年来该地区的气候资源优势效应以及中晚熟品种市场效应日益凸显，甜瓜栽培面积和产量均实现了大幅增加。到 2012 年，该地区的甜瓜栽培面积扩大到 94.8 千公顷，总产量增长到 311.6 万吨，分别比 2001 年增加了 135.97%和 216.67%。占全国甜瓜总产量的比重也由 2001 年的 13.25%扩大到 2012 年的 23.40%，与华北栽培地区不相上下。目前西北栽培地区已经发展成为中国第三大甜瓜主产区。新疆维吾尔自治区有着得天独厚的甜瓜栽培优势，土壤含盐碱性比平常土地重，适宜甜瓜生长，阳光辐射强烈及早晚温差大使其富含糖分，生产的新疆哈密瓜更是畅销国内外。2012 年，新疆甜瓜产量达 213.3 万吨，占全国甜瓜总产量的 16.02%，超过河南和山东，成为全国第一大甜瓜主产省区。

西瓜栽培情况：1996 年以来，西北产区的西瓜生产发展较快，成为我国第三大西瓜主产区。1996~2011 年，西北地区的西瓜播种面积从 5.3 万公顷扩大到 22.8 万公顷，扩大了 4 倍，西瓜产量从 156.2 万吨提高到 739.2 吨，占全国总产量的比重从 5.6%增长到 10.7%。宁夏当地人民利用压沙栽培模式，2003 年以来在中卫环香山地区发展了 7 万公顷的沙田西瓜，可年产 100 万吨优质绿色无公害西瓜，成为发展最快的产业基地。新疆、甘肃的西瓜产业也有长足的发展，2009 年起，新疆西瓜产量在全国排名进入前十位。

（5）长江中下游栽培地区。长江中下游栽培地区主要包括江苏、浙江、安徽、上海、江西、湖北、湖南等省市，属于亚热带湿润气候，夏季高温多雨，冬季温和少雨，栽培西甜瓜比较困难。

甜瓜栽培情况：为了尽可能避开或减少不利气候的影响，栽培品种多以保护地耐湿薄皮甜瓜为主，上海南汇、南京、武汉等地的保护地厚皮甜瓜也有相当面积。长江中下游栽培地区一直是全国最大的甜瓜主产区。2001 年，该地区的甜瓜总产量为 198.0 万吨，是当时全国第二大甜瓜主产区。到 2012 年，该地区甜瓜总产量增长到 229.4 万吨，增长了 15.86%，占全国甜瓜总量的 17.23%。目前，长江中下游栽培地区是全国第三大甜瓜主产区。

西瓜栽培情况：1996 年的西瓜播种面积为 41.22 万公顷，产量为 1207.2 万吨，占当年全国西瓜总播种面积的 42.98%，占全国总产量的 43.01%。2011 年，该区域西瓜播种面积为 62.45 万公顷，产量 2499 万吨，占当年全国西瓜总播种面积的 34.63%，占全国总产量的 36.27%，虽然份额有所下降，但依然是我国最大的西瓜主产区。

（6）华南栽培地区。华南栽培地区主要包括广东、广西、海南、福建等省区，属于热带、亚热带气候，湿热多雨、昼夜温差小、日照不足，导致西甜瓜品质和产量都相对偏低，是传统西甜瓜产区。

甜瓜栽培情况：20 世纪 90 年代开始，中早熟设施厚皮甜瓜栽培发展较快，取得了较好的市场经济效益，促进了该地区甜瓜产业的稳步发展。2001 年，该地区的甜瓜栽培面积为 12.8 千公顷，总产量为 21.1 万吨。到 2012 年，该地区的甜瓜栽培面积扩大为 23.9 千公顷，总产量增长到 49.0 万吨，分别比 2001 年增长了 86.72% 和 132.23%。占全国甜瓜总产量的比重也由 2001 年的 2.84% 增加到 3.68%。目前，该地区在全国六大甜瓜产区划分中排名第五位。其中，广西是华南栽培地区最大的甜瓜生产省区，其次是广东、福建、海南。

西瓜栽培情况：广东、广西和海南是我国冬春反季节西瓜主产区，其中广西近年来的西瓜产业发展较快，种植规模迅速扩大，2011 年全省西瓜播种面积增大到 9.5 万公顷，在全国西瓜生产中排名上升为第六位。

整体来看，以山东、河南为代表的华北栽培地区的规模优势正在逐步凸显，已经发展成为全国最大的甜瓜主产区；以新疆为代表的西北栽培地区的甜瓜产业发展迅速，已经超过东北栽培地区和长江中下游栽培地区，发展成为全国第二大甜瓜主产区；而长江中下游栽培地区和东北栽培地区在全国甜瓜产业发展中的地位有逐步减弱的趋势，分列第三位和第四位；华南栽培地区虽然近年来在全国甜瓜产业发展中的地位有所提升，但其生产规模始终相对较小，排名第五位；西南地区由于受当地生态气候条件的制约，甜瓜产业发展速度相对较慢，排名第六位。

2012 年 12 月，国家农业部种植业司组织了国家西甜瓜产业技术体系相关专家开展了《全国西甜瓜产业发展规划》（2012~2020 年）编制工作，对全国范围内的西瓜甜瓜主产区县进行了问卷调研，以栽培积不小于 1 万亩为筛选条件，共确定了全国 129 个甜瓜生产重点县，划定重点县总栽培面积为 400.5 万亩，约占全国甜瓜总栽培面积的 67.19%。其中，东北栽培地区占 24 个，划定重点县栽培面积 72.1 万亩；华北栽培地区占 55 个，划定重点县栽培面积 167.6 万亩；西北栽培地区占 24 个，划定重点县栽培面积 102.7 万亩；华南栽培地区占 9 个，划

西甜瓜产业经济发展研究

定重点县栽培面积 18.0 万亩；长江中下游栽培地区占 17 个，划定重点县栽培面积 42.1 万亩（见表 3.10）。

表 3.10　全国西甜瓜生产重点县划分情况

栽培区域	省区市	重点县个数（个）	栽培面积（万亩）
华北栽培区	河　南	25	58.3
	山　东	16	61.4
	河　北	8	26.6
	陕　西	6	21.3
西北栽培区	新　疆	16	62.0
	宁　夏	3	11.1
	内蒙古	3	16.4
	甘　肃	2	13.2
东北栽培区	辽　宁	7	19.1
	吉　林	11	32.9
	黑龙江	6	20.1
长江中下游栽培区	湖　北	7	12.6
	江　苏	3	11.4
	安　徽	3	10.5
	上　海	2	3.6
	江　西	2	2.0
华南栽培区	广　东	2	2.2
	广　西	3	3.8
	海　南	4	12.0

3.2.3　西甜瓜销售情况

西甜瓜产业的经济景气受不同年份气候条件的制约很大。我国西甜瓜生产无论是占总面积 70% 以上的露地栽培，还是利用日光温室、大棚或小拱棚的保护地栽培，生产效益受产销关键期天气因素变化影响十分显著。21 世纪以来，全国各地西甜瓜种植生产效益明显提升，只有在 2008 年，南方与北方的主产区分别受冬春和夏季不利气候因素影响，总产量和市场销量都有减少，生产效益不理想。下面以 2008 年为例，总结西甜瓜销售中可能遇到的各种情况。

3.2.3.1　春季

我国大部分地区春季销售的西甜瓜的种植区域主要来自南方区域的早春西甜瓜生产，其丰产程度直接影响我国西甜瓜市场的稳定。进入 21 世纪，我国春季西甜瓜销售情况相对稳定,各个年度之间销售量上下起伏不大,只有 2008 年因南方产区的早春西甜瓜生产受到十年罕见低温雪害影响,受灾严重,时间从 1 月中下旬到 2 月上旬持续月余,范围波及整个南方产区,对其西瓜生产造成的直接和间接损失极为严重。

海南产区作为中国大陆冬季市场西瓜的主要供应基地,2007 年冬季西瓜生产面积比 2006 年同期增加 10% 以上,由于当地前期生产条件较好,西瓜田间生长坐果均正常,丰收可期。但在海南西瓜大量成熟上市期,恰逢 1~2 月的低温雪灾,华南、华中、西南等区域的公路不能正常通行,迟滞了海南成熟商品瓜的北上运输,导致 2008 年生产效益高峰期海南西瓜生产遭受严重经济损失。雪灾过后,当海南瓜农克服各种困难重新安排西瓜生产之时,4 月又遇到比正常年份提前 2 个月登陆的百年不遇的台风正面袭击海南岛东北部,使该区域的西瓜生产再次遭受严重损失。2008 年早春的持续低温和数次大雪也使长江中下游西瓜产区的保护地育苗及设施早春生产受到较重损失。据不完全统计,2008 年长江中下游产区西瓜保护地早熟栽培及育苗的设施大棚被冻雪压垮的损失面积在 3333 公顷以上。尤其是南方产区瓜农因缺乏预防冬春雪灾天气的意识和必要的准备条件,造成 2008 年 1~2 月育苗床西甜瓜苗死亡率达到 80%~100%,已育成的瓜苗由于棚温偏低不能及时定植,也导致苗龄老化影响正常移栽。而已定植的瓜苗,除由于棚内低温大面积受冻死亡外,因设施内低温、寡照、高湿,西瓜根腐病等病害发生普遍而严重影响植株正常生长发育,50% 以上面积需重新补种改种。这样的补种改种不仅增加了生产成本、延迟了上市期,同时造成前期产量下降,效益受到严重影响。但 2008 年南方的低温冻雪并未影响到北方,北方保护地春季栽培西瓜生产效益总体较好。

3.2.3.2 夏季

2008 年夏季,全国天气变化的地区间差异显著,不少主要西瓜产区降水明显偏多或偏少。梅雨季节持续期比往年长,持续多阴雨造成光照不足,对长江中下游产区西瓜坐瓜和果实发育影响较大。果实含糖量比往年偏低,产量下降。6 月天气对多数主产区西瓜生产不利,因此 2008 年中后期西瓜生产的单产有明显下降,商品瓜质量也受到影响。因主要产区生产规模和产量均受到影响,2008 年全国西瓜生产总量与往年相比有所减少,加之宏观经济形势对果品市场销售的影响，夏季 6~7 月多数主产区西瓜价格明显高于平常年份，没有出现往年上市高峰期的明显"卖瓜难"情况，但南、北方也有部分产区由于栽培品种、生产模式与市场需求的偏差，造成单产偏低、品质下降，对生产效益影响比较大。8 月中旬后上市的秋茬西瓜，除东北部分产区由于生产规模增加较快出现滞销以外，其余各主产区的生产效益普遍较好。

从南方地区来看，7~8 月南方天气持续高温，有利于西瓜销售，但连续高温也造成安徽、江苏、浙江等南方主产区露地栽培西瓜病害严重，植株病死比较多，导致部分产区西瓜减产，这些情况也使 2008 年夏季南方市场的商品瓜价格一直居高不下。在长江三角洲南京、杭州、无锡、苏州等大中城市的市场，优质早茬西瓜的销售价一般在 2.4 元/千克左右，而平均价格也为 1.3 元/千克，与 2007 年同比高 10% 以上。

从北方地区来看，2008 年也是降水偏多年份，生长后期的多雨不仅影响露地栽培西瓜果实生长发育，同时还导致病虫害增多，商品瓜的产量和质量都受到影响，因此 2008 年北方主产区在生产总量基本稳定的情况下保持了较好的销售态势，加之郑州、济南、太原、武汉、西安、石家庄等主要销售城市政府有关部门采取了得力措施及惠农配套政策，2008 年夏季西瓜市场消费基本保持供求平衡，各地市场西瓜售价多处在近 10 年来比较高的价位。

3.2.4 西甜瓜进出口贸易情况

我国是世界西甜瓜最大生产国，每年西甜瓜出口创汇在 640 万美元左右，但西甜瓜进出口贸易量在世界比重不大。近年来，我国西甜瓜贸易呈现"出口量减少、进口量大幅增加，而出口、进口金额均大幅增加"的趋势。中国西瓜进口量占世界进口总量的 10% 左右，但不足国内产量的 1%；西瓜出口量较少，近年平均在 4~5 万吨。相比之下，甜瓜的进出口量比西瓜更少。总而言之，国内西甜瓜进出口贸易量较少，国际市场对国内市场的影响不大。[①]

第一，我国西甜瓜出口总量呈现为上下徘徊的行情（见表 3.11）。2000~2002

---

① 黄建民，朱方红，吁尧生. 紧跟全国西甜瓜发展形势，加快发展我省甜蜜的事业 [J]. 现代园艺，2009（8）.

年这三年间，西甜瓜的出口总量基本维持在 29000 吨左右。其中，中国香港地区出口维持在 1 万吨以上，大陆地区在 1.5 万吨左右。自 2003 年开始，我国西甜瓜的出口总量呈现逐步上升，基本上一年上一个台阶：2003 年为 4.9 万吨，2004 年为 5.2 万吨，2006 年达到 6.2 万吨，2009 年达到历史上最高出口总值，为 9.1 万吨，也是达到了 2011 年之前最大值。从大陆和中国香港地区出口增长情况看，基本上是香港地区增长速度快于大陆地区。2003 年是增长较快的一年，全国比上年增长了 64.78%，中国香港地区比上年增长 84.48%，大陆地区比上年增长 52.51%。中国香港地区比大陆地区的增长比例高出 30 个百分点。在 2006 年以后，大陆地区西甜瓜出口增长比例高于中国香港地区。2009 年也是出口增长较快的一年，全国比上年增长了 59.11%，其中中国香港地区比上年增长了 39.87%，大陆地区比上年增长了 72.96%。

表 3.11 2000~2011 年全国西甜瓜出口情况

单位：吨，%

年份	总出口量	同比增长比例	中国香港出口量	同比增长比例	中国大陆出口量	同比增长比例
2000	29145.757		12164.293		16981.464	
2001	24049.957	−17.48	10191.100	−16.22	13858.857	−18.39
2002	29940.413	24.49	11492.000	12.77	18448.413	33.12
2003	49336.503	64.78	21200.175	84.48	28136.328	52.51
2004	52781.189	6.98	22069.050	4.10	30712.139	9.15
2005	62100.336	17.66	26469.200	19.94	35631.136	16.02
2006	61724.163	−0.61	25307.980	−4.39	36416.183	2.20
2007	60589.087	−1.84	23928.738	−5.45	36660.349	0.67
2008	57531.002	−5.05	24089.550	0.67	33441.452	−8.78
2009	91535.547	59.11	33695.200	39.87	57840.347	72.96
2010	83065.137	−9.25	32344.650	−4.01	50720.487	−12.31
2011	31262.275	−62.36	12686.850	−60.78	18575.425	−63.38

数据来源：农业部信息中心提供。

第二，全国西甜瓜进口总量呈现逐年增长发展趋势。2000 年全国西甜瓜进口量 5489 吨，2001 年增加到 20517 吨，比上年增加了近 15000 吨，2002 年西甜瓜进口量达到了 67473 吨。虽然在 2003 年和 2004 年这两年西甜瓜进口量有所下降，分别为 44592 吨和 65404 吨，但是在 2005 年以后逐年内西甜瓜进口量呈现逐步增加趋势。2005~2007 年西甜瓜进口量为 13 万吨以上，2008~2010 年为 22

万吨以上，到 2010 年以后，我国西甜瓜进口量便达到了 31 万吨以上，为 313240 吨；2011 年达到了 335835 吨以上（见图 3.15）。

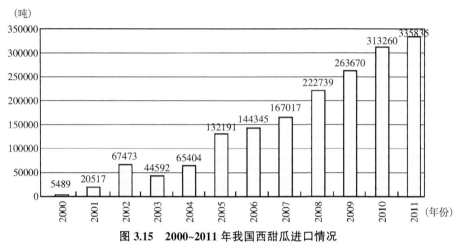

图 3.15 2000~2011 年我国西甜瓜进口情况

数据来源：农业部信息中心提供。

3.2.5 中国西甜瓜产业的发展现状

3.2.5.1 整个产业在瓜果类作物生产中的地位不断提升

近年来，随着各级地方政府积极发展地方特色农业经济，逐步加大了在西甜瓜生产布局区域化、种植品种优质化、生产农艺标准化、生产过程安全化、销售形式组织化等方面的政策扶持力度，极大地推动了中国西甜瓜产业的发展，西甜瓜的种植面积和产量均呈现出阶段性稳步增长的发展态势。

西瓜在我国瓜果类作物生产中占据首要地位。2011 年我国西瓜播种面积 180.32 万公顷，占瓜果类总播种面积的 75.47%，总产量为 6889.3 万吨，占当年瓜果类总产量的 79.33%。西瓜消费约占全国 6~8 月夏季上市水果的 60% 左右，消费需求持续快速增长，2011 年底我国人均西瓜消费量已达 51.39 公斤，在满足人民日益增长的生活需求中发挥着越来越重要的作用。在经济效益方面，2011 年我国西瓜产业总产值约达 1585 亿元，占种植业总产值的 3.77%，成为带动农民快速增收的高效园艺作物，其产业重要性日益提高。

2012 年，中国甜瓜总产量为 1331.6 万吨，占全国瓜果类作物总产量的 14.87%，比 1996 年的 10.48% 增加了 4.39 个百分点。甜瓜种植面积达到 41.04 万公顷，占全国瓜果类作物总种植面积的 17.04%，比 1996 年的 12.64%增加 4.40 个百分点，整个甜瓜产业在瓜果类作物生产中的地位不断提升。

3.2.5.2 生产区域化、规模化、专业化水平不断提高

近年来，中国西甜瓜生产的区域化、规模化、专业化水平不断提高，有进一步向局部集中的发展趋势，逐步形成了以华东、中南、西北产区为主的"三足鼎立"格局。2011 年，华东六省一市、中南六省和西北地区[①] 甜瓜产量分别为 374.6 万吨、296.1 万吨和 305.4 万吨，分别占全国甜瓜总产量的 28.13%、22.24% 和 22.93%，合计占全国甜瓜总产量的 73.30%。从全国范围来看，2012 年甜瓜产量排名前五位的省区依次为新疆、山东、河南、河北、内蒙古，其中，仅新疆、山东、河南三个省区的甜瓜产量就占到全国甜瓜总产量的 45.48%（见表 3.12）。

表 3.12　2001~2012 年中国甜瓜产量排名前五位的省区

排名 ＼ 年份	2001	2002	2003	2004	2005	2006	2007	2008	2009	2010	2011	2012
1	黑龙江	新疆	山东	山东	山东	山东	河南	新疆	新疆	新疆	河南	新疆
2	山东	山东	黑龙江	河南	河南	河南	山东	河南	山东	河南	山东	山东
3	河南	黑龙江	新疆	新疆	新疆	新疆	新疆	山东	河南	山东	新疆	河南
4	新疆	河南	河南	黑龙江	黑龙江	黑龙江	黑龙江	黑龙江	吉林	河北	河北	河北
5	吉林	江苏	吉林	江苏	吉林	内蒙古	吉林	吉林	河北	黑龙江	内蒙古	内蒙古

资料来源：《中国农业统计资料》。

全国西瓜播种面积、总产量持续增长，使得西瓜的均衡供应水平不断提高，我国主要城市的果品市场基本实现了四季有瓜，优质商品瓜供应充分，价格稳定，品种不断增多，质量明显改善。从区域分布来看，中国西瓜生产布局呈现华东、中南两大地区主导的局面，全国 3/4 的西瓜产量来自这两个产区。2011 年华东六省一市的西瓜播种面积为 62.45 万公顷，产量 2499 万吨，分别占全国西瓜总播种面积和总产量的 34.63%和 36.27%；中南六省的西瓜播种面积为 61.13 万公顷，产量为 2351.9 万吨，分别占全国西瓜总播种面积和总产量的 33.9%和 33.81%。在各省市县区域内，近几年也表现出生产向优势产区集中，分散种植西

---

① 华东六省一市包括江苏省、浙江省、安徽省、福建省、江西省、山东省和上海市；中南六省（自治区）包括河南省、湖北省、湖南省、广东省、广西壮族自治区、海南省；西北地区包括陕西省、甘肃省、宁夏回族自治区和新疆维吾尔自治区。

瓜的地区越来越少，进一步凸显了西瓜作为季节性农产品，要求有特异的自然条件的禀赋。

3.2.5.3 产品种植结构逐步优化

以甜瓜为例，按照种植地区、生长环境以及品种特性的不同，可以分为薄皮甜瓜和厚皮甜瓜两大生态产区。目前，我国薄皮甜瓜的种植地区主要分布在华北、东北、内蒙古东部、江淮、长江流域等地区，薄皮甜瓜的产量和种植面积均占到全国总量的 55%以上。虽然薄皮甜瓜的单位面积产量相对较低，但其种植的成本收益率相对较高。我国厚皮甜瓜的种植地区则主要分布在新疆、宁夏、甘肃、内蒙古等西北地区，厚皮甜瓜的产量和种植面积均占到全国总量的 33%以上，其单位面积产量相对较高，平均每亩产量最高可以达到 2712 公斤。

按照种植时间和成熟上市期的不同，可以分为春夏茬甜瓜和秋冬茬甜瓜。目前，我国春夏茬甜瓜的产量和种植面积分别占全国总量的 98.4%和 98.62%，总收益占 94.78%；秋冬茬甜瓜的产量和种植面积分别占全国总量的 1.6%和 1.38%，总收益占 5.22%。

3.2.5.4 产业商品化、品牌化程度进一步提高

品牌是社会经济发展到一定阶段，产品同质化时代的产物，已经成为当前消费者最为认知的竞争方式和手段。近年来，各西甜瓜主产区地方政府和农业主管部门越来越重视商品化、品牌化建设，纷纷出台相关政策和措施，积极推荐西甜瓜产业的商品化、品牌化发展，并取得了显著的实际效果。同时，随着西甜瓜产业化生产规模的不断扩大，西甜瓜农民协会、营销合作组织发展迅速，并扶持创办了一批龙头企业，通过举办西瓜节、产销推介联谊会等多种形式宣传，以瓜为媒，在西甜瓜主产区打造优势农产品的名片，促使西甜瓜的市场品牌意识得到进一步提升。例如，山东省莱西市素有"甜瓜之乡"的美誉，生产的甜瓜以"甜、香、脆"而闻名海内外。在地方各级政府的大力扶持下，本着努力打造"高端、高质、高效、生态"甜瓜基地的发展思路，通过项目扶持、贷款担保、贷款贴息以及减免税收等措施较好地推动了甜瓜专业合作社的发展，成立了马连庄甜瓜生产合作社，按照环境无害化、基地种植规模化、质量检测标准化、生产经营订单化、产品流通品牌化的果蔬质量安全全程控制体系，进行批量的绿色甜瓜生产，目前已经建设成全国最大、品质最优的绿色、无公害的甜瓜生产基地。"马连庄甜

瓜"已经远销以色列、美国、韩国、日本、中国台湾、中国香港等国家及地区，形成了生产、包装、冷藏、销售、服务等于一体的产业链。2013 年 3~4 月，"马连庄甜瓜"的市场销售价格最高可以卖到 18 元/斤，当地瓜农取得了丰厚的市场经济效益。

3.2.5.5 产业国际市场竞争力不断增强

FAOSTAT 数据显示，随着中国甜瓜生产力水平的不断提高和甜瓜出口贸易规模的进一步扩大，中国甜瓜产业的国际市场竞争力也在日益增强。从中国甜瓜国际贸易总量来看，2001 年中国甜瓜国际贸易量仅为 0.09 万吨，贸易额仅为 0.01 亿美元，而到了 2011 年，中国甜瓜国际贸易量和贸易额分别达到 8.90 万吨和 0.38 亿美元，分别是 2001 年的 98.89 倍和 38 倍；从中国甜瓜国际贸易的流动方向来看，主要还是以出口贸易为主，进口贸易的数量和金额都相对较少。2011 年中国甜瓜出口贸易额为 0.36 亿美元，而甜瓜进口贸易额仅为 0.02 亿美元，两者贸易顺差达到 0.34 亿美元，比 2009 年增长 123.93%。

3.3 河南省西甜瓜产业发展情况

河南省位于中原地区，西甜瓜生产历史悠久，是我国西甜瓜生产的主产区，也是我国西甜瓜产业发展的优势区域。河南西瓜以其脆、甜、香等特有风味享誉全国，是河南具有特色的名优农产品之一，被列为河南省品种审定的主要农作物之一，以生产周期短、效益高等优势成为河南农村种植业结构调整、农民增收的重要作物。

3.3.1 西甜瓜的种植面积

3.3.1.1 西甜瓜种植面积的变动情况

首先，瓜类种植在河南省农业种植生产中具有非常重要的地位，特别是改革开放以来，河南省瓜类种植面积整体上呈现了稳步扩大的趋势。进入 21 世纪，河南省各级政府都非常重视瓜类种植，瓜类种植面积基本上保持在 3 万公顷以上。从图 3.16 中我们可以把河南省瓜类种植面积变动情况大致分为四个阶段。

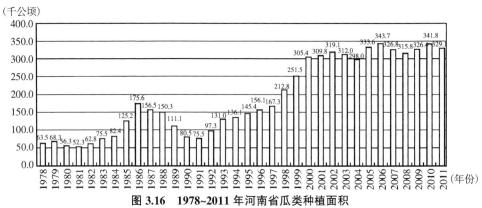

图 3.16　1978~2011 年河南省瓜类种植面积

数据来源：《新中国农业 60 年统计资料》。

第一阶段为瓜类种植面积稳步上升期，时间为 1978~1986 年。在此阶段，河南省瓜类种植面积由 63.5 千公顷上升到 175.6 千公顷，种植面积增加了 112.1 千公顷，比改革开放初期提高近 3 倍。在此期间，1985 年和 1986 年这两年增长比较明显，分别比上一年度增加 43 千公顷和 50 千公顷。

第二阶段为瓜类种植面积持续减少阶段，时间为 1987~1991 年。由于农业生产的各种政策影响，农户种植瓜类的积极性降低，更多农户不愿意继续种植瓜类，转而种植其他农作物，直接造成瓜类种植面积减少。1987 年瓜类的种植面积为 156.5 千公顷，比上年度减少了 10 千公顷，随后呈现逐年下降的走势。1991 年达到了历史上的谷点，为 75.5 千公顷，比 1986 年种植面积最高值 175.6 千公顷直接减少了 100 千公顷。

第三阶段为稳步上升阶段，时间为 1992~2000 年。进入 20 世纪 90 年代，随着社会主义市场经济体制的确立和全面推行，瓜类的比较优势在市场经济竞争中逐步显现，农户的种植积极性也逐步提高，种植面积稳步上升。1992 年瓜类的种植面积达到了 97.3 千公顷，比上年增加了 22 千公顷，增长幅度为 28.87%，接着，每年的种植面积都正增长。到 2000 年，瓜类种植面积突破 300 千公顷，达到 305.4 千公顷。

第四阶段为种植面积相对稳定阶段，时间为 2001 年以后。随着人民收入水平提高，人民生活水平也大幅度提高，膳食结构也不断地追求科学化、营养化。

瓜类因良好的营养价值被居民所接受，其消费量也稳步增加，这决定了市场上瓜类的消费需求也不断增加，农户的种植面积也基本上保持在 300 千公顷以上。其中，种植面积最高的是 2007 年的 343.7 千公顷。

其次，在瓜类种植中以西甜瓜种植为主。1993 年，河南省瓜类种植面积为 131 千公顷，其中西甜瓜种植面积为 102 千公顷，所占比重为 77.86%。1994 年以来，河南省西甜瓜种植面积不断增加，占瓜类种植面积的比重上升到了 90% 以上。1997 年，西甜瓜种植面积为 162.2 千公顷，比重为 96.95%；1998 年西甜瓜种植面积达到 209.6 千公顷，比重达到了 98.50%，无论是种植面积绝对量还是所占比重都有大幅度的提高。2001 年以后，河南省西甜瓜种植面积基本保持在 300 千公顷以上（其中 2004 年为 294.7 千公顷），比重一直保持在 97% 以上，特别是 2006 年河南省西甜瓜种植面积达到历史上最高点，为 340 千公顷（见表 3.13）。

表 3.13 1993~2011 年河南省瓜类及西甜瓜种植面积和所占比重

单位：千公顷；%

年份	瓜类种植面积	西甜瓜种植面积	所占比重
1993	131.0	102.0	77.86
1994	136.1	128.8	94.64
1995	145.4	144.1	99.11
1996	156.1	152.2	97.50
1997	167.3	162.2	96.95
1998	212.8	209.6	98.50
1999	251.5	244.5	97.22
2000	305.4	282.6	92.53
2001	309.8	306.0	98.77
2002	319.1	316.2	99.09
2003	312.0	307.6	98.59
2004	298.0	294.7	98.89
2005	333.6	329.7	98.83
2006	343.7	340.0	98.92
2007	326.8	321.5	98.38
2008	315.8	311.1	98.51
2009	326.4	319.8	97.98
2010	341.8	334.1	97.75
2011	329.1	324.3	98.54

数据来源：《新中国农业 60 年统计资料》。

3.3.1.2 西甜瓜种植面积占全国的比重

首先，河南省瓜类种植面积占全国的比重一直维持在 10% 以上（见表 3.14）。河南省因其较好的地理位置和较好的光照、水土等自然条件，一直是瓜类的重要种植地。改革开放初期，全国瓜类种植面积为 406 千公顷，河南省瓜类种植面积就达 63.5 千公顷，比重为 15.64%。20 世纪 70~80 年代，河南省瓜类种植面积所占比重一直都在 10% 以上，最少为 1991 年的 9.88%。从 20 世纪 90 年代至今，其比重一直都在 13% 左右。从瓜类种植面积历年增长速度来看，河南省增长速度基本上与全国增长速度持平并略高于全国的增长速度。1985 年，是瓜类种植面积增长最快的一年，比上年全国种植面积增长 50.21%，而河南省瓜类种植面积比上年增长 51.94%，高于全国增长速度 1.7 个百分点。

表 3.14　1978~2011 年全国及河南瓜类种植面积和增长情况

单元：千公顷；%

年 份	全国总计	河 南	所占比重	全国增长比	河南增长比
1978	406.0	63.5	15.64		
1979	465.5	68.3	14.67	14.66	7.56
1980	443.9	56.3	12.68	−4.64	−17.57
1981	477.8	52.3	10.95	7.64	−7.10
1982	483.0	62.8	13.00	1.09	20.08
1983	485.2	75.5	15.56	0.46	20.22
1984	612.4	82.4	13.46	26.22	9.14
1985	919.9	125.2	13.61	50.21	51.94
1986	1135.5	175.6	15.46	23.44	40.26
1987	1051.5	156.5	14.88	−7.40	−10.88
1988	1093.2	150.3	13.75	3.97	−3.96
1989	918.1	111.1	12.10	−16.02	−26.08
1990	720.5	80.5	11.17	−21.52	−27.54
1991	764.1	75.5	9.88	6.05	−6.21
1992	950.9	97.3	10.23	24.45	28.87
1993	1123.2	131.0	11.66	18.12	34.64
1994	1121.4	136.1	12.14	−0.16	3.89
1995	1101.3	145.4	13.20	−1.79	6.83
1996	1203.0	156.1	12.98	9.23	7.36
1997	1302.8	167.3	12.84	8.30	7.17
1998	1607.1	212.8	13.24	23.36	27.20
1999	1764.0	251.5	14.26	9.76	18.19

续表

年 份	全国总计	河 南	所占比重	全国增长比	河南增长比
2000	2043.7	305.4	14.94	15.86	21.43
2001	2267.7	309.8	13.66	10.96	1.44
2002	2354.9	319.1	13.55	3.85	3.00
2003	2354.0	312.0	13.25	−0.04	−2.23
2004	2146.8	298.0	13.88	−8.80	−4.49
2005	2207.7	333.6	15.11	2.84	11.95
2006	2245.9	343.7	15.30	1.73	3.03
2007	2251.5	326.8	14.51	0.25	−4.92
2008	2256.6	315.8	13.99	0.23	−3.37
2009	2334.3	326.4	13.98	3.44	3.36
2010	2389.4	341.8	14.30	2.36	4.72
2011	2389.3	329.1	13.77	0.00	−3.72

数据来源：《新中国农业60年统计资料》。

其次，河南省西甜瓜种植面积占全国比重的15%左右。1993年，河南省西甜瓜种植面积为102千公顷，占全国比重为10.13%，1994年，西甜瓜种植面积增加到128.8公顷，其所占比重也提高了2.55个百分点，达到12.68%。1998年，河南省西甜瓜种植面积达到了209.6千公顷，其比重达到13.85%。21世纪以来，河南省西甜瓜种植面积一直保持在300千公顷以上，比重保持在14%以上，其中2006年比重达到历史上的最高点16.20%。从西甜瓜种植面积历年增长速度来看，河南省西甜瓜种植面积基本上与全国增速持平，其中增长速度最快的为1998年，全国和河南省的西甜瓜种植面积比上年分别增长24.76%和29.22%（见表3.15）。

表3.15 1993~2011年全国及河南省西甜瓜种植面积和增长情况

单位：千公顷；%

年份	全国	河南	所占比重	全国增长比	河南增长比
1993	1006.5	102.0	10.13		
1994	1015.9	128.8	12.68	0.93	26.27
1995	1033.3	144.1	13.95	1.71	11.88
1996	1111.2	152.2	13.70	7.54	5.62
1997	1213.0	162.2	13.37	9.16	6.57
1998	1513.3	209.6	13.85	24.76	29.22
1999	1655.4	244.5	14.77	9.39	16.65
2000	1934.6	282.6	14.61	16.87	15.58

年份	全国	河南	所占比重	全国增长比	河南增长比
2001	2152.2	306.0	14.22	11.25	8.28
2002	2213.6	316.2	14.28	2.85	3.33
2003	2191.7	307.6	14.03	−0.99	−2.72
2004	1979.4	294.7	14.89	−9.69	−4.19
2005	2046.4	329.7	16.11	3.38	11.88
2006	2099.0	340.0	16.20	2.57	3.12
2007	2091.7	321.5	15.37	−0.35	−5.44
2008	2095.0	311.1	14.85	0.16	−3.23
2009	2154.7	319.8	14.84	2.85	2.80
2010	2205.8	334.1	15.15	2.37	4.47
2011	2200.6	324.3	14.74	−0.24	−2.93

数据来源:《新中国农业60年统计资料》。

3.3.1.3 西瓜种植面积

河南省是西瓜的重要生产基地,种植面积较大且逐步递增(见图3.17)。1993年,河南省西瓜种植面积为91千公顷,1994年就突破了100千公顷。进入21世纪,随着城乡居民西瓜需求量不断增加,其西瓜种植面积也快速增加。2000年,河南省西瓜种植面积为254.7千公顷,比上年增加了34千公顷。2000年以后,河南省西瓜种植面积一直保持在270千公顷左右,其中最高为2006年的294.1千公顷。

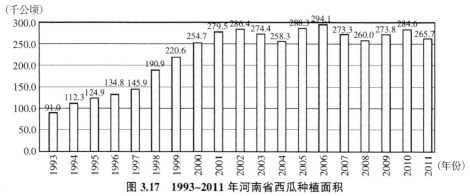

图3.17 1993~2011年河南省西瓜种植面积

数据来源:《新中国农业60年统计资料》。

3.3.1.4 甜瓜种植面积

河南省也是甜瓜重要的生产基地,种植面积也位居全国前列。从1993年至今，河南省甜瓜种植面积呈现逐年增多的趋势（见图 3.18）。1993 年，河南省甜瓜种植面积为 11.0 公顷，到 1995 年增长到了 19.2 千公顷，增长了 8.2 千公顷。到 1999 年，河南省甜瓜的种植面积突破了 20 千公顷，达到 23.9 千公顷。到 2003 年，河南省甜瓜种植面积再上新台阶，达到 33.2 千公顷。2011 年，河南省甜瓜种植面积达到了 58.6 千公顷。由此可知，河南省甜瓜种植面积也随着市场需求量的增加而逐步增长，但是与西瓜种植面积相比还有较大差距，这与市场对甜瓜的需求远远低于对西瓜的需求密切相关。

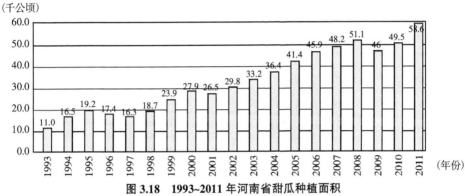

图 3.18   1993~2011 年河南省甜瓜种植面积

数据来源：《新中国农业 60 年统计资料》。

3.3.2   西甜瓜的产量情况

3.3.2.1   西甜瓜的产量及单位面积产量

随着有中国特色社会主义市场经济体制的确立和全面推行，西甜瓜的生产和销售基本上由市场需求决定。进入 20 世纪 90 年代，城乡居民生活水平大幅度提高，对西甜瓜的消费需求也进一步增加，这也直接影响着西甜瓜种植面积的不断扩大，再加上政府产业政策引导和优良品种与适用栽培技术普遍推广，使得河南省西甜瓜品质和产量都得到大幅度提高。1996 年河南省西甜瓜产量为 458.2 万吨，1997 年河南省西甜瓜产量为 567.5 万吨，直到 2002 年河南省西甜瓜产量为 1242.5 万吨，在这几年内，河南省西甜瓜产量都是稳步增加的。到 2003 年，由于市场价格波动等因素，西甜瓜总产量仅为 877.4 万吨，比 2002 年减少了 365.1 万吨。河南省西甜瓜产量减少，直接造成了市场供给量减少，西甜瓜价格上升。到 2004 年，西甜瓜产量开始增加，为 1125.1 万吨，2006 年以后，西甜瓜产量一直保持在 1400 万吨以上，2010 年西甜瓜产量达到了最高值 1575 万吨（见图 3.19）。

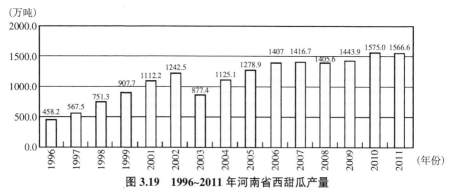

图 3.19　1996~2011 年河南省西甜瓜产量

注：《新中国农业 60 年统计资料》中缺失 2000 年数据，故在图中没有显示。

数据来源：《新中国农业 60 年统计资料》。

西甜瓜的单位面积产量稳中有升。河南省西甜瓜种植面积和总产量不断增加，并且西甜瓜的单位面积产量也随着西甜瓜种植技术等各种条件的不断改善而不断地提高。1996 年，河南省西甜瓜每公顷产出量为 30738.3 千克，在随后几年，西甜瓜的单位面积产量稳步上升，1997 年上升到 35712.7 千克，比上年提高了约 4974.4 千克。到 2002 年，河南省西甜瓜单位面积产量达到了历史上的最高值，为 40236.6 千克。到 2003 年，因自然条件、特别是"非典"事件的影响，造成了西甜瓜种植的单位产量大幅度下降，仅为 29343.7 千克。在特殊时期渡过以后，河南省西甜瓜的单位面积产量逐步回升到正常水平。2004 年，西甜瓜单位面积每公顷产量为 39511.9 千克，2006 年及以后，每年河南省西甜瓜的单位面积产量均在 4 万千克以上，特别是在 2008 年，达到历史上最高值 50897.9 千克（见图 3.20）。

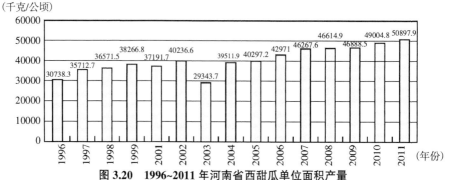

图 3.20　1996~2011 年河南省西甜瓜单位面积产量

注：《新中国农业 60 年统计资料》中缺失 2000 年数据，故在图中没有显示。

数据来源：《新中国农业 60 年统计资料》。

3.3.2.2 西瓜的产量及单位面积产量

河南省西瓜产量持续增加。西瓜产量在整个瓜类产量中所占比重较大，从历年西瓜总量增长趋势来看，基本上呈现为持续增长的趋势。1996 年，河南省西瓜总产量为 414.1 万吨，1997 年为 520.4 万吨，比 1996 年增加了 106.3 万吨，比 1996 年增长了 25.67%。1998 年西瓜产量达到 697.2 万吨，比 1997 年增加了 176.8 万吨，比 1997 年增长了 33.97%。2002 年西瓜产量达到 1149.6 万吨，产量增幅比 2001 年有所降低，为 10.83%。2003 年因"非典"等事件影响，西瓜产量比上年明显下降，仅有 803.2 万吨，在随后的几年内逐步回归到正常产量水平上。2008 年西瓜产量虽然有所减少，但仍有 1206.7 万吨，2010 年达到了历史最高产量，为 1389.2 万吨（见图 3.21、表 3.16）。

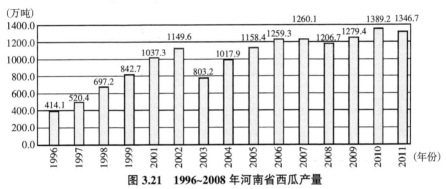

图 3.21　1996~2008 年河南省西瓜产量

注：《新中国农业 60 年统计资料》中缺失 2000 年数据，故在图中没有显示。
数据来源：《新中国农业 60 年统计资料》。

表 3.16　1996~2011 年河南省西瓜产量及增长情况

单位：万吨；%

年　份	产　量	比上年增长量	增长比
1996	414.1	—	—
1997	520.4	106.3	25.67
1998	697.2	176.8	33.97
1999	842.7	145.5	20.87
2001	1037.3	194.6	23.09
2002	1149.6	112.3	10.83
2003	803.2	−346.4	−30.13
2004	1017.9	214.7	26.73
2005	1158.4	140.5	13.80
2006	1259.3	100.9	8.71

续表

年 份	产 量	比上年增长量	增长比
2007	1260.1	0.8	0.06
2008	1206.7	−53.4	−4.24
2009	1279.4	72.7	6.02
2010	1389.2	109.8	8.58
2011	1346.7	−42.5	−3.06

数据来源：《新中国农业 60 年统计资料》。

西瓜单位面积产量稳中有升。在 2000 年以前，河南省西瓜的单位面积产量基本上保持每公顷 40000 千克以下，最少为 1996 年的每公顷 30694 千克。2001 年以后，随着西瓜种植栽培技术不断提高，单位面积（每公顷）的产量已经突破了 40000 千克（除 2003 年有特殊原因外）。近几年，西瓜单位面积产量有突破 50000 千克的趋势（见图 3.22）。

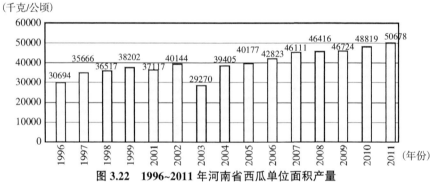

图 3.22　1996~2011 年河南省西瓜单位面积产量

注：《新中国农业 60 年统计资料》中缺失 2000 年数据，故在图中没有显示。
数据来源：《新中国农业 60 年统计资料》。

3.3.2.3　甜瓜的产量及单位面积产量

总体上讲，甜瓜的产量没有西瓜的产量大，在 1996 年只有 44.1 万吨，还不到西瓜产量的 1/10。从历年总产量的变化趋势来看，基本上呈现出稳步上升的走势。在此演进过程中，只有 2003 年由于特殊原因造成了当年产量只有 74.2 万吨外，其他年份的产量都稳步上升，到 2011 年达到历史上的最高产量 219.9 万吨（见图 3.23）。

甜瓜的单位面积产量历年间稍有起伏。1996~2008 年，河南省甜瓜的单位面积（每公顷）产量都保持在 20000 千克之上。只因 2003 年"非典"的特殊原因，甜瓜单位面积产量只有 22374 千克，其次就是 1996 年的 25324 千克，除此之外，最高的单位面积产量为 2008 年的 38932 千克。2009 年，甜瓜的单位面积产量超过了 40000 千克，2011 年达到了 50678 千克（见图 3.24）。

图 3.23　1996~2011 年河南省甜瓜产量情况

数据来源：《新中国农业 60 年统计资料》。

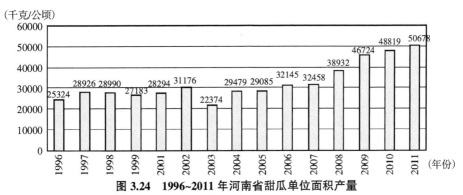

图 3.24　1996~2011 年河南省甜瓜单位面积产量

数据来源：《新中国农业 60 年统计资料》。

3.3.3　西甜瓜的销售情况

根据商务部对全国 36 个大中城市农产品批发市场的监测数据显示，2011 年全国西瓜交易量变化仍然呈现较为明显的季节性，5~9 月上市量最大，占全年总销量的 70% 以上。除 8 月以外，2011 年西瓜销量比 2010 年总体下降，在上市量比较集中的 5~8 月，交易量比 2010 年同期下降 9.59%，其中，6 月下降幅度最大，为 24.43%。西瓜销售量下滑的主要原因：一是 5 月由于江苏瓜农使用膨大剂不当导致 "爆裂西瓜" 事件的发生，正值西瓜大量上市之际，使得全国许多地区的西瓜一度滞销，出现瓜农 "卖瓜难" 现象，西瓜批发价也较往年同期偏低。

二是天气的原因，4~5月我国长江中下游地区由于降雨较多，气温较常年偏低，因此居民对西瓜的需求量减少。三是由于运输销售渠道不够畅通，西甜瓜产品不耐储运，以鲜销为主。而小生产与大流通、大市场之间的不协调，导致近几年西甜瓜大量上市后瓜价大幅度下跌问题，这不仅挫伤了农民种植西甜瓜的积极性，也严重阻碍了西甜瓜产业的健康发展。

根据官方数据显示，河南省的西甜瓜交易量的变化与全国西甜瓜交易量的变化趋势一致，也呈现明显的季节性，2011年交易量较2010年总体减少。

3.3.4 西甜瓜的种植区域

近几年来，河南省西甜瓜的种植面积和产量一直保持全国第一位。从西甜瓜种植分布区域来看，主要为开封、南阳、安阳、驻马店等市。

3.3.4.1 西瓜的主要种植区域

西瓜种植主要分布在开封、商丘、郑州、许昌、周口、驻马店、漯河、南阳、新乡、安阳等地区（见图3.25）。除此之外，河南省形成了一批规模化的西甜瓜大县，部分县镇注册了自己的西瓜品牌，如中牟县注册的"五洲绿源"无公害西瓜品牌、河南省扶沟县注册的"乐夫口"牌西瓜，建立了一批西瓜生产基地和无公害西瓜生产基地，如内黄早春大棚西瓜生产基地、开封无籽西瓜生产基地、扶沟县江村镇无公害无籽西瓜生产基地、内黄东庄镇优质西瓜生产基地等，

图3.25 河南省西瓜主要种植地区

进一步提高了河南西瓜的知名度，增强了河南省西瓜的市场竞争力。河南省西瓜生产以露地地膜覆盖栽培为主，部分地区有规模化的大棚栽培，品种主要有以"京欣"类型为代表的早熟西瓜类型，以"开杂"、"汴杂"、"豫园"系列为代表的中晚熟西瓜类型，以"郑抗无籽"系列为代表的无籽西瓜类型和以"红小玉"、"特小风"、"黑美人"等为代表的小型特色品种类型。

3.3.4.2 甜瓜主要种植区域

甜瓜种植主要分布在南阳、安阳、平顶山、焦作、新乡、商丘、驻马店等市（见图 3.26）。甜瓜以保护地栽培为主，多采用"中甜一号"、"伊丽莎白"、"郁金香"等品种；露地栽培以"白沙蜜"等薄皮甜瓜品种为主。

图 3.26　河南省甜瓜主要种植地区

3.3.5 西甜瓜进出口情况

从全国各省西甜瓜出口情况看，出口量较大的地区主要分布在沿海地区和西甜瓜主产省，而进口量较大的地区主要是产量较小的省区（如云南省主要从越南、缅甸、老挝进口）。从西甜瓜出口总量看，2011 年广东省出口量占全国出口量的 82.07%。具体到西瓜、甜瓜而言，从统计数据显示，2011 年西瓜出口数量排列前八位的省区为广东、广西、陕西、内蒙古、海南、山东、新疆、黑龙江，其中广东省出口量占全国出口量的 72.4%；进口量排列前八位的省区为云南、广东、山东、广西、辽宁、吉林、安徽、河南，其中云南省进口量占全国进口量的

45.8%。2011年甜瓜出口数量排列前八位的省区为广东、新疆、陕西、山东、福建、黑龙江、海南、甘肃，其中广东和新疆两省的出口量占全国出口量的62.7%;[1] 由于地理位置优势，甜瓜进口量基本被云南省占据，其他省区几乎很少进口甜瓜。

针对河南省西甜瓜出口情况，在表3.17、表3.18中，我们选择了西甜瓜出

表3.17 2000~2011年全国及主要省份西甜瓜出口情况

单位：吨

年份	全国合计	内蒙古	辽宁	吉林	黑龙江	福建	山东	河南	广东	广西	海南
2000	16981.464	143.00	202.600	0.00	61.988	0.000	167.049	0.0	12375.758	940.500	0.000
2001	13858.857	344.00	0.000	0.00	109.250	0.000	223.441	0.0	12609.000	364.720	71.671
2002	18448.413	819.00	3.260	1.70	276.250	0.000	162.693	0.0	15851.935	719.620	0.000
2003	28136.328	1048.00	18.220	0.00	692.270	14.000	349.813	238.0	24878.495	618.530	0.000
2004	30712.139	2076.00	46.000	1.15	739.497	4.000	990.224	0.0	26692.740	119.000	14.028
2005	35631.136	3470.00	27.930	0.00	880.344	22.860	977.808	20.0	30071.044	123.740	9.100
2006	36416.183	3973.00	198.100	7.00	1336.323	22.468	3300.829	0.0	27028.923	441.000	0.790
2007	36660.349	4706.00	58.500	30.00	1613.870	72.981	1348.864	80.0	27649.052	340.000	24.645
2008	33441.452	298.00	151.600	32.53	938.970	0.000	139.938	0.0	27709.671	3873.300	0.000
2009	57840.347	1405.80	168.700	45.31	430.904	1.850	261.323	19.3	37148.314	17237.75	875.134
2010	50720.487	1615.25	92.998	22.20	482.798	2.640	269.817	0.0	36463.005	11139.86	341.858
2011	18575.425	777.42	76.785	19.60	401.069	155.200	489.231	0.0	15244.001	336.500	500.820

表3.18 西甜瓜主要省份占全国出口总量的比重

单位：%

年份	内蒙古	辽宁	吉林	黑龙江	福建	山东	河南	广东	广西	海南
2000	0.84	1.19	0.00	0.37	0.00	0.98	0.00	72.88	5.54	0.00
2001	2.48	0.00	0.00	0.79	0.00	1.61	0.00	90.98	2.63	0.52
2002	4.44	0.02	0.01	1.50	0.00	0.88	0.00	85.93	3.90	0.00
2003	3.72	0.06	0.00	2.46	0.05	1.24	0.85	88.42	2.20	0.00
2004	6.76	0.15	0.00	2.41	0.01	3.22	0.00	86.91	0.39	0.05
2005	9.74	0.08	0.00	2.47	0.06	2.74	0.06	84.40	0.35	0.03
2006	10.91	0.54	0.02	3.67	0.06	9.06	0.00	74.22	1.21	0.00
2007	12.84	0.16	0.08	4.40	0.20	3.68	0.22	75.42	0.93	0.07
2008	0.89	0.45	0.10	2.81	0.00	0.42	0.00	82.86	11.58	0.00
2009	2.43	0.29	0.08	0.74	0.00	0.45	0.03	64.23	29.80	1.51
2010	3.18	0.18	0.04	0.95	0.01	0.53	0.00	71.89	21.96	0.67
2011	4.19	0.41	0.11	2.16	0.84	2.63	0.00	82.07	1.81	2.70

数据来源：依据FAOSTAT数据计算而得。

---

[1] 这些数据是运用FAOSTAT来源数据经过计算而来。

口量比较多的省市做比较,从中可以看出,2000~2011 年河南省西甜瓜的出口非常少。只有 2003 年出口 238 吨、2005 年出口 20 吨、2007 年出口 80 吨、2009 年出口 19.3 吨,而且这些年份的出口量在全国出口总量中的比重从来没有超过 1%,其他年份没有西甜瓜出口数据,这与河南省地处中原,与东南沿海相距较远,再加上西甜瓜属于生鲜水果,储藏困难且成本高有直接的关系,这些原因造成了河南省西甜瓜的主要销售区域还是以大陆地区为主。

从西甜瓜进口绝对量看,河南省呈现逐步增多的趋势。2000 年,全国西甜瓜进口量为 5488.648 吨,其中河南省有 336 吨。2001 年,全国西甜瓜进口量增加到 20517.461 吨,其中河南省没有进口西甜瓜。到 2003 年,河南省进口西甜瓜的总量为 926.745 吨,而全国进口量 44592.45 吨。2004~2009 年,河南省西甜瓜进口量逐步递增,分别为 6876.700 吨、20459.263 吨、18070.093 吨、19456.959 吨、18952.266 吨和 10333.232 吨。2010~2011 年,河南省西甜瓜进口量下降到 3482.380 吨和 1362.840 吨。由表 3.19、图 3.27 看出,在这 12 年间,河南省西甜瓜进口量明显呈现"中间高,两头低"的态势。

从西甜瓜进口增长比来看,河南省西甜瓜的增长速度明显低于全国的增长速度。在 2001 年和 2002 年,全国西甜瓜进口量增长较快,2001 年比 2000 年增长了 2.738%,2002 年又比 2001 年增长了 2.289%。从 2003 年以后,全国西甜瓜进

表 3.19 2000~2011 年全国及河南省西甜瓜进口情况

单位:吨;%

年　份	全国合计	同比增长率	河南	同比增长率
2000	5488.648	—	336.000	—
2001	20517.461	273.8	0.000	−100.00
2002	67472.674	228.9	0.000	0.00
2003	44592.450	33.9	926.745	9267.45
2004	65404.443	46.7	6876.700	642.00
2005	132191.231	102.1	20459.263	197.50
2006	144345.029	9.2	18070.093	11.70
2007	167017.070	15.7	19456.959	7.70
2008	222739.340	33.4	18952.266	2.60
2009	263670.058	18.4	10333.232	45.50
2010	313259.758	18.8	3482.380	66.30
2011	335834.888	7.2	1362.840	60.90

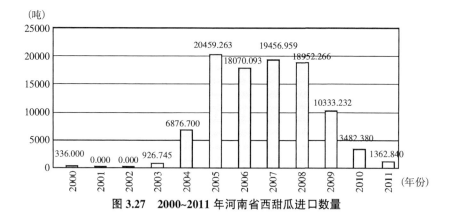

图 3.27　2000~2011 年河南省西甜瓜进口数量

口同比增长比例都比较低，基本上处在 50% 以下，只有 2005 年比上年增长了 102.1 个百分点。从河南省西甜瓜进口量增长比重看，只有 2004 年比上年增长了 642 个百分点、2005 年比上年增长了 197.5 个百分点之外，其余年份的同比增长比重都低于全国同期平均水平。2005 年以后，河南省只有 2005 年和 2007 年这两年分别比上年呈现正增长，其他都为负增长（见表 3.19）。

3.3.6　西甜瓜产业发展困境

第一，种子市场混乱，种子、种苗成本增加。种子是农业生产中最重要的生产资料，种子市场秩序的好坏关系到农业增产、农民增收和农村社会稳定。随着《中华人民共和国种子法》的实施和种子市场的开放，种子品种越来越多样化。尽管在河南省，西甜瓜品种进入市场流通销售是需要审定的，但在种子销售市场中发现，同种异名现象严重，甚至没有通过审定的西瓜品种也在销售，种子质量良莠不齐，让生产者无所适从，很难挑选到适宜的品种。

全国西瓜生产的主要制种基地 80% 以上在西北地区。近年来，由于新疆等西北制种基地种植棉花、玉米等大田作物的比较效益较高，加上雇工费用增加等多种原因造成西瓜制种生产成本逐年大幅增加，当地生产者更愿意种植生产成本低、省工、销售有保证的大田作物。同时，由于 2008 年早春低温冻雪的灾害天气增加了西瓜育苗难度，加大了育苗成本，加上已定植的大批瓜苗受冻死亡，瓜农急于尽早补种以赶回时间损失，对种苗的需求高度集中，造成南方部分产区西瓜种苗供不应求，导致了 2008 年西瓜种子、种苗价格大幅上扬。

优良品种更新换代较慢。由于我国对植物新品种的知识产权保护工作实施不力，许多新品种被侵权经营，育种者的投入无法得到合理回报，使育种工作缺少必需的投入，既影响了新品种的选育和推广，也造成生产中品种的杂乱，严重制约了商品瓜品质的提高。因此，河南省的西瓜甜瓜优良主栽品种更新换代情况无论是与国外还是国内先进地区如山东省比，均存在明显差距。

第二，标准化生产水平较低。河南省西甜瓜标准化生产普及率不高，主要表现在品种更新慢，生产者多以片面追求高产为主，忽视消费者日益重视的商品瓜品质，田间管理也多采用大肥、大水的粗放管理，不注意有机肥和氮、磷、钾的合理使用；以家庭为单位的种植模式较多，造成标准化生产水平较低，产业化程度不高，产品上市集中，产品质量差异较大，效益较低；种苗产业化程度低，单户育苗较多，苗子质量差异较大，严重影响了西甜瓜产业的发展；连作重茬的耕作也制约了西甜瓜产业的可持续发展。

第三，运输销售渠道不够畅通，运输费用不断增加。西甜瓜产品不耐储运，以鲜销为主。而运输成本上升，阻碍了西甜瓜市场流通效率。由于国内外石油能源价格的快速上涨，导致商品瓜长途运销成本显著提高。如河南省等部分主产区汽油售价一直在 8 元/升左右，运输成本增加也导致了主产区西瓜外运销售困难。

第四，生产成本逐年上升，产业化程度有待提升。西甜瓜生产组织化、专业化、产业化水平较低。以家庭为单位的生产模式还占大多数，与目前的大市场不相适应，市场信息不通达等问题还没有得到更好的解决。目前西甜瓜生产的组织化程度和社会分工程度均很低，家家户户种瓜卖瓜，既难以适应大市场的发展需求，也难以较快提高生产质量，影响了产销协调和生产的稳定发展。西甜瓜生产所需的主要农资产品，如化肥、农药、农膜、柴油等的销售价格在 2008 年大幅上涨，是导致西瓜生产成本增加的主要因素。西甜瓜种植生产实现规模化就需要增加种植面积，需要逐年寻找并租赁较大面积土地。在宏观经济变动影响下，受国家对粮食安全的日益重视和生产补贴标准不断提高等各种因素影响，西甜瓜种植大户的土地租赁成本逐步上升。河南省农村可耕土地的租赁成本在每亩 1000 元左右，有些地区每亩租金已经达到了 1500 元左右。土地租赁成本上升势必提高西甜瓜的生产经营成本。

第五，西甜瓜的商品化水平低，成本收益率低。目前，河南省上市销售的西甜瓜普遍存在着商品化程度低的现象，西甜瓜的附加值不高，这些都影响着西甜瓜的生产效益。造成西甜瓜成本收益低的主要原因有：一是西甜瓜产销结构失调。改革开放30多年来，农产品的市场整体供求关系已由过去的供给全面短缺转变为供求基本平衡，消费者不再简单追求"能购买到"的问题，更多的是消费科学、合理的问题。二是西甜瓜商品质量低。当前大部分产区缺少规范的，适应不同生态类型地区、不同品种和不同市场需求的栽培技术标准，瓜农各行其是，导致上市的商品瓜果实质量参差不齐，加之采后处理、运输、销售过程中的技术不配套，商品瓜的外观质量和内在质量大都与国际标准有一定差距，影响了西甜瓜生产的经济效益。三是上市期过于集中，容易产生价跌难卖。目前河南省的栽培模式大多以露地地膜栽培为主，而且普通西瓜品种在生产上占80%以上，这就造成了6月下旬至8月上旬的上市量占总产量的2/3以上的情况，因此在集中上市期供大于求的趋势明显。近年来，价跌卖难、瓜贱伤农的情况时有发生。四是采后商品化处理和流通环节落后。目前河南省生产的西甜瓜果品90%以上均以初级产品形式进入市场，很少进行分级、清洗、包装等采收后的商品化处理工作，初级产品缺少对消费者的吸引力，加上市场流通体系也不够健全，对西甜瓜生产的发展影响很大。

3.4 本章小结

西甜瓜是世界上重要的水果作物，西瓜的种植面积和产量分别居于第一位和第二位，甜瓜的种植面积和产量居第五位和第七位。从全世界看，土耳其的西瓜生产和西班牙的甜瓜生产在其农业生产中占有重要位置，俄罗斯、美国、日本、韩国、墨西哥、印度等国在西瓜、甜瓜生产与研究方面具有较强实力。亚洲是西瓜的主要产地，2011年世界生产西瓜的国家和地区约有112个，其种植面积达到273.83万公顷，占世界总收获面积的比重上升为76.74%。亚洲是最重要的甜瓜主产区，产量一直在世界甜瓜中列第一位，2011年甜瓜种植面积达到114.45万公顷。从西甜瓜的国际贸易发展情况来看，进出口总额大且呈现出不断上升趋势，2010年西瓜进出口量达到321.26万吨，甜瓜进出口量达到200.98万吨。进出口量最大的为欧洲，其次为美洲，亚洲为第三。

中国既是西甜瓜重要的种植生产国，也是世界上最大的西甜瓜消费国，西甜瓜人均年消费量是世界人均量的2~3倍，占全国夏季果品市场总量的50%以上。总体而言，西甜瓜在整个国民产业中的地位不断提升，2011年，我国西瓜播种面积为180.32万公顷，占瓜果类总播种面积的75.47%，总产量为6889.3万吨，总产值达到约1585亿元；2012年，中国甜瓜总产量为1331.6万吨，占全国瓜果类作物总产量的14.87%。随着西甜瓜产业快速发展，西甜瓜生产区域化、规模化、专业化水平不断提高，产品种植结构逐步优化。我国春夏茬甜瓜的产量和种植面积分别占全国总量的98.4%和98.62%，总收益占94.78%；秋冬茬甜瓜的产量和种植面积分别占全国总量的1.6%和1.38%，总收益占5.22%。产品商品化和品牌化程度进一步提高，涌现出一批全球知名度较高的西甜瓜品牌，西甜瓜产业的国际部分不断增强。

河南省是农业大省，所处的地理位置适宜种植西甜瓜，西甜瓜以生产周期短、效益高等优势成为河南省农村种植业结构调整、农民增收的重要作物。2011年，河南省西瓜的种植面积为265.7千公顷，甜瓜的种植面积为58.6千公顷，产量分别为1346.7万吨和219.9万吨。但是河南省西甜瓜产业发展中也遇到了种子市场混乱、种子及种苗成本增加、西甜瓜产业标准化生活水平低、运输销售渠道不够畅通、运输费用不断增加、生产成本逐年上升、产业化程度有待提高等问题。

4 河南省西甜瓜产业运行环境分析

目前，我国西甜瓜产业进入了一个崭新的发展阶段，商品瓜的基地产区更加集中，产业化优势明显，品种更新加快，西甜瓜供应基本实现了平衡，西甜瓜产品由卖方市场急速转移为买方市场。从市场经济发展的现状分析，提高西甜瓜产品质量、优化与调整西甜瓜产业结构、改善西甜瓜品质已经成为新时期西甜瓜产业发展的主要目标，西甜瓜生产由过去片面追求高产早熟，转向更加注重提升产品质量，应用推广规范化栽培模式及品种配套技术，改善商品瓜质量。河南省作为种植西甜瓜产量大省，广大生产者、经营商和消费者的西甜瓜品牌意识增强，行业协会、营销合作组织发展迅速，中国西甜瓜协会就挂靠在郑州果树研究所，太康、确山、内黄、滑县等县成立了西甜瓜合作组织，为瓜农提供产前、产中、产后服务，有力地推动了当地西甜瓜产业的发展。

西甜瓜再生产过程实际上是社会再生产与自然再生产之间相互渗透、相互结合的过程，这就决定了西甜瓜生产种植经营必然要受到自然因素、经济因素、政策法律因素、技术因素和社会文化因素等多方面的影响。

4.1 影响西甜瓜产业的宏观因素

4.1.1 自然因素

4.1.1.1 气候因素

西甜瓜产业是农业产业的重要组成部分，农业产业区别于其他工业、商业和服务业的最为显著的特点在于气候因素对农业生产有着至关重要的影响。特别是在西甜瓜种植生产过程中，温度、日照、湿度等气候因素，光照、水分、土壤等自然因素对西甜瓜的生长环境产生影响进而影响到西甜瓜生产，这也是西甜瓜种植栽培区域划分的重要划分标准之一。西瓜在不同生长阶段种植栽培条件也不相同。

（1）温度条件：西瓜喜温、耐热，在不同生育期对温度要求不同。

发芽适温为25℃~30℃，低于15℃或超过40℃则发芽困难。在适温范围内，温度愈高，发芽期愈早，发芽率愈高，发芽势愈强。无籽西瓜发芽适温较普通西瓜略高。

苗期适温，气温日温为25℃~27℃，夜温为16℃~17℃。在1~2片真叶期，夜温低于15℃幼苗受冻，易变黄，停止生长；土壤温度，根的发育低温极限为10℃，根毛为13℃~14℃，最高温为38℃，最适温度为28℃~32℃。

茎蔓生长适温为20℃~30℃，在此范围内，温度愈高，营养物质积累愈多，生长速度愈快。15℃以下生长缓慢，0℃以下生长停止。

温度对开花结果有很大影响，特别是夜温。苗期温度越高，第一雌花出现节位越高，雌雄花比例越高。开花结果期，温度越高会加快雌雄花蕾发育，提早开花期，花粉发芽适温为25℃，低于18℃授精不良，果实畸形。较大的昼夜温差有利于果实养分积累，可提高西瓜品质。

（2）光照条件：西瓜属喜光作物，在整个生育期中光照充足则植株生长健壮，茎蔓粗壮，叶片肥大，节间粗短，花芽分化早，坐果率高，抗病能力强。光照不足，特别是长期的低温、阴雨，则植株生长细弱，节间长，叶薄色淡，光合作用弱。营养不良，易落花化瓜，抗病性也下降。

西瓜每天适宜的日照时数为10~12小时。幼苗光饱和点为8万勒克斯，结果期为10万勒克斯，一般补偿点为4000勒克斯，在这一范围内，随光照强度增加，光合作用逐渐加快。在较高温度下，为弥补呼吸作用，就需要较高的光照强度。此外，光质对幼苗生长也有一定影响，红光、橙光促使茎蔓伸长，而蓝光、紫光则抑制节间伸长，苗期适量蓝、紫光照射对育壮苗有重要意义。

（3）水分条件：西瓜多行旱作栽培。一方面，其叶蔓茂盛，果实硕大且含水量高，因此耗水量大；另一方面，西瓜具有强大根系，能够吸收土壤较大范围、较深层的水分，且叶片呈深裂缺状，覆有蜡质和茸光，可减少蒸发，具有耐旱生态特征。

西瓜不同生育时期对水分要求不同，发芽期要求水分高，以利种子吸胀，顺利发芽；幼苗期需适当干旱，以促进根系扩展，减少发病，促进幼苗早发；抽蔓前期适当增加水分，促进发展，保证叶蔓健壮；开花前后则应适当控制水分，防止植株徒长，跑藤；结果期需水最多，特别是中期需满足其水分需求，促进果实增大，发育正常；后期为保证品质应及时停水，以利糖分积累。西瓜忌涝湿，雨水过多或浇水频繁，土壤过湿，含水量高，会造成根呼吸困难，影响根系发育直至烂根。

空气干燥对西瓜生长有利。一般适宜湿度为苗期65%，伸蔓期70%，结果期75%。湿度过高会造成多种病害发生、蔓延。唯花粉发芽需较高湿度，湿度过低，花粉不能发芽，影响坐果，故生产上多利用清晨相对湿度较高时，进行人工授粉。

甜瓜在不同的生长发育期，对自然条件的要求不相同（见表4.1）。

表 4.1 主要气候因素对甜瓜生产的影响

气候因素	主要影响
温度	当白天温度低于 18℃、夜间温度低于 13℃时，就会发生植株发育迟缓
	当温度低于 10℃以下时，则停止生长并发生生长发育异常
	当温度低于 7℃以下时，则会发生亚急性生理伤害
	当温度低于 5℃并持续 8 小时以上时，便会发生急性生理伤害
日照	育苗期光照不足，容易导致甜瓜幼苗叶色发黄、生长不良
	开花坐果期光照不足，会导致甜瓜植株生长营养不足、花小、子房小、易落花落果
	结果期光照不足，则不利于果实膨大，且会导致果实着色不良，香气不足，含糖量下降等
湿度	幼苗期和伸蔓期，土壤水分不足或空气干燥，可导致子房发育不良。但水分过大时，亦会导致植株徒长，易化瓜
	果实膨大前期水分不足，会影响果实膨大，导致产量降低，且易出现畸形瓜。后期水分过多，则会使果实含糖量降低，品质下降，易出现裂果现象

（1）温度条件：甜瓜喜温耐热，极不抗寒。种子发芽温度为 15℃~37℃，早春露地播种应稳定在 15℃以上，以免烂种。植株生长温度以 25℃~30℃为宜，在14℃~45℃内均可生长。开花温度最适 25℃，果实成熟适温 30℃。而气温的昼夜温差对甜瓜的品质影响很大。昼夜温差大，有利于糖分的积累和果实品质的提

高。甜瓜对低温反应极为敏感，当白天温度低于18℃、夜间温度低于13℃时，就会发生植株发育迟缓。当温度低于10℃时，则会停止生长并发生生长发育异常。当温度低于7℃时，则会发生亚急性生理伤害。

（2）水分条件：甜瓜耐旱不耐涝，但因其根系浅，对土壤湿度要求较高；叶蒸腾量大，对空气湿度要求较低，特别是厚皮甜瓜，空气相对湿度以控制在50%以下为最好。甜瓜的不同生育期对水分条件的要求也有所不同：播前灌足水分，苗期需水不多，开花坐果期至果实膨大期需水量大，尤其在果实膨大期要保证水分。但后期土壤水分要相对低，以免造成"水多瓜不甜"的结果。

（3）湿度条件：甜瓜生长发育过程中较适宜的空气相对湿度为50%~60%。在空气干燥的地区栽培的甜瓜，甜度高、香味浓。相反，在空气潮湿的地区栽培的甜瓜，则水分含量较多、香味较淡、品质相对较差。

（4）光照条件：甜瓜喜光照，每天需10~12小时光照来维持正常的生长发育，故甜瓜栽培地应选远离村庄和树林处，以免遮阴。保护地栽培时尽量使用透明度高、不挂水珠的塑料薄膜和玻璃。育苗期光照不足时，容易导致甜瓜幼苗叶色发黄、生长不良。开花坐果期光照不足时，会导致甜瓜植株生长营养不足、花小、子房小、易落花落果。结果期光照不足时，则不利于果实膨大，且会导致果实着色不良、香气不足、含糖量下降等。

河南省地处中部地区，属于四季分明的大陆性季风气候，同时存在着自南向北亚热带向暖温带气候过渡、自东向西平原向丘陵山地气候过渡的两个特征。河南省南部因太阳辐射条件优越，受夏季影响的程度大，具有亚热带气候的特色；而北部因位置偏北，地面得到的太阳辐射量相对较少，受夏季风影响的程度小，具有暖温带气候的特点。气温年较差、日较差均较大。年平均气温一般为12℃~16℃，1月–3℃~3℃，7月24℃~29℃，大体东高西低，南高北低、山地与平原间差异比较明显。河南省因温度适宜，能够满足西甜瓜不同生长阶段的温度要求，省域内大部分地区适宜种植西甜瓜。

4.1.1.2 土壤资源

由于西甜瓜的根系比较发达，对于土壤营养物质的吸收能力较强，因而对于土壤类型的要求相对不高，在沙壤土、黏土、沙土中均可以种植栽培。具体来讲，西瓜和甜瓜对土壤的要求大致相同，但也略有差别。

西瓜生长发育的土壤条件：以耕作层深厚的沙质壤土和沿河冲积土为好。

沙壤土土质疏松，空气充足，可满足西瓜根对氧气的需求。沙土通气良好，早春地温回升快，可促进幼苗生长，雨后水分下渗快，干旱时地下水通过毛细管上升快，同时夏季夜间散热迅速，昼夜温差大，不仅有利生长，而且有利于同化物质积累，使西瓜早熟，提高品质。但沙土较贫瘠，保水保肥力差，生产上要增加有机肥的施入量，并及时追施速效肥。而黏土易板结，通透性差，增温慢，不利西瓜根系发育，发苗慢，成熟晚，但一般不易脱肥。

西瓜在土壤 pH5~7 的范围内，均可正常生长，pH 值小于 4 时，根系发育不良，易诱使枯萎病的发生。土壤含盐量超 0.2%时，幼苗出现盐害。

甜瓜生长发育的土壤条件：甜瓜对土壤要求不严格，但以土层深厚、通透性好、不易积水的沙壤土最适合，甜瓜生长后期有早衰现象，沙质土壤宜作早熟栽培；而黏重土壤因早春地温回升慢，宜作晚熟栽培。甜瓜适宜土壤为 pH5.5~8.0，过酸、过碱的土壤都需改良后再进行甜瓜栽培。

西甜瓜属于喜肥作物，在其生长过程中对于矿物质营养的需求量比较大，需要其通过根系从土壤中大量吸收氮、磷、钙、硼等矿物质营养元素。可以说，矿物质营养元素在西甜瓜的生理活动及产量形成、品质提高中起着至关重要的作用。当氮不足时，西甜瓜植株瘦小、叶片发黄；当磷不足时，西甜瓜植株早衰、叶片过早老化；当钙不足时，西甜瓜果实表面网纹粗糙、泛白；当硼不足时，果肉易出现褐色斑点。

西甜瓜在生长发育中，需要供应充足的肥料。在需要的所有肥料中，以氮、磷、钾最为重要。氮肥促进蔓、叶生长，为果实形成与膨大提供营养基础；磷促进根系发育，增强碳水化合物运输，有利于果实糖分积累，改善果实风味；钾促进茎蔓生长粗壮，提高茎蔓韧性，增加抗病虫及抗寒能力，增进果实品质。西瓜在整个生育期中对氮、磷、钾的吸收量以钾为最多，氮次之，磷最少，比例为 1:0.32:1.14。西瓜生长发育除氮、磷、钾三种要素外，还需要其他的营养元素，如钙、镁、硫、铁、硼、锰、铜、锌等。有机肥和稀土元素肥施用有利于提高西瓜产量和品质。

河南省国土面积 16.7 万平方公里，居全国各省、区、市第 17 位，约占全国总面积的 1.73%，其中，耕地面积 7179.2 万公顷。地势基本上是西高东低。北、西、南三面太行山、伏牛山、桐柏山、大别山沿省界呈半环形分布；中、东部为黄淮海冲积平原；西南部为南阳盆地。在全省面积中，山地丘陵面积为7.4万平方公里，占全省总面积的44.3%；平原和盆地面积为9.3万平方公里，占总面积的55.7%。复杂多样的土地类型为农、林、牧、渔业的综合发展和生产经营提供了十分有利的条件。

河南的土壤类型可分为淋溶土、半淋溶土、初育土、半水成土、水成土、盐城土和人为土七个土纲，又细分为黄棕壤、黄褐土、棕壤、褐土、红黏土、新积土、风沙土、火山灰土、潮土、砂姜黑土、山地草甸土、沼泽土、盐碱土和水稻土等17个土类，以黄棕壤、黄褐土、棕壤、褐土等类型为主。

（1）黄棕壤。主要分布在南阳盆地和桐柏山地，具体分布在信阳县、光山、商城、新县、罗山、固始、潢川、唐河、南召、西峡、内乡、桐柏、镇平、淅川、卢氏、舞钢、鲁山、嵩县等县、市。黄棕壤A层高的有机质含量约为40克/千克，全氮为1.5克/千克；低的有机质含量为16克/千克，全氮为0.9克/千克。A层向下，土壤有机质含量普遍小于15克/千克，全氮多小于0.7克/千克，土壤全磷含量多在0.2~0.4克/千克，全钾含量多在10克/千克左右，速效磷含量小于50毫克/千克，速效钾的含量多为50~100毫克/千克。

（2）黄褐土。主要分布于伏牛山南麓与沙河一线以南至桐柏—大别山以北的地区，多为海拔在300米以下的岗丘和沿河阶地，具体分布在信阳市区、信阳县、光山、商城、息县、罗山、潢川、淮滨、固始、卢氏、项城、漯河市区、郾城、舞阳、南阳市区、镇平、西峡、淅川、内乡、南召、方城、叶县、桐柏、唐河、社旗、新野、邓州、驻马店市区、西平、遂平、确山、泌阳、上蔡、汝南、平舆、正阳、新蔡、鲁山、舞钢。黄褐土有机质和氮素含量偏低，钾素较丰富，磷素贫缺。有效微量元素中铁和锰含量丰富，锌和钼属于低值范围，硼极缺。因此，在配方施肥时，注意因土、因作物不同补施硼、钼和锌肥，这样可获增产效果。

（3）棕壤。主要分布于豫西山区，具体分布在林州、修武、济源、沁阳、登封、巩义、栾川、嵩县、宜阳、新安、灵宝、卢氏、禹州、汝阳、鲁山、西峡、内乡、南召、商城。棕壤多为农林用地，其养分状况，特别是土壤有机质以及氮素营养有很大变化。棕壤的磷、钾含量状况取决于成土母质含磷、钾矿物的种类和数量，某些自然植被比较好的表土和长期耕种熟化的耕地，全磷量仍比较高，速效磷含量也相应比较高。由于棕壤中水云母含量较高，因而全钾含量和速效钾含量均在较高水平。

（4）冲积土和草甸土。集中分布于河流冲积平原、三角洲泛滥地和低阶地，多分布在河南省东部的黄河故道、河谷平原、滨湖低地与山间谷地。潮土有机质含量为 5~11 克/千克，全氮含量为 0.4~0.89 克/千克，全磷含量为 0.4~0.6 克/千克，全钾含量为 19.6~20.1 克/千克，碱解氮含量为 32~64 毫克/千克，速效磷含量为 1~3 毫克/千克，速效钾含量为 75~144 毫克/千克。

河南省内的土壤类型非常适宜西甜瓜的种植生产。

4.1.1.3 水资源

农作物生产离不开水，农作物的光合作用、呼吸作用、有机物质合成与分解的全过程都离不开水，西甜瓜也不例外。而我们所面临的现状是，中国是一个严重缺水的干旱国家，虽然水资源总量居世界第六位，但是人均水资源仅占世界人均水资源占有量的不足 1/4，属于世界上人均水资源占有量最少的 13 个贫水国家之一。

河南省是全国唯一的跨四大流域的省份，既是一个水利大省，也是一个水资源严重缺乏的省份。多年平均水资源总量为 403.53 亿立方米，按照目前的人数来算，全省人均水资源量仅为 383 立方米，不足全国平均水平的 1/5，不足世界平均水平的 1/6，低于国际公认的人均 500 立方米的严重缺水标准。再加上水污染严重，实际可供开发利用的水资源更少，人多水少矛盾十分突出，河南省水资源形势十分严峻。

4.1.2 政策因素

政策制度必须服务于国家或地区的社会经济发展，又必须与社会经济发展状况相适应。迈克尔·波特（Michael Porter）的产业竞争力理论认为，一国产业是否具有竞争力除了取决于生产要素、需求条件、相关与支持性产业、产业组织等四个内生决定因素之外，还受到政府和机遇两个外生辅助因素的影响。因此，政策作为政府部门进行宏观调控的重要手段，也是决定一个产业能否健康、可持续发展的重要因素。

农业是国民经济的基础，不仅为国民经济其他产业提供原料，也为人类的生存提供最基本的物质需要。中国共产党十八届三中全会再次强调了"农业、农民和农村"问题是始终关系党和国家工作安全全局的根本性问题。西甜瓜产业虽然是农业产业的重要组织部分，但是相对小麦、玉米和水稻等大宗粮食作物而言，属于小品类中的经济作物且消费弹性相对较大，因而从目前我国国家层面的农业产业发展扶持政策方面看，还没有出台任何专门针对西甜瓜产业的发展扶持政策。作为农业大省，为配合国家农业发展战略，河南省出台了一系列农业扶持政策，但专门针对西甜瓜的政策基本上还没有。仅仅在西甜瓜的流通等方面出台一些鼓励、引导性政策，其政策扶持力度相对较小；或者出台政策时与蔬菜等鲜活农产品一起"搭便车"。由此可见，政策的缺失已经严重制约着未来河南甜瓜产业的规模化、标准化、集约化、产业化发展。

4.1.3 经济因素

4.1.3.1 经济总量

《河南省国民经济和社会发展统计公报》显示，2013 年，河南省生产总值为32155.86 亿元，比上年增长 9.0%。其中，第一产业增加值为 4058.98 亿元，增长4.3%；第二产业增加值为 17806.39 亿元，增长 10.0%；第三产业增加值为10290.49 亿元，增长 8.8%。三次产业结构为 12.6:55.4:32.0。全年居民消费价格指数比上年上涨 2.9%，其中，食品类价格上涨 5.6%，商品零售价格上涨 1.9%，工业生产品出厂价格下降 1.5%，工业生产品购进价格下降 0.7%，固定资产投资价格下降 0.1%，农业生产资料价格上涨 1.3%。全年城镇新增就业人员 143.1 万人，失业人员实现再就业 46.8 万人，新增农村劳动力转移就业 90 万人，全省农村劳动力转移就业 2660 万人。全年地方财政总收入为 3686.81 亿元，比上年增长 12.3%。地方公共财政预算收入为 2413.06 亿元，增长 18.3%，其中，税收收入为 1762.58 亿元，增长 19.9%，税收占地方公共财政预算收入的比重为 73.0%。地方公共财政预算支出为 5578.23 亿元，增长 11.4%，其中，教育支出增长6.0%，社会保障与就业支出增长 15.2%，医疗卫生支出增长 15.7%。全省 108 个县（市）中，有 28 个县（市）地方公共财政预算收入超 10 亿元，其中，有 16个县（市）超 15 亿元。

4.1.3.2 农业发展概况

河南省是农业大省，2013 年全省粮食种植面积为 10081.81 千公顷，比上年增长 1.0%，其中，小麦种植面积为 5366.66 千公顷，增长 0.5%；棉花种植面积为 186.67 千公顷，下降 27.3%；油料种植面积为 1589.93 千公顷，增长 1.0%；蔬菜及食用菌种植面积为 1745.78 千公顷，增长 0.9%。粮食产量为 5713.69 万吨，比 2012 年增长 1.3%；棉花产量为 18.97 万吨，下降 26.1%；油料产量为 589.08 万吨，增长 3.4%；猪牛羊禽肉总产量为 681.80 万吨，增长 3.3%；禽蛋产量为 410.20 万吨，增长 1.5%；牛奶产量为 316.40 万吨，增长 0.1%。2013 年末农业机械总动力为 11149.96 万千瓦，比 2012 年增长 2.5%；农用拖拉机为 387.10 万台，下降 0.2%；农用运输车为 218.71 万辆，下降 0.3%；农村用电量为 305.42 亿千瓦时，增长 5.3%。

4.1.3.3 农村金融体系

农村金融体系是一国金融体系的重要组成部分，是金融体系在农村地区的运行和发展，主要是指农村金融供需主体之间进行信用交易及其与此相关的制度安排与交易的总和。农村金融市场则更多表现为金融的交易场所，本质上体现了农村金融制度的安排。在农村金融理论演变过程中，先后出现了农业信贷补贴论、农村金融市场论和不完全竞争市场理论。进入 20 世纪 80 年代，农村金融市场论逐步替代了农业信贷补贴论，更加强调市场机制的作用，主要基于以下几个方面的原因：一是农村居民以及贫困阶层是有储蓄能力的。对各类发展中国家的农村地区的研究表明，只要提供存款的机会，即使贫困地区的小农户也可以储蓄相当大数量的存款，故没有必要由外部向农村注入资金。二是低息政策妨碍人们向金融机构存款，抑制了金融发展。三是运用资金的外部依存度过高，是导致贷款回收率降低的重要因素。四是由于农村资金拥有较多的机会成本，非正规金融的高利率是理所当然的。

农村金融市场论完全依赖市场机制，极力反对政策性金融对市场的扭曲，特别强调利率的市场化，特别反对利息补贴信贷等相关政策措施，而利率自由化可以使农村金融中介机构能够补偿其经营成本，利率自由化也可以鼓励金融中介机构有效地动员农村储蓄，实现其经营资金可持续化。但是，在农村区域，由于农户贷款的高成本和缺少担保品，再加上农业经营自然风险、市场风险和管理风险并存，可能存在农户不可能借到所期望的资金，进而影响农村经济发展。从此角度上看，仍然需要政府的介入来保护中小农户的利益，特别是对于以农业为主的河南省，政府如果可以通过适当的体制结构来管理信贷计划的话，对快速发展的农村经济依然是比较重要的。

在河南省农村金融体制改革的不断推进下，河南省农村金融得到较快的发展，较好地支援了农村经济的发展，其中包含西甜瓜产业的发展。具体包括以下几方面：

首先，农村金融体系得到了较大的完善。目前，农业银行和农业发展银行在河南省的每个县都设立了分支机构，2008 年底组建农村合作银行 2 家、组建统一法人机构 138 家。同时，其他农村新型金融机构的设立也取得了突破性进展。截至 2014 年 6 月，河南省已成立村镇银行 58 家，贷款公司 3 家，农村资金互助社 13 家。全省 69 个县设立村镇银行，占全省县总数的 64%。2014 年 5 月，中国村镇银行联盟河南分会成立，这将增强村镇银行支持"三农"力度，在促进中原大地农村经济发展中发挥重要作用。

其次，农业保险不断得到发展。近几年，农业保险产品创新步伐加快。2007 年，河南省开展政策性农业保险试点工作，初步选定在洛阳市、三门峡市开展烟叶保险，在修武县开展肉鸡养殖保险，在偃师开展奶牛养殖保险。2007 年，农业保险金额就达到 27.5 亿元，保险费收入比上年同比增长 177 倍，赔款支出同比增长 30 倍，保险范围覆盖种、养两业。[①] 2012 年，河南省农业保险品种已经扩展至玉米、小麦、水稻、棉花、油料作物（大豆、花生、油菜）、能繁母猪、奶牛等 12 个品种，中央财政实施补贴的 10 个保险品种在全省全面推广。同时，河南省对农业保险额度及保费负担比例进行了调整。其中，对玉米、水稻、棉花的保险金额作了以下调整：玉米保额由每亩 192 元调整到 251 元，水稻保额由每亩 263 元调整到 278 元，棉花保额由每亩 267 元调整到 302 元；对奶牛保险保费负担比例作了调整：在保额不变前提下，中央财政保费负担比例由 30% 提高到 50%，农户负担比例由 40% 降为 20%。通过进一步减轻农民负担，大大提高了农户参保的积极性。

---

① 张永波. 河南省农村金融现状、问题及原因分析 [J]. 中国证券期货，2010 (8).

最后，农业贷款不断增多。由于近些年来农村新型金融机构发展加快和2008 年河南省获批开展农村金融产品和服务创新试点工作，河南省农业贷款不断增多。2008 年底，河南省农业贷款余额为 1323 亿元，较改革之初增长 63.2%，而且在随后几年，农业贷款继续攀升。截至 2013 年 9 月末，河南省支农再贷款限额为 206.65 亿元，余额为 169.05 亿元。①

自 2004 年起，我国的农业税被逐步取消，并于 2006 年正式退出历史舞台，进一步减轻农民负担。同时通过强化农业发展银行政策性贷款职能、增强农村信用社实力，通过给予法律法规支持、鼓励发展农业互助合作保险组织等措施来发展和完善农业保险服务。金融体系不断完善，农村发展和农业产业中的资金余额不断增多，促进了农业产业发展和农村经济不断繁荣。虽然这其中有些内容没有明确提出是针对西甜瓜产业发展的优惠政策，但是其他产业从农村金融体系中获取资金能力增加，从另一个侧面也说明与西甜瓜产业争夺资金的对象减少，进而西甜瓜产业获取资金的能力和可能性也得到大幅度提升，西甜瓜产业发展的金融大环境得到明显改善。不过遗憾的是，农业保险品种并不包含西甜瓜，这不利于西甜瓜产业的健康发展。

4.1.4 技术因素

社会经济发展的基础动力是科技，农业竞争的本质是科技竞争。改革开放以来，我国农业科技创新在改进现有生产要素的质量、创造新的投入要素、改善农业生产条件和运行环境等方面发挥着巨大的作用。现阶段，我国农业生产正处于由劳动主导型传统农业向技术主导型现代农业转变的新阶段，农业科技创新对现代农业发展的推动力将会越来越强。作为农业大省，又是西甜瓜的主要种植省份，河南省更应该重视农业科技创新，不断加强农业新科技在西甜瓜产业中的推广与应用。

目前，西甜瓜良种生产一直沿用 20 世纪 90 年代建立的制种技术，并且沿用 1 家 1 户的小农生产方式。近年来，劳动力成本逐年攀升，因西甜瓜制种用工太

---

① 叶松，刘海军，许艳霞. 好钢用在刀刃上，河南省支农再贷款成效显著 [N]. 金融时报，2013–10–23.

多而导致了成本居高不下，优势制种区域面积收缩，直接危害我国西甜瓜种业安全，也使得我国对外制种产业严重受损。同时，我国西甜瓜种子采后加工处理技术滞后，种子质量难以保证，降低了在国际市场上的竞争力，成为西甜瓜产业发展的"瓶颈"。因此，选用良种是改善农业生产质量的重要保障。常说的良种有两层含义：一是优良品种；二是优良种子，即优良品种的优良种子。具体地说，优良种子是指用常规种原种繁殖的种子，其纯度、净度、发芽率、水分四项指标均达到良种质量标准的种子。良种具体包括品种优良和品质优良两部分。品种优良是指要有优良的种性，其遗传特性符合当地农业生产的要求（如早熟性、丰产性、抗逆性、品质、风味、耐储运性等）；品质优良是指优良的播种品质（充实饱满、均匀整齐、活力强等）和品种品质（真实可靠、纯度高等）符合国际或国家规定的种子质量标准。

4.1.4.1 西甜瓜育种技术

我国西甜瓜生产之所以能迅速发展，主要是由于政府产业政策引导正确和优良品种与适用栽培技术的普遍推广。自20世纪80年代以来，由于生物技术、信息技术等快速发展，中国西甜瓜育种技术取得了巨大成功，在主要栽培品种上实现由常规品种向杂优一代品种的转变。河南省域内西甜瓜育种单位主要有中国农业科学院郑州果树研究所、河南省农业科学院园艺所、开封市农林科学院西瓜研究所、开封市蔬菜研究所等，一批国家、省市西甜瓜新技术得到充分利用。20世纪80年代以来，我国科研育种单位培育西瓜优良新品种60余个、甜瓜优良新品种30余个，20世纪90年代末西瓜、甜瓜生产基本实现良种化，其中西瓜用种全部采用了杂交一代品种，主栽品种多数是我国科技人员自己培育的优良品种。优良新品种的推广普及对促进西甜瓜生产起到了重要作用。

河南省西瓜品种主要有以"京欣"类型为代表的早熟西瓜，类型以"开杂"、"汴杂"、"豫园"系列为代表的中晚熟西瓜类型，以"郑抗无籽"系列为代表的无籽西瓜类型和以"红小玉"、"特小凤"、"黑美人"等为代表的小型特色品种类型。甜瓜育种技术取得了巨大成功，先后培育出了皇后、新密、黄河蜜、醉仙、东方蜜、含笑、雪里红、红心脆等一系列优质厚薄皮甜瓜品种，加速了优质换代新品种的选育和更替，对提高甜瓜的产量和品质、增加农民收入起到了重要作用。

河南省西甜瓜传统的栽培方式多为露地种植，但由于设施生产可以达到春季提前上市、夏季避雨栽培、秋季延后栽培的效果，生产效益突出，因而在西甜瓜生产中得到广泛应用。河南省大棚西瓜生产主要分布在中牟、内黄、襄县、嵩县、宜阳等地，主要品种有"京欣"系列、黑皮大果无籽西瓜等类型。大棚西瓜产量一般在 4000 千克/亩，可采用二茬，产值为 6000~10000 元，生产成本为 3000~5000 元，投入产出比为 1:2，经济效益较好。露地西瓜主要分布在通许县、尉氏县、大康县、扶沟县、临颍县、唐河县、睢县、虞城县、商水县、确山县等地，面积都在 3333 公顷以上。

河南省甜瓜一般在 7 月集中上市，虽然成本较低、产量较高，但效益波动较大。河南省甜瓜生产主要分布在扶沟、滑县、内黄、商丘的睢阳区、睢县、息县、西华、郸城、新蔡等地，栽培的品种有伊丽莎白、瑞雪 2 号、中甜 1 号、玉金香、雪蜜、白沙蜜等。甜瓜生产区域较为集中，但生产方式多样。近几年，由于甜瓜销售市场比较好，农民的经济效益较高，甜瓜的栽培面积呈现扩大趋势。

2012 年，根据"国家现代农业西甜瓜产业技术体系"育种与种子研究室提供的全部材料和技术数据，按照农业部科技司《农业科研成果经济效益计算方法》的计算方法，对"西甜瓜换代新品种选育与核酸指纹鉴定技术研发"项目的经济效益进行了测算分析。分析结果显示：一方面，该项目综合利用传统大田育种和现代生物技术手段成功选育出高番茄红素、瓜氨酸和维生素 C、烟酸、柠檬酸等功能性营养成分的西甜瓜新品种，这些营养物质对人体具有抗氧化、抗辐射和抗癌等多种保健作用。产品接近绿色标准，增加产品的市场竞争力，亩增收 500 元以上。另一方面，该项目所选育出的甜瓜新品种在抗性等方面表现出比原有品种更大的优越性。病害损失率在 15% 以下，可以减少 30% 以上的农药施用，每亩少用农药 69 元，而且新品种的耐湿性强、易坐瓜，在南方多雨及阴霾天气下能保持较高的坐果率。

4.1.4.2 西甜瓜栽培技术

自 20 世纪 80 年代以来，中国的西甜瓜栽培技术已经有露地地膜覆盖，不仅扩大了西甜瓜栽培的范围，而且将成熟上市期平均提早 7~15 天，单产增加 60% 以上，明显提高了种植效益。90 年代起，逐步发展为小棚栽培、大棚栽培和日光温室栽培，而特别是近年来一些高效的西甜瓜生产栽培技术的推广和应用对扩大西甜瓜栽培适宜范围、调整产品上市档期、降低西甜瓜生产成本、增加单位面积产量、提高生产经济效益等方面都起到了显著作用。现在，全国西甜瓜每年种植面积都维持在260万公顷，其中甜瓜约55万公顷，产量为6800万吨左右，总产值约为170亿元。人均年消费量为50千克左右，消费量占全国6~8月夏季上市水果的60%左右，它已经成为保障人们生活水平的重要水果之一。同时，每年西甜瓜出口创汇640万美元左右，占蔬菜出口的6%左右，慢慢发展成为一项具有国际竞争力的作物。

2012年，根据"国家现代农业西甜瓜产业技术体系"栽培与耕作研究室提供的全部材料和技术数据，按照农业部科技司《农业科研成果经济效益计算方法》的计算方法，对"西甜瓜高品质简约化栽培技术体系的建立与示范"项目的经济效益进行了测算分析。分析结果显示：一方面，新的栽培技术的推广和应用可以大大减低甜瓜生产的成本。如大棚栽培中整地覆膜、施肥、灌水、授粉、病虫害防治等环节都减少了劳动力的投入。其中，机械化整地覆膜节约劳动力成本约200元/亩，施肥灌水节约成本约250元/亩（包括劳动力、肥料、水），授粉节省人工约350元/亩，病虫害防治节省成本60元/亩（包括劳动力和农药）。另一方面，新的栽培技术的推广和应用可以大大提高单位面积甜瓜产量，一般可增产20%~30%。新技术应用前，一般亩产2500千克，新技术应用后，大棚每亩可增产500~750千克，按市场平均价2.4元/千克计算，每亩可增收1200~1800元。

4.1.4.3　西甜瓜种质资源

西甜瓜种质资源是西甜瓜产业及种产业重要的组成部分。俄罗斯的资源数量居世界第一位，中国、印度、西班牙、土耳其、日本等国在资源研究方面都做出了显著成绩。从种质研究的成效看，美国最具有成效，已进入美国国家资源网的西瓜种质为1800多份，甜瓜种质为3300多份，并均已对种质的100多个植物与栽培性状进行了观测评价。21世纪以来，国家已经成立了西甜瓜种质资源库，目前共收集到全国各地征集的品种1700余份，并正在对资源做进一步的整理。

从种质资源研究机构性质看，发达国家普遍建立了政府主导的公益性研究与企业主导的商业利用良性互动机制，主要是通过政府出资的农科院与良种公司通过资源研究共享和经费定投合作，这种机制直接提升了商业育种水平与产业效益。如美国已筛选出的西瓜抗线虫、病毒病、白粉病、蔓枯病等抗性资源，各类抗性基因的聚合应用在跨国公司的育种工作中已取得初步成效，但中国政府投资科研事业单位的定位相对国外仍较模糊。在中国，几乎所有西甜瓜研究机构都既接受政府经费资助，又因全额经费不足需进行成果转化与开发创收，同企业存在部分竞争，从而影响了社会总体的公益性与商业性机构的合理区分与合作，进而影响了研究与开发的效率及合力。

在西甜瓜种质资源的基础研究方面，2007 年，由西班牙牵头启动了国际葫芦科基因组计划，共有 6 个国家、14 个实验室参加。该计划以甜瓜为模式作物，开展果实发育等相关功能基因组学、遗传图谱整合和葫芦科作物基因组学研究数据库平台构建等三方面的研究。目前，前期任务已经完成，获得了 7.7 万个不同发育时期的 EST 序列，整合了甜瓜饱和遗传图谱。同时，法国科学家克隆验证了决定甜瓜性别分化的两个主要基因，诠释了甜瓜性别分化的分子机制。以色列、西班牙、法国也已获得了一批与甜瓜果实发育重要物质形成有关的基因表达谱。美国完成了两瓜果实发育全长 DNA 克隆测序，并开展了西瓜果实发育数字表达谱的研究。上述西甜瓜遗传研究将提高优良基因的聚合效率。不仅对改良西甜瓜品质，而且对提高抗病虫基因转育效率等将具有重要意义。

在西甜瓜种子质量方面，从生产到销售，发达国家对种子质量均十分重视。种子质量对西甜瓜生产影响至关重要，发达国家的种子健康度检测与处理技术以及提高种子生产潜能技术得到了广泛应用。国际大种苗公司已基本研究出了解决种传细菌性果斑病及蔓枯病等的防治技术，在种子生产全过程中严格执行技术标准，取得了良好的控制效果。在病菌监测、种子带菌率检测技术方面也取得了重要进展，同时，无籽西瓜种子发芽率与发芽势的种子预处理技术也有所提高，种子高温处理与包衣技术也均得到全面生产应用。

4.1.5 人口因素

4.1.5.1 人口总量大

2013 年底，中国大陆居住人口达到 13.7 亿人，约占全世界总人口的 19%，是中国历史上占世界比例最低的时期。河南省 2013 年末总人口为 10601 万人，比 2012 年增加 58 万人，常住人口为 9413 万人，比 2012 年增加 7 万人，常住人口占全国总人口的 6.92%，排在广东省、山东省之后，居全国第三位。河南省自然人口增加 58 万人，减去省际净外出人口 51 万人，2013 年常住人口比上年增

表 4.2　2012 年和 2013 年河南省各地市人口数量

单位：万人

地市名	2012 年	2013 年	2013 年比 2012 年增加
郑州市	903.11	919.12	16.01
开封市	465.29	464.60	−0.69
洛阳市	659.00	661.52	2.52
平顶山市	492.91	495.72	2.81
安阳市	508.30	509.00	0.70
鹤壁市	158.80	160.90	2.10
新乡市	566.85	567.50	0.65
焦作市	352.00	351.41	−0.59
濮阳市	359.76	358.40	−1.36
许昌市	429.63	429.72	0.09
漯河市	255.80	257.50	1.70
三门峡市	223.21	224.11	0.90
南阳市	1014.90	1009.00	−5.90
商丘市	732.20	727.70	−4.50
信阳市	639.78	637.71	−2.07
周口市	880.69	878.40	−2.29
驻马店市	693.67	689.54	−4.13
济源市	70.30	71.50	1.20

数据来源：河南省统计局发布的《2013 年河南人口发展报告》。

加 7 万人。

从分省辖市来看，郑州市常住人口增加最多，增加了 16 万人，达到 919 万人；南阳市常住人口 1009 万人，减少 5.9 万人，是常住人口减少最多的省辖市；商丘市、信阳市、周口市和驻马店市常住人口分别减少 2 万~4.5 万人。

4.1.5.2　农业人口比重大，促农民增收是重中之重

河南省是人口大省，也是农村人口大省。统计显示，2013 年，河南省常住人口城镇化率达到 44%左右，而户籍人口的城镇化率只有 26.6%左右，这意味着有将近 1635 万人是农民身份的市民，处于半城市化状态。[①] 这说明河南省 50%以上的人口还是农业人口，农业比较收益低，农民增收困难。自 2004 年以来，我国连续出台了 10 多个中央一号文件，从不同侧面增强农业综合生产能力，提高农业生产经营效益，促进农民增收。在当前，农民收入长期上不去，不仅影响农

---

① 数据来源于河南省社会科学院发布的《河南社会发展蓝皮书》（2014）。

民生活水平提高，而且还会影响粮食生产和国家粮食安全；不仅制约农村经济发展，而且制约整个国民经济增长；不仅事关农村社会进步，而且事关全面建设小康社会目标的实现。西甜瓜作为生长周期短、比较效益高的经济作物，并且河南省的自然条件适宜种植西甜瓜，因此，加快西甜瓜产业发展，是农民增收的主要途径之一。针对河南省具体情况，实现西甜瓜产业发展、瓜农增收，主要应做以下几方面工作：

第一，加快西甜瓜科技成果的转化与应用。在西甜瓜种植经营中，谁转化快一点，谁应用得恰到好处，谁就能够抢得先机和主动权，谁就能赚钱。一是要做好品种、新品种的推广应用。对河南省的瓜农来说，选择适应当地生产条件和市场热需的优良品种是保证增收的第一步。二是加快新技术的应用，如标准化生产、无公害栽培技术、配方施肥和嫁接育苗技术等，不仅可有效控制生产成本，更能保证商品瓜的品质。

第二，生产者应时刻清醒认识到市场在调整资源配置和决定生产收益中的决定性作用。谁能够遵循市场规律，并因地制宜创造条件运用，就能增加收入；反之，则很难增加收入，甚至会亏本。比如现在市场上都讲物以稀为贵，改变以往栽培模式，反季节栽培早上市能赚钱。通过小棚、大棚等保护地栽培，5月大棚西瓜上市，比露地西瓜早了2个多月，6月小棚西瓜上市，也比露地西瓜早了1个月左右，价格都比露地西瓜高几倍至十几倍。

第三，市场竞争越来越呈现出品牌竞争的趋势。品牌就是形象和竞争力。当前，农产品的竞争已趋于大市场和大流通化的竞争，一个成熟响亮的品牌不仅是具有比较优势的农产品，而且反映了一个地区参与市场竞争的意识，反映了一个地区的经济实力和地区形象。河南省西甜瓜品牌的创建已成为推动产业发展壮大的动力，目前，河南省已建立一批西甜瓜无公害生产基地，形成了一套完整的栽培技术规程，注册了自己的西瓜品牌，如中牟县注册的"五洲绿源"无公害西瓜品牌、扶沟县注册的"乐夫口"牌无公害西瓜、内黄的"东发"牌无公害西瓜等。这些产区的西瓜无论在种植面积、栽培技术还是在品种的选择、销售网络的健全等方面，与其他产区相比都有诸多优势。

4.2 影响西甜瓜产业的微观因素

西甜瓜产业发展的微观环境主要是指直接影响和制约西甜瓜产业发展的力量和因素，主要包括消费者、各种生产要素、相关产业和社会公众。

4.2.1 消费者

4.2.1.1 河南省消费需求增长潜力大

长期以来，我国始终是西甜瓜生产与消费的第一大国。

而河南省是我国西甜瓜的主要种植区域，又由于有大量常住人口，这也决定了河南省对西甜瓜有着较大的市场需求，加上河南省在最近几年接连突破历史最高气温，高气温势必拉大西甜瓜需求量。如果按每人每年消费西甜瓜 35 千克计算，河南省 1 年需要西甜瓜 371035 万千克；若按每人每年 40 千克消费水平计算，河南省 1 年需要西甜瓜 424040 万千克。因此，河南省的人口资源必将促进西甜瓜产业快速发展。

4.2.1.2 家庭构成及受教育程度

家庭是社会中最重要的消费者购买组织。根据菲利普·科特勒（2006）的观点：家庭人口构成统计变量包括人口数量、年龄结构、性别比例、家庭角色与地位、家庭文化程度、职业特点、收入状况、社会阶层、民族与宗教等因素。这些因素都会表现在不同家庭在产品价值观、消费方式、审美观念等方面的巨大差异，进而必然会在一定程度上对西甜瓜的需求数量与质量、购买频率、购买渠道等消费行为产生影响。

消费者的受教育程度在社会文化因素中占据主导地位。接受教育程度的不同不仅关系人们的整体素质，而且也会对人们原有的价值观念和生活习惯产生重要影响，进而直接影响到人们的消费偏好、消费行为和消费结构。受教育程度较高的消费者在选购西甜瓜的过程中往往对西甜瓜产品的内在品质、新鲜程度、外在包装、产品原产地来源、品牌与否、食品安全，甚至客观消费环境等方面有着较高的消费要求。

4.2.2 生产者

4.2.2.1 西甜瓜生产种植者意愿

相对于其他省市而言,河南省虽然在种植经营西甜瓜方面具有天然的比较优势,其种植经营面积和产量居全国前列,但是西甜瓜种植者是否愿意种植经营西甜瓜要受产品价格、市场需求状况等因素影响,同时瓜农还要考虑土地经营的机会成本等。如果西甜瓜种植经营的机会成本太高,瓜农种植的意愿和积极性就会降低,当瓜农种植意愿较低时,就会减少西甜瓜的种植面积,进而会减少西甜瓜的产量。2012 年,通过我们对河南省西甜瓜种植经营者的调查显示,受西甜瓜等农产品的市场价格持续走低、收益大幅度降低等因素影响瓜农种植积极性降低,有 24.08%的瓜农不愿意继续种植西甜瓜。2013 年,西甜瓜价格再次回落,瓜种的种植收益再次走低,只有 5.6%的瓜农愿意继续种植西甜瓜,种植意愿低或者不愿意种植者达到了 94.4%。[1]

4.2.2.2 西甜瓜种植者技术应用情况

西甜瓜的种植生产受光照、土壤、温差和湿度等自然条件的影响最为明显,西甜瓜在不同的生产阶段,对各方面的要求也不尽相同,这要求西甜瓜的种植生产者必须掌握西甜瓜的种植技术,能够根据自然条件的变化对各项技术及时作出适时调整,以便各种环境适合西甜瓜的生长。要达到这一点,不仅要求有足够先进的西甜瓜生产技术,还要根据社会经济发展要求对西甜瓜生产技术做出及时创新,同时,西甜瓜种植生产者还要能够理解这些技术、能够熟练掌握并运用这些技术,只有这样才能不断地提高西甜瓜产业的科技水平。而西甜瓜种植生产者的科技文化素质水平直接决定西甜瓜生产的各种技术推广与应用。

4.2.3 相关市场完善程度

在社会主义市场经济体制不断完善的情况下,与西甜瓜种植经营相关的各种市场要素都会直接影响到西甜瓜产业的发展。西甜瓜产业是社会主义市场经济体

---

① 由 2012 年和 2013 年河南省西甜瓜产业经济的调查数据计算得到。

系的重要组成部分,市场体系完善程度直接影响着西甜瓜产业的发展。市场体系是一个不可分割的有机统一体,由各种相对独立的商品市场和生产要素市场形成。从静态角度看,市场体系是商品、资金、技术、劳务、信息等各类市场的统一;从动态角度看,市场体系还包括各类市场及其构成的统一体运动、变化、发展的运行机制和管理调控机制。资金、技术、劳动力、信息等渐渐地在市场上交易,并由此发展成了金融市场、技术市场、劳动力市场、信息市场等。这些要素市场构成的统一体在整个国民经济中起着十分重要的作用,影响着西甜瓜产业的发展。一是金融市场:是指货币、外汇、贵金属及有价证券的交易场所和一定空间内货币资金融通关系的总和。社会主义的金融市场是以融通社会资金、促进国民经济发展为目的,通常也称为"资金市场",这直接影响西甜瓜产业能否较为便捷地取得、拥有和掌握产业发展所需要的金融资本。二是技术市场:是指科技知识和科技成果交换的场所及其交换关系的总和。技术市场经营的项目一般包括科技成果转让、技术引进培植、科技信息交流、技术协作攻关、科技咨询、科技培训、接受委托代为试验等。这些都决定西甜瓜产业技术开发、推广应用的程度,也直接影响着西甜瓜产业的经济效益。三是劳动力市场:它由劳动力的供给、劳动力的需求和劳动力的价格这三个基本要素构成。主要形式有人才交流中心、劳务服务公司、家庭服务公司和职业介绍所等。随着西甜瓜产业化经营的推广与扩散,西甜瓜种植经营的规模也不断扩大。租赁用工、短期用工等形式在西甜瓜产业中逐渐出现,劳动力市场的完善程度直接决定能否为西甜瓜产业发展提供所需要的劳动者。四是信息市场:指信息产业部门(个人)与信息需求者双方进行有偿转让交易的活动场所和信息商品交换关系的总和。信息市场上,有企业诊断型信息交换关系,有咨询型信息交换关系(如商业信息、金融信息等),有科技成果型交换关系(如专利机构经营的科技信息商品),有媒介型信息交换关系(如广告机构等)。21世纪以来,信息已经成为国民经济发展的重要要素资源,西甜瓜新品种开发信息影响着良种开发速度;西甜瓜技术推广扩散信息直接影响着西甜瓜产业技术转化情况;与西甜瓜相关的咨询信息直接影响着西甜瓜种植者对新技术、新知识的理解应用情况。

4.2.4　相关产业

美国哈佛商学院著名的战略管理学家迈克尔·波特于 1990 年在绝对优势理论、比较优势理论的基础上，提出了钻石模型或者国家产业竞争优势理论，用于分析一个国家如何形成整体优势，因而在国际上具有较强竞争力。波特国家竞争优势理论的中心思想是一国兴衰的根本在于在国际竞争中是否赢得优势，它强调不仅一国的所有行业和产品参与国际竞争，并且要形成国家整体的竞争优势，而国家竞争优势的取得，关键在于四个基本要素和两个辅助要素的整合作用：一是资源与才能要素。主要是指一个国家的生产要素状况，包括人力资源、天然资源、知识资源、资本资源、基础设施。二是需求条件。主要指对某个行业产品或服务的国内需求性质。强调国内需求在刺激和提高国家竞争优势中的作用，波特认为，如果一国内的消费者是成熟复杂和苛刻的话，会有助于该国企业赢得国际竞争优势，因为成熟复杂和苛刻的消费者会迫使本国企业努力达到产品高质量标准和产品创新。三是国内是否存在具有国际竞争力的供应商和关联辅助行业。关联行业和辅助行业在高级生产要素方面投资的好处将逐步扩溢到本行业中来，从而有助于该行业取得国际竞争的有利地位。这种行业发展的结果之一是一个国家内成功的行业趋向聚集，形成关联行业集群。四是企业战略、结构和竞争企业的表现。主要指一国内支配企业创建、组织和管理的条件以及国内竞争的本质。

其中，第四个促成国家竞争优势的条件是国内企业的战略、结构和竞争企业的表现。波特在此主要提出两个观点：第一，不同的国家有着特色各异的"管理意识形态"，这些"管理意识形态"帮助或妨碍形成一国的竞争优势。第二，一个行业中存在激烈的国内竞争与该行业保持竞争优势两者之间存在密切的联系。激烈的国内竞争引导企业努力寻求提高生产与经营效率的途径，反过来促使它们成为更好的国际竞争企业。国内竞争给企业带来创新、改进质量、降低成本、通过投资提升高级生产要素等一系列压力。

波特将这四方面的特质画成一个菱形，并认为当某些行业或行业内部门的菱形条件处于最佳状态时，该国企业取得成功的可能性最大。波特菱形同时还是一个互相促进增强的系统，任何一个特质的作用发挥程度取决于其他特质的状况。比如，良好的需求条件并不能导致竞争优势，除非竞争的状态（压力）已达到促使企业对其做出反应的程度。

在四大要素之外还存在两大变数：机遇和政府，这是另外两个能够对国家菱形条件产生重要影响的变量，机遇是无法控制的，政府政策的影响是不可忽视的。

从波特的竞争优势理论可知，相关和支持性产业与优势产业是一种休戚与共的关系。波特特别注意"产业集群"这种现象，就是一个优势产业不是单独存在的，它一定是同国内相关强势产业一同崛起的。一方面，本国供应商是产业创新和升级过程中不可缺少的一环，因为产业要形成竞争优势，就不能缺少世界一流的供应商，也不能缺少上下游产业的密切合作关系。另一方面，有竞争力的本国产业通常会带动相关产业的竞争力提升。波特同时指出，即使下游产业不在国际上竞争，但只要上游供应商具有国际竞争优势，对整个产业的影响仍然是正面的。此外，相关与支持性产业的存在为国家竞争优势提供了一个优势网络，该网络通过由上而下的扩散流程和相关产业内的提升效应而形成。

因此，能否形成西甜瓜产业的产业集群，西甜瓜产业的相关与支持性产业是否具有国际竞争力，对促进和增强中国西甜瓜产业的国际竞争优势具有重要意义。不过，从目前情况来看，我国的西甜瓜产业规模不大，种植较为分散，无法形成产业集群，另外，种业和物流业等相关与支持性产业的国际竞争力不强，极大阻碍了西甜瓜产业的发展。在西甜瓜育种方面，由于我国西甜瓜育种研究的深度和广度与国际相比差距较大，导致目前我国的西甜瓜生产多以中熟、高产品种为主，而在抗性、优质、特色等方面缺少突破性的优良品种，严重影响了中国西甜瓜种业与发达国家种子公司竞争的能力；在西甜瓜销售流通方面，西甜瓜销售流通还基本停留在传统自然经济的产销流通模式上。我国的西甜瓜是以鲜销为主，而目前我国的农产品物流是以常温物流或自然物流形式为主，西甜瓜在物流过程中的损失很大，加之物流运输基础设施落后、管理信息系统网络不健全等不利因素，致使西甜瓜的生产环节与流通环节严重脱节，不仅损害了瓜农的利益，也削弱了中国西甜瓜产业的市场竞争力。

4.2.5 合作社或合作组织

农民合作社是在农村家庭承包经营基础上，同类农产品的生产经营者或者同类农业生产经营服务的提供者、利用者，自愿联合、民主管理的互助性经济组织。农民合作社以其成员为主要服务对象，提供农业生产资料的购买，农产品的销售、加工、运输、储藏以及与农业生产经营有关的技术、信息等服务。2006年10月31日，中华人民共和国第57号主席令公布了《中华人民共和国农民专业合作社法》，这对支持、引导农民专业合作社的发展、规范农民专业合作社的组织行为，保持农民专业合作社及其社员的合法权益，促进农业和农村经济的发展，起到了重要作用。

通过近几年实践结果看，农民合作社或合作组织在农民生产和农产品流通中起着越来越重要的作用。随着农业生产物质采购、农产品消费的变化，与农业生产、消费有关的物质流通体系已经发生了重大变革。农民合作社或合作组织以农民经济组织的身份进入农业生产要素的采购、分配、加工和流通，对传统的农业生产物质的经销商带来了非常大的冲击。在流通环节，农民合作社或农民合作组织改变了固有的农产品流通渠道，提升了农民在流通环节的市场地位，改变了农民长期所处的弱势地位。特别是近几年，政府大力推行和倡导的"农超对接"、"农社对接"模式为初入市场的农民专业合作社提供了发展契机。截至2011年底，全国已有1.56万家合作社与超市企业建立了稳定的产销对接关系。在销售环节上，合作社的功能是多样化的，既可以是生产者，也可以是销售者，并且作为农民的联合，也是小农户与大市场联结的重要载体。

农民合作社已经在农业产业发展、农村经济繁荣中发挥着越来越重要的作用。作为新型农业经营主体，农民合作社是联合小农经营、推动合作经济、抱团投入市场、农民民主管理的最佳模式。截至2013年11月底，全国依法登记的农民专业合作、股份合作等农民合作社达到95.07万家，实有成员7221万户，占农户总数的27.8%，也就是说，我国有超过1/4的农户都加入了合作社，可见合作社在我国农业新型经营主体中处于重要地位。

4.2.6 销售商

目前，在西甜瓜的市场上主要存在着个人销售、合作社组织销售、批发商和零售商的销售模式。种植农户自己就会面临着小农户和大市场的矛盾，瓜农投入较多的人力、物力，还不一定能够在市场上卖出一个好"价钱"，有一个好收益。农民合作社参与组织销售，可以较好地解决小农户和大市场的矛盾，瓜农可以专注西甜瓜的种植生产，符合西甜瓜种植生产专业发展趋势。这种两种销售模式对西甜瓜的种植经营的影响因前面已经有了介绍，本部分就不再进行详细介绍，在此只对批发商和零售商对西甜瓜生产流通的影响进行详细的介绍。

4.2.6.1 批发商

西甜瓜批发商主要直接在瓜农的种植地进行设点收购。批发商在西甜瓜市场中需要承担较高的交易成本，需要垫资请包装工、装卸工，支付包装费，垫付冷库租赁费、场地费和管理费等，有时候还需要支付给经纪人信息费或佣金，并且承担从产地到销地批发市场的运输费。有些批发商还承担中间商的职责，把西甜瓜运往另一个地方的批发市场，贩给销地的批发市场销售。这种销售模式的中间商还存在交易资金结算时间的问题，将承担价格不菲的资金使用时间成本。特别是在市场行情不好的时候，资金时间成本还会更高。

批发市场是批发商的主要经营场所。农产品批发市场的大发展始于我国开始实施有计划的商品经济时期。从 1984 年起，农产品批发市场发展迅速，数量从 1983 年的 200 个跃升为 1984 年的 1000 个，1991 年发展到 1509 个，并且规模越来越大，出现了北京大钟寺、山东寿光这样规模较大的农产品蔬菜批发市场，河南省也出现了郑州刘庄蔬菜批发市场等。这些农产品批发市场管理越来越科学，运行越来越规范，并逐步成为相关产业和区域经济的新的增长点。无论是农村还是城市，农产品批发市场是农产品流通产业发展的平台，为地方区域的产业集群形成提供基础性条件。农产品批发市场不是一种零售业态，而是一种提供农产品交易的组织形态，是经营商户、管理商户、服务商户的一种经营组织形态。农产品批发市场是指有固定场所、设施，有若干商户进行经营，分别纳税，由市场经营管理者负责经营管理，实行集中、公开商品交易时的场所。它集中了流通企业需要的各种资源，如经营手段、客户资源、企业品牌、人力资源、营销网络、流通设施、资金渠道和信息等各种资源，通过引导或保存双方或多方客户之间的交易，收取恰当的费用而获得收益，如北京新发地农副产品批发市场，集中了对接上下游的近 10 万家关联商户。新发地农副产品批发市场和内部的 1 万多户商户，共同形成一个农产品流通产业集群。

当前，我国普遍存在着农产品生产与销售规模化和组织化程度都低的现实，批发商通过批发市场了解农产品市场行情并最终作出相应的经济决策。因此，农产品批发市场成为农产品流通销售的核心是农业发展现实中的客观选择。2011年，全国成交金额上亿元的农产品综合市场有 196 个，农产品专业性批发市场有804 个。由此可知，农产品专业批发市场的市场地位、数量都远高于综合批发市场。对于批发商而言，多年从事某种或者少量几种农产品批发经营业务，大量的资金和市场信息积累也集中于这些方面，所以批发商的经营品种也偏向于单一。并且一个大型的农产品批发市场要汇集几百个甚至 10000 多个不等的农户、中间商，他们共同形成了一个相互关联的产业集群。从批发市场的类型来看，干鲜果品批发市场 144 个，成交金额 1863.86 亿元，占专业性批发市场成交总额的15.76%（见表 4.3）。由此可见，干鲜果品批发市场的份额还是相对较大的。西甜瓜是鲜活农副产品，需要及时进入市场销售，这些专业性批发市场对加快西甜瓜的销售发挥着重要的作用。

表 4.3　2011 年农产品批发市场总体情况

市场类型		市场数量（个）	总摊位数（个）	年末出租摊位数（个）	营业面积（平方米）	成交额（万元）
综合市场	农产品综合市场	196	213283	196027	12784968	45956616
专业市场	农产品市场	804	526780	476241	39098503	118297208
	粮油市场	100	35584	30751	4022206	13716106
	肉禽蛋市场	70	17182	15091	2051236	7564719
	水产品市场	121	91270	84482	4370668	25676053
	蔬菜市场	280	241453	217614	15143342	31919491
	干鲜果品市场	144	72487	64839	5791160	18638565
	棉麻土畜烟叶市场	29	20239	19491	4313740	8506814
	其他农产品市场	60	48565	43973	3406151	12275460

数据来源：《中国商品交易市场统计年鉴》（2012）。

对于西甜瓜批发商而言，资金往往会成为制约其发展的一个重要"瓶颈"。主要是因为批发商在从事西甜瓜的经营流通过程中，需要先垫付大量的货款，只有等到货品销售后才能回收资金，一旦西甜瓜在销售环节出现滞销等情况，就会造成货物积压资金流通困难的局面，甚至会错失许多商机。另外，批发商还要应对市场风险。消费者要求农产品品种多、新鲜、质优价廉且数量足，这些都增加批发商的成本。在采购齐全生鲜农产品的同时要拥有足够存储量的仓库，还要承担滞销的风险，加上物流、保鲜和损耗等，批发商承担着较大的经营风险。而批发商经营成本的快速增加，也是构成中国农产品价格快速上涨的重要因素。

4.2.6.2　零售商

西甜瓜的零售主要是以乡镇集贸市场、城市社区菜市场和连锁超市这三种模式为主，以非正规的流动摊贩为辅。近几年，西甜瓜的销售开始呈现多样化的趋势，特别是在西甜瓜上市的旺季。商贩是西甜瓜零售市场的主力军，他们一般从批发市场进货，当天购货以保证西甜瓜的新鲜，根据每天的销量定量进货。一般所进货物在一至两天内售完，以保证西甜瓜的销售质量和销售收入。此外，大型综合商场、连锁店、超市、小区便利店等也占有相当一部分零售市场份额。这些商店一般设备齐全，供应的品种多样，价格适中，越来越受到普通消费者的青睐。

西甜瓜的特点决定了居民购买以量小、多次购买的即时消费为主，造成了西甜瓜终端零售业呈现小规模、连续性供给的特点。这种情况也决定了零售商单次进货量小、多次进货的经营方式，无形中就增加了零售商的进货成本和管理成本。于是就出现了农贸市场、超市、社区直销车、流动摊贩、网络营销、实地采摘、体验式销售等多种零售模式并存，丰富着西甜瓜的零售市场。虽然西甜瓜零售模式多样，但农贸市场仍是零售主体。据农业部统计数据显示，截至2010年底，中国农贸市场数量稳定在25000家左右。从品种来看，农贸市场在水果、蔬菜与水产品方面最具优势。占据第二位的是超市，作为一种现代新型零售业，以连锁方式经营生鲜农产品，其农产品销售量和市场份额也出现了大幅上升趋势，发展势头迅猛，对原有农贸市场的经营产生了较大的冲击，传统农贸市场作为零售业"老大"的地位正备受挤压。据《中国零售与餐饮连锁企业统计年鉴》（2011）的统计数据显示，2010年中国超市连锁总店有565家，连锁门店有39412家，仅生鲜超市就有6000多家。

据《中国商品交易市场统计年鉴》（2012）统计显示，2011年全国零售交易额上亿元的农产品综合市场只有506个，摊位256977个，年末出租摊位数233218个，营业面积5010230平方米，成交额17294453万元；农产品专业市场有216个，总摊位数101523个，年末出租摊位数87404个，营业面积2488190平方米，成交额7655429万元。从以上数据可以看出，农产品零售市场在农产品特别是鲜活农产品的销售方面具有独特的优势。2011年农产品零售市场的总体情况见表4.4。

表 4.4 **2011 年农产品零售市场总体情况**

市场类型		市场数量（个）	总摊位数（个）	年末出租摊位数（个）	营业面积（平方米）	成交额（万元）
综合市场	农产品综合市场	506	256977	233218	5010230	17294453
专业市场	农产品市场	216	101523	87404	2488190	7655429
	粮油市场	11	10537	10537	235492	653876
	肉禽蛋市场	44	18205	14918	376092	1387441
	水产品市场	36	16761	15140	409620	1714070
	蔬菜市场	33	12562	10493	225398	725662
	干鲜果品市场	3	2392	202	87860	249410
	棉麻土畜烟叶市场	5	2108	1806	268720	577636
	其他农产品市场	84	38958	34308	885008	2347334

数据来源：《中国商品交易市场统计年鉴》（2012）。

4.2.7 储运及物流因素

西甜瓜产品的采后处理和产后商品化处理能改善产品储运条件，提高产品价值，销售物流链条的缩短能减少中间环节，降低产品的物流成本，使得产品的经济效益更多地分配给生产者。目前，西甜瓜产品由于不耐储运，以鲜销为主，而且瓜农大多是以小规模种植户为主，许多地区外运、出口的西甜瓜主要以整车运输和销售为主，缺乏包装、商标和品牌意识，因此造成了小生产与大市场之间的不协调，许多地区西甜瓜产品优质但没有实现优价，由于生产结构不够合理、上市期过于集中等问题，容易产生价跌卖难的问题，产业的市场竞争力较弱。

4.3 本章小结

因西甜瓜的种植和生产有严格条件要求，因此西甜瓜产业是受自然因素影响较为明显的产业。河南省较好的地理区位和自然条件，对种植生产西甜瓜具有明显的、突出的比较优势。河南省又是农业大省，农业在国民经济序列中的地位并不是随着经济快速发展而降低，相反其作用和地位会越来越重要，因此，中央政府及地方政府对农业政策的支持会越来越多，对西甜瓜产业的发展的支撑作用也会越来越强。

近几年，河南省经济发展迅速，人均收入增加较快，人均可支配纯收入不断提高，再加上河南省是人口大省，人民对西甜瓜的消费需求不断增多，居民消费购买能力不断增强，这就为西甜瓜产业发展提供了广阔的空间，再加上农村金融体系不断完善，西甜瓜产业发展资本满足度也会不断提高，这些都会有利于西甜瓜产业快速发展。

从微观因素看，消费者的生活水平、人文素质水平对西甜瓜的产业结构会有较大的影响。西甜瓜的种植者直接决定着西甜瓜的生产质量和科技应用水平。相关市场制度完善，又会有利于西甜瓜市场健康发展，提高西甜瓜的市场化程度。最近几年快速发展的农民专业合作组织较好地解决了西甜瓜生产小农户与大市场的矛盾，加快了西甜瓜的发展，最终会促进西甜瓜成本收益的不断提高。

5 2011 年河南省西瓜产业调研[①]

2011 年河南省西瓜的种植面积为 225993 公顷，[②] 西瓜产业的发展壮大，对满足城乡居民消费需求、带动农民就业增收和促进河南省农村经济繁荣等方面都做出了重要贡献。

5.1 西瓜产业调研情况

5.1.1 样本的地区分布

河南省所处的纬度适中，气候、土壤和水质等自然禀赋条件适宜种植西瓜，因而河南省西瓜不仅种植面积大、产量高，而且种植的区域分布也非常广。为了详细地了解河南省西瓜种植的情况，我们选了河南财经政法大学 30 多名大学生，并对西瓜的专业知识进行了简单介绍和调研方法的详细培训。经过精心组织，对西瓜的主要种植县、市进行调研。本次调研选择了 16 个样本县、市，发放调研问卷 700 份，回收有效问卷 673 份，回收率为 96.143%。利用 SPSS 等统计软件，对调查问卷进行详细分析。对每个县、市而言，最多的是开封市，回收了 104 份，比重为 15.45%，其次是太康县、通许和息县，分别回收了 73 份、61 份和

[①] 此次调研最初的调研对象是 2011 年河南省西甜瓜产业，但从此次调研回收的问卷来看，调查问卷所涉及的主要是西瓜产业，仅有几份调查问卷涉及甜瓜产业，针对甜瓜产业的样本量太少。因此，对西甜瓜产业调研的分析，主要是从西瓜产业的视角进行的，涉及甜瓜产业的样本没有统计到本次调研结果中。

[②] 本数据来源于河南省西甜瓜试验站的统计数据，为不完全数据。

60 份，其比重分别为 10.85%、9.06% 和 8.92%。最少的为襄城、鄢陵和新蔡三个县、市，分别回收了 13 份、13 份和 14 份，其比重分别为 1.93%、1.93% 和 2.08%（见表 5.1）。从调研问卷所覆盖的区域来看，基本涵盖了西瓜的主要种植区域，调查问卷基本上能够反映西瓜产业发展情况和农户的投入收益情况。

表 5.1 样本县、市及调查问卷分布情况

单位：份；%

序号	县市	数量	比重	累计比重
1	扶沟	55	8.17	
2	滑县	47	6.98	15.16
3	开封	104	15.45	30.61
4	兰考	18	2.67	33.28
5	内黄	28	4.16	37.44
6	清丰	28	4.16	41.60
7	太康	73	10.85	52.45
8	通许	61	9.06	61.51
9	尉氏	27	4.01	65.52
10	息县	60	8.92	74.44
11	夏邑	30	4.46	78.90
12	襄城	13	1.93	80.83
13	新蔡	14	2.08	82.91
14	鄢陵	13	1.93	84.84
15	虞城	50	7.43	92.27
16	镇平	52	7.73	100.00

数据来源：通过《2011 年河南省西甜瓜生产情况调查问卷》的结果整理。

5.1.2 被调查者的基本情况

首先，被调查者以男性为主。在被调查的 673 个样本中，男性人数为 628 人，女性仅为 45 人，分别占总人数的 93.31% 和 7.69%。

其次，被调查者受教育程度较低，绝大多数为初中以下学历水平。在回收的 673 份问卷中，只接受小学教育的为 258 人，其比重为 38.33%，学历程度只有初中水平的为 326 人，其比重为 45.61%。高中学历水平的为 95 人，大专及以上学历水平的仅有 13 人，其所占比重分别为 14.12% 和 1.93%。也就是说，只有 1/5 左右的人为高中以上学历。按性别上看，女性接受教育程度略微高于男性，在所有被调查的女性中有 4.44% 接受了大专以上教育，而男性只有 1.75%，女性比男

性高出了近 3 个百分点。从接受过高中以上教育的比例来看，女性和男性所占的比重分别为 17.77% 和 15.92%，女性所占比重还高出男性近 2 个百分点（见表 5.2）。

表 5.2 被调查者的性别状况及受教育程度基本情况

单位：人；%

受教育程度	总样本	男			女		
		数量	占总样本比重	占同组比重	数量	占总样本比重	占同组比重
小学及以下	258	240	38.22	93.02	18	40.00	6.98
初中	307	288	45.86	93.81	19	42.22	6.19
高中	95	89	14.17	93.68	6	13.33	6.32
大专及以上	13	11	1.75	84.62	2	4.44	15.38
总计	673	628	100.00	—	45	100.00	—

最后，被调查者多集中在 36~55 岁。为了便于对西瓜种植户主的年龄阶段有一个详细了解，依据调查问卷情况，我们把被调查者的年龄划分为四个层次，分别为 35 岁以下、36~45 岁、46~55 岁和 56 岁以上。从被调查者的年龄分布上看，绝大部分集中的第二和第三个年龄层次（见表 5.3）。人数最多的集中在 46~55 岁，总人数达到了 263 人，比重达到了 39.08%，其中男性和女性分别为 244 人和 19 人。其次为 36~45 岁年龄段，总人数为 257 人，比重为 38.19%，其中男性 238 人，女性 19 人，其所占男性和女性总人数的比重分别为 37.9% 和 42.22%。这两个阶段的总人数达到 521 人，占到了总体样本的 77.27%。最少的为 35 岁以下的人群，只有 68 人，比重为 10.19%。

表 5.3 被调查者性别状况及年龄分布基本情况

年　龄	总样本	男			女		
		数　量	占总样本比重	占同组比重	数　量	占总样本比重	占同组比重
35 岁以下	68	64	10.19	94.12	4	8.89	5.88
36~45 岁	257	238	37.90	92.61	19	42.22	7.39
46~55 岁	263	244	38.85	92.78	19	42.22	7.22
56 岁以上	85	82	13.06	96.47	3	6.67	3.53
总计	673	628	100.00		45	100.00	

通过以上的统计分析表明，在河南省农村社会中，更多是以男性立家为主，

这一结果与我国农村传统历史是一脉相承的。从事农业生产的农户更多以低教育水平为主，相反，通过高考进入高等教育并毕业以后的农民子弟返乡耕田的少之又少，更多都是高考落榜者或者其他原因没有能够继续接受教育的农民。同时我们也看到，有部分高学历层次的农民从事农业生产特别是西瓜生产与种植，也说明了，西瓜作为一个重要的农业产业之一，已经开始受高学历层次人员的关注，并有进一步形成高科技种植、集约化种植的发展趋势。

5.1.3 农户基本情况

首先，样本农户的家庭总人数多集中3~5人阶段。根据样本农户的家庭人数的基本情况，我们分为3人以下、3~5人、5~8人和8人以上四个层次。西瓜种植户主要集中在3~5人这个阶段，主要有405户，占总样本农户的60.45%，其中是5~8人阶段，为180户，其所占比例为26.87%。而农户家庭中，8人以上家庭户数为7户，比重仅为1.04%。这表明了河南省西瓜种植农户多以小规模家庭为主，这一现象与我国农村传统生活习惯与家庭生命周期发展规律是相一致的（见表5.4）。

表5.4 样本农户的家庭总人口数统计情况

单位：户；%

分　类	数　量	比　重	累计比重
3人以下	78	11.64	11.64
3~5人	405	60.45	72.09
5~8人	180	26.87	98.96
8人以上	7	1.04	100.00

注：有三个样本农户资料缺失，不在统计指标范围内。

其次，在家庭总人口中务农比重以30%~50%为主。依据样本农户从事农业种植与生产的人数占家庭总人口的比重，我们把样本农户分为四组，分别为比重小于30%、30%~50%、50%~80%和大于80%（见表5.5）。

从统计结果看，30%~50%这一组样本农户最多，其比重也是最高的，分别为372户和55.52%，处在第二位就是50%~80%这个阶段，样本农户为201户，其比重为30%。最小为务农比重小于30%这一组，总计为28户，比例为4.18%。

表 5.5 样本农户的务农人口所占比重分布情况

单位：户；%

务农比重	数量	比重	累计比重
小于 30%	28	4.18	4.18
30%~50%	372	55.52	59.70
50%~80%	201	30.00	89.70
大于 80%	69	10.30	100.00

注：有三个样本农户资料缺失，不在统计指标范围内。

从总人口与务农人口之间的关联情况看（见表 5.6），在家庭总人口是 3~5 人组内，务农比例占 30%下的为 16 户，占本组的比重为 3.95%；务农比重为 30%~50%的为 250 户，占本组比重为 61.73%；务农比重为 50%~80%的为 106 户，占本组比重为 26.17%；在本组中，家庭人口 80%以上用以务农的样本农户为 33 户，比重占到了 8.15%。纵向比较看，除务农比重在 80%以上的家庭人口规模是 3 人以下这一组的户数最多外，其余的都集中在 3~5 人这一组。对于大规模的家庭来讲，直接从事农业生产的人口比重相对较少，务农比重在 30%以下的为 4 户，占本组的比重达到 57.14%，务农比重在 80%以上的家庭没有。这也表明，家庭规模较大的家庭并没有成为专业化的西瓜种植农户。

表 5.6 样本农户的家庭总人口及务农人口之间的关联情况

单位：户；%

家庭总人口	务农人口所占比重							
	30%以下		30%~50%		50%~80%		80%以上	
	频数	占同组比重	频数	占同组比重	频数	占同组比重	频数	占同组比重
3 人以下	1	1.28	10	12.82	46	58.97	21	26.92
3~5 人	16	3.95	250	61.73	106	26.17	33	8.15
5~8 人	7	3.89	110	61.11	48	26.67	15	8.33
8 人以上	4	57.14	2	28.57	1	14.29	0	0.00

再次，样本农户的家庭总耕地面积多为 5~10 亩。依据样本农户家庭拥有耕地面积的情况，我们划分 5 亩以下、5~10 亩和 10 亩以上共计三组。在这三组中分别有 210 户、296 户和 162 户，其比重分别为 31.43%、44.31%和 24.26%。因而，样本农户的家庭总耕地面积多集中在 5~10 亩这一组。从西瓜种植面积比重与总耕地面积的关联情况上分析（见表 5.7），耕地总面积为 5 亩以下的组中，西

瓜种植面积小于30%的有29户，30%~50%的有86户，50%~80%有56户，大于80%的有39户，其所占比重分别为13.81%、40.95%、26.67%和18.57%。耕地总面积为5~10亩的样本农户中，西瓜种植面积四个分组中分别有农户57户、98户、97户和44户，其比重分别为19.26%、33.11%、32.77%和14.86%。耕地总面积在10亩以上的样本农户中，西瓜种植面积四个分组中分别有农户20户、48户、54户和40户，其占比重分别为12.35%、29.63%、33.33%和24.69%。从这一数字来看，农户的西瓜种植面积与家庭耕地面积有很大的正相关性，耕地面积越大，用于西瓜种植的比重也就越大，耕地面积越小，用于西瓜种植的比重相对较小。

表5.7　样本农户与西瓜种植面积所占比重之间的关联情况

单位：户；%

总耕地面积	西瓜种植面积比重							
	小于30%		30%~50%		50%~80%		大于80%	
	频数	占同组比重	频数	占同组比重	频数	占同组比重	频数	占同组比重
5亩以下	29	13.81	86	40.95	56	26.67	39	18.57
5~10亩	57	19.26	98	33.11	97	32.77	44	14.86
10亩以上	20	12.35	48	29.63	54	33.33	40	24.69

注：其中原数据组中有4组数据缺失，为无效数据。

最后，样本农户的家庭总收入多集中在20000元左右。依据样本农户家庭总收入的整体情况，把样本农户分为五组。依次为收入小于10000元以下、10000~20000元、20000~30000元、30000~40000元和40000元以上。其中收入最多的为10000~20000元这一组，有农户258户，所占比重为38.34%，依次为20000~30000元这一组，有农户159户，其比重为23.63%，这两组所占比重超过了60%，达到了61.97%。比重最小的为收入小于10000元这一组，有97户，比重仅为14.41%。根据样本的家庭人口规模和耕地总规模来看，总收入更多地集中在10000~30000元（见表5.8）。

表 5.8 样本农户家庭总收入情况

单位：户；%

家庭总收入	数 量	比 重	累计比重
缺失值	6	0.89	0.89
10000 元以下	97	14.41	15.30
10000~20000 元	258	38.34	53.64
20001~30000 元	159	23.63	77.27
30001~40000 元	53	7.88	85.14
40000 元以上	100	14.86	100.00

5.2 西瓜种植生产情况

5.2.1 西瓜生产情况

河南省西甜瓜种植涉及 11 个地市，因各个地市的自然禀赋不同，西瓜的种植栽培方式也各不相同。西瓜在生产方式主要是设施栽培，主要分为中大棚西瓜和小棚西甜瓜，种植面积分别占 21% 和 54%。总体来讲，小拱棚西瓜种植比例较高。这种生产方式投入产出比高，栽培技术较简单，收入高，是西瓜种植的主力军。河南省设施西瓜大县为中牟和开封。中大棚西瓜 12 月底至 2 月初嫁接育苗，2 月中旬至 3 月中旬定植，5 月上旬至 6 月上旬收获；小棚西瓜 2 月中下旬播种，大部分嫁接育苗，3 月底至 4 月初定植，6 月上旬至 7 月初收获。露地西瓜一般于 4 月直播，7 月收获，产量差别较大。因为西瓜的栽培种植方式多样，我们主要从播种方式、生产方式和品种选择上进行设计问卷调查西瓜的生产情况。

第一，西瓜的播种方式以直播为主非嫁接育苗为辅。依据西瓜的生产方式，我们把西瓜的播种方式分为直播、非嫁接育苗和嫁接育苗三种方式。从对样本农户的调查结果来看，主要以直接的播种方式为主，共有 257 户选择了这种播种方式，比重为 38.24%。处在第二位的为非嫁接育苗的播种方式为 242 户，比重为 36.01%。这两种播种方式总户数达到了 397 户，比重也达到了 70% 以上。在西瓜播种方式中，只有 1/4 的农户选择了嫁接育苗的播种方式，其户数和比重分别为

173 户和 25.74%（见表 5.9）。

表 5.9　西瓜的播种方式基本情况

单位：户；%

	分类	频数	比重
播种方式	直播	257	38.24
	非嫁接育苗	242	36.01
	嫁接育苗	173	25.74

注：有一个样本农户资料缺失，不在统计指标范围内。

第二，西瓜的生产方式以露地栽培为主。依据西瓜的生产情况，可以把生产方式分为露地栽培、小拱棚栽培、中大棚栽培和日光温室栽培四种生产方式。从调查结果来看，使用露地栽培的有 510 户，占到样本农户的 76.12%，使用小拱棚栽培的有 130 户，所占比重也只有 19.4%。选择中大棚栽培的只有 30 户，比重仅为 4.48%；没有任何农户选择日光温室栽培。农户选择的西瓜生产方式与它的生产特点和收益状况有直接关系。日光温室栽培投入成本大，西瓜产量也相对有限，造成了西瓜的收益较小，因而没有农户选择这种生产方式（见表 5.10）。

表 5.10　西瓜的生产方式基本情况表

单位：户；%

	分类	频数	比重
生产方式	露地栽培	510	76.12
	小拱棚栽培	130	19.40
	中大棚栽培	30	4.48
	日光温室栽培	0	0.00

注：有三个样本农户资料缺失，不在统计指标范围内。

第三，更多农户选择了露地栽培与直播和非嫁接育苗两种生产方式相结合。根据调查问卷，利用 SPSS 统计软件对农户播种方式选择与生产方式选择之间进行关联分析。从表 5.11 可以看出，在露地栽培生产方式下，更多农户选用了直播和非嫁接育苗两种播种方式，极少选用嫁接育苗这种播种方式。在露地栽培生产方式下，选用直播的农户共有 238 户，其比重为 46.67%；选用非嫁接育苗的农户有 239 户，比重达到 46.86%，选择这两种播种方式的比重就达到了 93.53%；而选择嫁接育苗的只有 33 户，比重只有 6.47%。从小拱棚栽培生产方式来看，更多的农户选择嫁接育苗的播种方式。在小拱棚栽培生产方式下，有 110 户农户选择了嫁接育苗，比重达到 84.62%；只有极少数的农户选择了直播和非嫁接育苗。在中大棚栽培生产中，农户都会采用嫁接育苗方式。从调查结果来看，有 30 户农户在中大棚栽培中选择了嫁接育苗的播种方式。

表 5.11 西瓜播种方式与生产方式关联情况

单位：户；%

播种方式	生产方式							
	露地栽培		小拱棚栽培		中大棚栽培		日光温室栽培	
	频数	占同组比重	频数	占同组比重	频数	占同组比重	频数	占同组比重
直播	238	46.67	18	13.85	0	0	0	0
非嫁接育苗	239	46.86	2	1.54	0	0	0	0
嫁接育苗	33	6.47	110	84.62	30	100	0	0

第四，从品种选择上以早中熟和中晚熟为主。在西瓜的品种选择上，主要以早中熟、中晚熟、小型西瓜和无籽西瓜为主。从调查结果分析，农户种植品种类型中单独选择早中熟的有 209 户，与选择中晚熟的有 192 户，比重分别为 31.19% 和 28.66%，两种类型合计占比 69.85%。选择小型西瓜和无籽西瓜品种的相对较少，只有 66 户和 125 户，比重分别为 9.85% 和 18.66%。因此，西瓜种植农户更多西瓜品种主要选择了早中熟和中晚熟为主。另外，还有一部分农户同时选择两种西瓜品种类型。选择早中熟与小型西瓜组合的为 27 户，选择中晚熟与无籽西瓜组合的有 32 户，其比重分别为 4.03% 和 4.8%。同时也有个别农户选择了其他几种组合方式（见表 5.12）。

表 5.12 西瓜种植的主要品种类型

单位：户；%

	分类	频数	比重
主要品种	早中熟	209	31.19
	中晚熟	192	28.66
	小型西瓜	66	9.85
	无籽西瓜	125	18.66
	早中熟与中晚熟	6	0.90
	早中熟与小型西瓜	27	4.03
	早中熟与无籽西瓜	5	0.75
	中晚熟与小型西瓜	8	1.19
	中晚熟与无籽西瓜	32	4.80

5.2.2 西瓜的种植面积

第一，农户西瓜的种植以小规模为主。依据农户种植面积的大小，我们把西瓜的种植面积分为四组，分别为3亩以下、3~5亩、5~10亩和10亩以上。从调查结果看，种植面积在3亩以下的有305户，比重为45.59%，近一半农户的西瓜种植面积在3亩以下；3~5亩和5~10亩种植规模的农户有157户和150户，比重分别为23.47%和22.42%；种植规模在10亩以上的农户相对较少，仅有57户，比重也只有8.52%。从农户西瓜种植面积的调查结果看，河南省西瓜产业的种植还是以小农户为主，种植规模较小（见表5.13）。

表5.13 农户的西瓜播种面积分布情况

单位：户；%

	数量	比重	累计比重
3亩以下	305	45.59	45.59
3~5亩	157	23.47	69.06
5~10亩	150	22.42	91.48
10亩以上	57	8.52	100.00

注：有四个样本农户资料缺失，不在统计指标范围内。

第二，从西瓜种植耕地面积所占比重分析，依比重大小分为三组，即小于30%组、30%~50%组和大于50%组。从表5.14可以看出，西瓜种植面积占家庭耕地面积的30%~50%的农户有233户；种植面积在50%以上的有331户，其比重分别为34.83%和49.48%。从统计结果显示，有近50%农户用50%以上的耕地用于西瓜种植，西瓜成为主要的经济作物。从西瓜种植面积与所占耕地面积比重来看，河南省西瓜种植农户以小规模为主，规模化生产经营还没有形成一定气候。

表5.14 农户西瓜种植面积占总耕地面积比重的分布情况

单位：户；%

占总耕地面积的比重	数量	比重	累计比重
小于30%	105	15.70	15.70
30%~50%	233	34.83	50.52
大于50%	331	49.48	100.00

注：有四个样本农户资料缺失，不在统计指标范围内。

5.2.3 西瓜的年总产量

西瓜总产量与种植面积呈正向变动。2011年，在河南省区域内，气温、雨水等自然条件比较适宜西瓜生产，也为西瓜丰收奠定了基础。我们依据瓜农的种植面积和西瓜总产量分布情况进行分组，并依据种植面积与总产量两个维度进行综合分析。从表5.15统计结果分析可知，西瓜总产量小于5000公斤的农户主要集中在西瓜种植面积较小的农户中。种植面积小于3亩的农户中，共有190户的西瓜总产量小于5000公斤，比重达到79.83%；种植面积为3~5亩的农户中，有38户农户的西瓜总产量小于5000公斤。随着西瓜总产量增加，西瓜种植面积较大的农户在其中所占的比重也就越高。在西瓜总产量为10001~20000公斤组中，西瓜种植面积大于5亩所占的比重由上组的19.9%上升到了58.11%，上升了近40个百分点；在总产量为20000公斤以上这组中，西瓜大面积种植农户已经占到88.61%。而种植面积小于3亩的农户却只有3户，比重仅为3.8%。这体现出西瓜的总产量与种植面积有着直接的关系，同时，个别西瓜种植面积较小的农户又因生产技术等原因造成西瓜种植的高产，从另一个侧面也反映出高新技术已经在西瓜生产过程中逐步推广并得到部分瓜农的认可。

表 5.15　西瓜种植面积与总产量的关联情况分析

单位：户；%

西瓜种植亩数	总产量							
	5000公斤以下		5000~10000公斤		10001~20000公斤		20000公斤以上	
	频数	占同组比重	频数	占同组比重	频数	占同组比重	频数	占同组比重
小于3亩	190	79.83	102	49.51	12	8.11	3	3.80
3~5亩	38	15.97	63	30.58	50	33.78	6	7.59
大于5亩	10	4.20	41	19.90	86	58.11	70	88.61

5.2.4 年销售收入

第一，农户家庭总收入与西瓜种植面积具有较强的关联性，西瓜种植面积越大，家庭总收入也就越高。为了更好地分析西瓜种植面积与家庭总收入之间的关系，我们把西瓜种植面积分为三组，即小于3亩、3~5亩和大于5亩；家庭总收入也分为5000元以下、5000~15000元和15000元以上三组。表5.16的统计结果表明，从纵向看，家庭总收入小于5000元这一组中，有197户农户的西瓜种植面积小于 3 亩，比重占到了 72.43%，随着西瓜种植面积增加，农户数量逐渐减少，分别为 51 户和 24 户，比重也逐步降低，分别为 18.75%和 8.82%。在 5000~15000 元组中，种植面积小于 3 亩的农户由 197 户减少到 105 户，比重也下降到了 37.37%，下降了 35 个百分点，同时，种植面积大于 5 亩的农户达到 90 户，比重上升了 24 个百分点，达到了 32.03%。西瓜种植面积较大的农户所占的比重逐渐上升。这一发展趋势在家庭总收入大于 15000 元组中表现得更为明显，种植面积大于 5 亩的农户上升为 93 户，比重也达到了 78.81%。总体而言，西瓜种植面积对家庭总收入有着非常重要的影响。

表 5.16　农户西瓜种植面积与家庭总收入关联情况

单位：户；%

西瓜种植亩数	总收入					
	5000 元以下		5000~15000 元		15000 元以上	
	频数	占同组比重	频数	占同组比重	频数	占同组比重
小于 3 亩	197	72.43	105	37.37	5	4.24
3~5 亩	51	18.75	86	30.60	20	16.95
大于 5 亩	24	8.82	90	32.03	93	78.81

第二，西瓜销售收入是家庭总收入的重要来源。对于河南省西瓜种植农户而言，家庭总收入主要依靠西瓜的销售收入，特别是对西瓜种植面积比较大的农户而言，这一特征表现得更加明显。我们从西瓜种植面积和西瓜收入占总收入比重两个维度考察，种植面积越小，西瓜收入占家庭总收入的比重越小；种植面积越大，西瓜收入占家庭总收入的比重越大。在西瓜收入占总收入的比重为 20%以下这一组中，西瓜种植面积小于 3 亩的农户有 116 户，比重达到了 64.44%。从另一个侧面表明，这些农户的家庭总收入主要来源于非西瓜的种植生产。在西瓜收入占总收入比重大于 50%这一组中，种植面积大于 5 亩以上的农户有 105 户，比重达到了 52.5%；种植面积小于 3 亩的农户有 50 户，比重达到了 25%。这也表明西瓜种植面积越大，农户家庭收入对西瓜种植生产的依赖程度越高（见表 5.17）。

表 5.17　西瓜种植面积与西瓜收入占总收入比重关联情况

单位：户；%

西瓜种植亩数	西瓜收入占总收入比重					
	20%以下		20%~50%		50%以上	
	频数	占同组比重	频数	占同组比重	频数	占同组比重
小于 3 亩	116	64.44	141	48.45	50	25.0
3~5 亩	38	21.11	74	25.43	45	22.5
大于 5 亩	26	14.44	76	26.12	105	52.5

5.3　西瓜生产的成本收益分析

结合《全国农产品成本收益资料汇编》中的成本统计核算方法，西瓜种植生产总成本可分为生产成本和土地成本两大类，生产成本具体包括物质成本和人工成本。其中物质成本又包括物质与服务费用，明细科目为种子费、化肥费、农家肥费、农药费、农膜费、租赁作业费、机械作业费、排灌费、畜力费、燃烧动力费、技术服务费、工具材料费、修理维护费等其他直接费用，同时还包括固定资产折旧费、保险费、管理费、财务费和销售费等间接费用。人工成本具体包括家庭用工折价、雇工费用等。土地作为西瓜生产的基础，往往也作为一种生产要素投入到生产中，其成本一般包括自有土地折租和流转地租金等。西瓜产业的成本收益指标可由西瓜的产值、西瓜产品生产成本和西瓜产品收益三类指标构成，基本的逻辑关系可表述为"西瓜收益＝西瓜产值－西瓜成本"。

5.3.1　西瓜生产的成本收益分析

5.3.1.1　西瓜产量及销售收入的描述性统计分析

2011 年，受种植面积、管理水平、高新技术的应用和自然条件等多种因素影响，河南省的西瓜产量及销售收入差异较大。在 672 个有效样本农户中，西瓜总产量最低的为 150 公斤，产量最高的为 162500 公斤，最高值与最低值之间差别非常大。2011 年，河南省西瓜的平均每亩产量为 2064 公斤。从销售收入情况看，西瓜销售收入最少的农户为 1000 元，销售收入最多的农户为 38 万元。平均每亩西瓜的销售收入为 3972 元（见表 5.18）。

表 5.18　河南省西瓜产量及销售收入情况

单位：户；公斤；元

	样本数	最小值	最大值	均值	标准差
西瓜总产量	672	150.0	162500	12240	41478.39
西瓜亩产量	672	71.5	16666	2064	4229.83
西瓜销售收入	672	1000.0	380000	22840	33345.17
每亩西瓜销售收入	672	500.0	19000	3972	2356.60

5.3.1.2　西瓜种植生产的投入成本分析

第一，化肥费和种子费是西瓜种植农户的主要投入成本。在西瓜的种植生产过程中，购买种子的费用和购买化肥的费用是每个农户必然投入的成本。从投入的各项成本费用比较来看，每亩化肥费平均每户为 164.92 元，在所有的投入成本中最高。其次为每亩的种子费，平均每户为 102.35 元。就化肥费来看，每亩投入量最低为 17 元，最高的 1160 元，两者之间差异较大。就每亩种子费而言，投入最少的为 8 元，最多的为 402 元，两者之间的差异也比较大。

第二，西瓜种植生产中的机械投入和燃烧动力投入较少。从调查样本的统计结果看，有机械作业投入的只有 267 户，占总样本农户的 1/3，在机械作业投入的费用上，最少的为每亩 10 元，最多的为每亩 200 元，标准差为 36 元。有燃烧动力费的农户有 268 户，也只占到了样本总量的 1/3。在燃烧动力投入的费用上，最少的为每亩 5 元，最多的为每亩 140 元。从这两种成本投入的农户数量较小可以看出，绝大部分西瓜种植农户的劳作与生产主要依靠人力，机械设备的使用还非常少，这与西瓜的种植规模较小有直接关系（见表 5.19）。

表 5.19　西瓜种植农户每亩投入各项成本的基本情况

单位：户；元

	项目	样本数	最小值	最大值	均值	标准差
直接费用	种子费	672	8.00	402.00	102.35	75.77
	化肥费	672	17.00	1160.00	164.92	132.85
	农家肥	546	10.00	500.00	86.70	71.49
	农药费	661	1.00	300.00	45.92	32.37
	农膜费	594	2.50	1500.00	75.93	135.52
	机械作业费	267	10.00	200.00	47.45	36.01

续表

	项目	样本数	最小值	最大值	均值	标准差
直接费用	排灌费	502	4.00	180.00	45.07	32.83
	燃烧动力费	268	5.00	140.00	41.07	27.65
	工具材料费	173	0.00	120.00	23.60	21.17
	修理费	99	0.00	80.00	17.19	15.31
	其他	158	5.00	80.00	20.66	11.43
间接费用	固定资产折旧	72	5.00	120.00	33.74	30.39
	销售费	136	5.00	400.00	88.20	117.97

注：①在对河南省西瓜种植农户调查过程中，农户都利用自有承包地进行西瓜生产，没有转租其他家用土地，因为政府已经取消了农业税，因此，土地成本和土地租赁成本不再计入西瓜种植的生产成本。②依据国家农业补贴政策，对西瓜种植生产的补贴额度很少或者没有，农户的西瓜种植收入主要来源于西瓜生产与销售，不包括政策补贴等。③在调查过程中，只有 36 户农户支付少量的技术服务费，占总样本量的比重非常小，这一部分投入成本也没有计入生产成本中。④农户在西瓜种植生产过程中都是依靠自有劳力，投入的生产劳作的时间、费用都难以估算，也不计入西瓜种植成本。

5.3.1.3 西瓜生产的成本收益分析

西瓜种植农户种植规模差异，也会对西瓜收益造成较大影响。因此，从总量上很难估算出西瓜种植生产的成本收益情况。为方便统计分析其成本收益，拟采用每亩平均收益与每亩平均投入成本进行分析，依据 2005 年以来沿用至今的农产品成本收益核算指标体系进行计算。

每亩收益 = 每亩销售收入 – 每亩投入成本

每亩收益 = 每亩销售收入 – (每亩种子费 + 每亩化肥费 + 每亩农家肥费 + 每亩农药费 + 每亩农膜费 + 每亩机械作业费 + 每亩排灌费 + 每亩燃烧动力费 + 每亩工具材料费 + 每亩修理费 + 其他 + 固定资产折旧费 + 每亩销售费)

每亩收益 = 3972 – (102.35 + 164.92 + 86.70 + 45.92 + 75.93 + 47.45 + 45.07 + 41.07 + 23.60 + 17.19 + 20.66 + 33.74 + 88.20)

每亩收益 = 3179.2 (元)

总体上看，西瓜种植农户平均每亩收益为 3179.2 元。

5.3.2 不同播种方式的成本收益分析

5.3.2.1 直播的成本收益分析

在西瓜播种方式上选择直播的农户有 257 户，因种植规模差异造成西瓜产量差异较大。西瓜种植农户总产量最低为 650 公斤，最高为 162500 公斤，平均每户的产量为 16944.6 公斤。从农户间可比的视角看，每亩产量最低为 150 公斤，最高为 16666.6 斤，平均每亩产量达到 2198.5 公斤。从销售收入情况看，销售收入最少只有 1500 元，销售收入最高达到 380000 元。从每亩西瓜的销售收入情况看，亩产收入最低只有 1000 元，亩产收入最高的农户达到了 19000 元，样本农户平均亩产的销售收入为 3868.8 元（见表 5.20）。

表 5.20　直播播种方式的西瓜产量及销售收入统计分析

单位：公斤；元

	样本数	最小值	最大值	均值	标准差
西瓜总产量	257	650	162500.0	16944.6	57018.8
西瓜亩产量	257	150	16666.6	2198.5	4428.4
西瓜销售收入	257	1500	380000.0	25975.4	40178.3
每亩西瓜销售收入	257	1000	19000.0	3868.8	2446.2

从投入的生产成本的统计分析结果看，进行种子费、化肥费、农药费和农家肥投入的西瓜种植农户较多。相对而言，机械作业费、工具材料费、修理费、固定资产折旧和销售费支出得较少。从每亩支出的费用上看，平均每个农户每亩的化肥支出是最多的，为 130 元左右，最少的为修理费支出，只有 18.9 元（见表 5.21）。

表 5.21　直播播种方式的西瓜生产每亩投入各项成本统计分析

单位：户；元

		样本数	最小值	最大值	均值	标准差
直接费用	种子费	257	10	285	90.79	65.54
	化肥费	257	17	1160	130.57	121.85
	农家肥	201	10	500	80.24	82.45
	农药费	251	1	210	43.93	30.19
	农膜费	199	2.5	240	34.57	40.62
	机械作业费	43	1	150	35.28	29.46
	排灌费	183	4	150	32.08	26.45
	燃烧动力费	80	10	90	24.94	16.16
	工具材料费	21	1	100	38.67	32.82
	修理费	20	0	40	18.90	10.93
	其他	11	10	32	16.45	6.77
间接费用	固定资产折旧	16	2	100	35.63	27.56
	销售费	16	1	300	54.81	84.60

依据农产品的成本核算方法,直播播种方式的每亩收益为:

每亩收益(直播)=每亩销售收入－每亩投入成本

每亩收益(直播)=每亩销售收入－(每亩种子费+每亩化肥费+每亩农家肥费+每亩农药费+每亩农膜费+每亩机械作业费+每亩排灌费+每亩燃烧动力费+每亩修理费+其他+每亩工具材料费+固定资产折旧+每亩销售费)

每亩收益(直播)=3868.8－(90.79＋130.57＋80.24＋43.93＋34.57＋35.28＋32.08＋24.94＋38.67＋18.9＋16.45＋35.63＋54.81)

每亩收益(直播)=3231.94(元)

5.3.2.2 非嫁接育苗播种方式的成本收益分析

选择非嫁接育苗播种方式的农户共有242户,由于农户西瓜种植面积不同,直接造成了西瓜总产量的不同,并且随着种植面积差异扩大,产量差异也增大。西瓜总产量最低仅为400公斤,而最高却达到125000公斤,标准差就达到了3万多。从西瓜种植的亩产量看,平均亩产量为1779.5公斤,由于农户种植技术、规模效益等因素影响,农户之间亩产差异较大。从西瓜销售收入分析,收入最高达到140000元,最低只有1000元。从每亩西瓜销售收入情况来看,最低为每亩收入500元,最高每亩收入14000元,总体上看每亩西瓜的销售收入为3803元(见表5.22)。

表5.22 非嫁接育苗播种方式的西瓜产量及销售收入统计分析

单位:户;公斤;元

	样本数	最小值	最大值	均值	标准差
西瓜总产量	242	400.00	125000	11437.00	30278.11
西瓜亩产量	242	71.5	9125	1779.50	3422.00
西瓜销售收入	242	1000.00	140000	24642.56	32967.64
每亩西瓜销售收入	242	500.00	14000	3803.00	2743.00

从非嫁接育苗播种方式下各项成本的描述性统计分析结果看,成本主要集中在种子费、化肥费、农药费、农膜费和农家肥等方面。投入农户分别达到242户、242户、239户、234户和176户。每亩平均投入费用分别为80.9元、134.3元、49.5元、54.2元和97.3元。投入工具材料费、机械作业费和修理费投入的农户较少,分别为46户、84户和50户,每亩的投入费用分别为17.5元、27.5元和12.4元(见表5.23)。

表5.23 非嫁接育苗播种方式的西瓜生产每亩投入各项成本统计分析

单位：户；元

		样本数	最小值	最大值	均值	标准差
直接费用	种子费	242	10	280	80.9	55.4
	化肥费	242	21	400	134.3	70.4
	农家肥	176	10	320	97.3	72.9
	农药费	239	1	300	49.5	37.0
	农膜费	234	10	200	54.2	38.8
	机械作业费	84	0	150	27.5	25.0
	排灌费	156	5	150	41.9	26.1
	燃烧动力费	106	5	140	49.1	31.8
	工具材料费	46	2	100	17.5	19.0
	修理费	50	2	55	12.4	11.5
	其他	35	5	30	10.0	6.8
间接费用	固定资产折旧	55	5	120	32.9	31.6
	销售费	82	2	75	21.0	15.6

依据农产品成本收益指标核算体系，非嫁接育苗播种方式的每亩收益为：

每亩收益（非嫁接育苗）=每亩销售收入－每亩投入成本

每亩收益（非嫁接育苗）=每亩销售收入－（每亩种子费+每亩化肥费+每亩农家肥费+每亩农药费+每亩农膜费+每亩机械作业费+每亩排灌费+每亩燃烧动力费+每亩工具材料费+处理费+其他+固定资产折旧费+每亩销售费）

每亩收益（非嫁接育苗）=3803－628.5＝3174.5（元）

5.3.2.3 嫁接育苗播种方式下的成本收益分析

嫁接育苗播种方式是西瓜种植中技术要求最高的一种播种方式，对资金的投入要求也比较高。在调查的样本农户中，选择嫁接育苗播种方式的农户共有173户。因种植面积、管理水平等原因，造成每个农户无论是西瓜种植的总产量，还是西瓜的亩产量，差异都较大。从总产量上看，最低的只有650公斤，最高的却达到了80000公斤。从西瓜的每亩销售收入分析，最低为1200元，最高达到9000元。在173户农户中，每亩西瓜的平均收入为4364.5元。这也是三种播种方式中农户平均收入最高的一种播种方式（见表5.24）。

从投入的各项生产成本上看，嫁接育苗播种方式也是最高的。有173户农户都在西瓜生产中进行了种子、化肥和农药的投入，投入费用分别为149.6元、

158.7 元和 43.9 元。其次是有农家肥、农膜、排灌和机械作业等成本投入农户较多，分别为 169 户、161 户、163 户和 140 户，投入的成本分别为 83.3 元、58.6 元、62.7 元和 63.2 元。由此可以推出，嫁接播种的机械使用率较高（见表 5.25）。

表 5.24　嫁接育苗播种方式的西瓜产量及销售收入统计分析

单位：户；元

	样本数	最小值	最大值	均值	标准差
西瓜总产量	173	650	80000	6267.6	16784.2
西瓜亩产量	173	650	15000	2266.7	4847.8
西瓜销售收入	173	2200	128000	15661.6	18467.9
每亩西瓜销售收入	173	1200	9000	4364.5	1415.8

表 5.25　嫁接育苗播种方式的西瓜生产每亩投入各项成本统计分析

单位：户；元

		样本数	最小值	最大值	均值	标准差
直接费用	种子费	173	8	402	149.6	92.8
	化肥费	173	38	800	158.7	167.0
	农家肥	169	18	300	83.3	52.7
	农药费	173	10	160	43.9	28.0
	农膜费	161	13	1500	58.6	232.7
	机械作业费	140	20	200	63.2	36.2
	排灌费	163	10	180	62.7	37.2
	燃烧动力费	82	15	100	46.4	24.2
	工具材料费	106	10	120	23.3	17.7
	修理费	29	10	80	24.3	20.3
	其他	112	10	80	24.4	10.7
间接费用	固定资产折旧	1	50	50	50.0	0.0
	销售费	38	50	400	47.0	104.0

依据农产品指标核算体系，嫁接育苗播种方式的每亩收益为：

每亩收益（嫁接育苗）＝每亩销售收入－每亩投入成本

每亩收益（嫁接育苗）＝每亩销售收入－（每亩种子费＋每亩化肥费＋每亩农家肥费＋每亩农药费＋每亩农膜费＋每亩机械作业费＋每亩排灌费＋每亩燃烧动力费＋每亩工具材料费＋处理费＋其他＋固定资产折旧费＋每亩销售费）

每亩收益（嫁接育苗）＝4364.5－835.4＝3529.1（元）

5.3.2.4 三种播种方式的成本收益比较

在三种播种方式中，平均每亩收益最高的为嫁接育苗，每亩平均收益为3529.1元，其次为直播，每亩平均收益为3231.94元，收益最小为非嫁接育苗，每亩平均收益为3174.5元。但是这三种播种方式所取得的收益差异较小，最大差距也只有每亩400多元。

5.4 结论与政策建议

5.4.1 结论

经过对河南省西瓜种植生产情况的调查分析，我们可以得出以下结论：

第一，河南省在西瓜种植方式上多以直播为主，非嫁接育苗为辅，生产方式多采用露地栽培为主，其次为小拱棚栽培，有部分农户采用中大棚栽培种植的生产方式。

第二，西瓜种植农户在品种选择上多选用早中熟和中晚熟品种，部分农户选用早中熟、中晚熟、小型西瓜和无籽西瓜相互组合的品种。西瓜种植面积多在5亩以下且占家庭总耕地面积比重的50%以下。

第三，西瓜是河南省农户的主要经济作物，其销售收入是家庭总收入的最主要组成部分。特别是西瓜种植面积比较大的农户，家庭收入主要依靠西瓜种植的销售收入。

第四，河南省西瓜种植生产的平均每亩销售收入为3179.2元。从不同的播种方式来看，平均每亩收益最高的为嫁接育苗这种播种方式，每亩平均收益为3529.1元，其次为直播的播种方式，每亩平均收益为3231.94元，收益最小的为非嫁接育苗的播种方式，每亩平均收益为3174.5元。

第五，河南省西瓜种植生产多以小规模分散经营为主，以自有劳动力参与生产，在播种生产过程中机械化程度比较低，各种生产要素投入中以种子和化肥投入较多，少部分农户规模效益较高。

5.4.2   政策建议

西瓜是生长周期短、高效的经济作物，河南省又是西瓜种植生产大省。加快西瓜种植生产对提高河南省农户家庭收入及推动区域社会经济发展具有重要的作用，结合河南省省情，应该从以下几方面出发，扶持西瓜种植生产：

第一，加大对西瓜种植农户的扶持力度。一是加大对西瓜种植的生产补贴，特别是加大采用拱棚生产的农户的补贴；二是加大各类新品种的选育，通过财政补贴等方式引导农户及时选用新品种，减少种子投入成本；三是加强对西瓜种植农户的种植生产技术的指导，尽快建立现代西瓜产业体系种植生产体系，促进育苗、嫁接、肥水、坐果、病虫害综合防治技术组装配套等综合栽培技术的推广与应用，加大对农户的技术指导和对技术的补贴，减少农户在技术服务上的投入。

第二，优化西瓜产业布局，发挥区域资源优势。鼓励具有西瓜种植资源禀赋条件的地区大规模种植生产，并建立西瓜种植生产基地，使基地向优势产区集中；加强土地整理与流转，扩大种植生产规模，为灌排、大棚等生产方式的推广奠定基础，为西瓜种植生产广泛使用机械化作业提供条件。

第三，培育专业合作组织，创品牌。农户分散经营不仅规模效益低，并且还影响西瓜上市销售。农户的分散销售不仅使西瓜销售难度加大，还增加了西瓜的销售成本。鼓励采用"公司＋农户"的生产方式进行运作，并培育具有地方特色的品牌，提高西瓜的竞争优势。一是可以通过成立、扶持、壮大西瓜合作社及其相关企业，做好市场信息收集、良种供给、技术培训、产后销售等工作；二是可以通过宣传、注册商标，扩大知名度、树立品牌，增强市场竞争力等；三是可以联合大型综合超市和批发市场，扩大西瓜的销售渠道。

6 2012 年河南省西瓜产业发展调研[①]

河南省地处中原地区，西瓜生产历史悠久，是我国西瓜生产的主要产区，也是我国西瓜产业发展的优势区域，河南西瓜以其脆、甜、香等特有风味享誉全国，是河南省具有特色的名优产品之一。西瓜在河南省农业生产中占有重要地位。河南省大棚西瓜生产主要分布在中牟、内黄、襄县、嵩县、太康等地，主要品种有京欣系列、黑皮大果无籽西瓜等类型。

6.1 西瓜产业调研情况

6.1.1 样本的区域分布

河南省由于有较好的气候、水质和土壤等自然禀赋条件，非常适宜种植西瓜，因而河南省西瓜不仅种植面积大，而且种植的区域也非常广。2012 年，我们在总结 2011 年对河南省西瓜产业专项调研的基础上，继续组织河南财经政法大学在校生，利用暑假对西瓜种植、生产、产业技术应用等各方面进行调研。结合 2011 年学生调研情况和调研区域，我们选用 10 名学生对 9 个县、市进行有针对性的实地调研。本次调研共计发放 600 份调查问卷，回收 573 份问卷，问卷的有效率为 95.5%。从样本的具体分布区域来看，周口太康县回收样本 110 份，所

[①] 此次调研最初的调研对象是 2012 年河南省西甜瓜产业，但从此次调研回收的问卷来看，涉及甜瓜产业的样本量太少，因此，对西甜瓜产业调研的分析主要是从西瓜产业的视角进行的，涉及甜瓜产业的样本没有统计到本次调研结果中。

占比重为 19.20%；其次为开封西姜寨共回收样本 70 份，比重为 12.22；中牟刘集和中牟姚家的样本较少，分别为 31 份和 55 份，所占比重分别为 5.41% 和 9.60%；其余县、市样本都在 60 份左右，比重也都在 10% 左右（见表 6.1）。

表 6.1　样本区域分布及其比重

单位：户；%

	样本数	比重	累计比重
商丘虞城	63	10.99	10.99
周口西华	60	10.47	21.47
濮阳清丰	62	10.82	32.29
中牟刘集	31	5.41	37.70
周口太康	110	19.20	56.89
开封西姜寨	70	12.22	69.11
中牟姚家	55	9.60	78.71
安阳内黄	62	10.82	89.53
周口扶沟	60	10.47	100.00

数据来源：2012 年河南西甜瓜产业生产情况专项调研。

6.1.2　样本农户的基本情况

第一，被调查者以男性为主。在被调查的 573 个样本农户中，男性人数为 528 人，女性仅为 45 人，其占总人数的比重分别为 92.15% 和 7.85%（见表 6.2）。

表 6.2　样本农户基本信息

单位：户；%

项　目		数　量	比　重
性　别	男	528	92.15
	女	45	7.85
学　历	初中以下	237	41.36
	高中	303	52.88
	大专以上	33	5.76
年龄划段	35 岁以下	121	21.12
	36~50 岁	310	54.10
	51 岁以上	142	24.78

第二，被调查者受教育程度较低，绝大多数为初中以下学历水平。在回收的 573 份问卷中，接受初中以下教育的为 237 人，所占比重达到了 41.36%。高中学

历水平的为 303 人，大专及以上学历水平的仅有 33 人，其所占比重分别为
52.88%和5.76%。也就是说，有60%左右为高中以上学历（见表6.2）。

第三，被调查者多集中在36~50岁。为了便于西瓜种植户主的年龄阶段有一
个详细了解，依据调查问卷情况，我们把被调查者的年龄划分为三个层次，分别
为35岁以下、36~50岁和51岁以上。从被调查者的年龄分布上看，人数最多的
集中在36~50岁，总人数达到了310人，其中比重达到了54.10%。35岁以下农
户较少，只有121户，比重为21.12%。这也说明农村大部分年轻人外出务工。

通过以上的统计分析表明，在河南省农村社会中，更多是以男性为主，从事
农业生产的农户更多以低教育水平为主。

6.1.3 样本农户务农人口及西甜瓜种植情况

第一，样本农户的西甜瓜种植面积比重以 50%以下为主。为了更好地调查河
南省农户西甜瓜种植农户的种植面积在家庭总耕地面积中比例，我们把样本农户
西甜瓜种植面积的比重分为50%以下、50%~80%和80%以上三组。从调查结果
来看，西甜瓜种植面积比重占50%以下的样本农户达到了348户，比重为
60.73%。其次为处于第二个层次的50%~80%，共有151户，比重为26.35%。最
少的为种植面积比重在80%以上的样本组，有74户，比重仅为12.91%。从这一
比例可以看出，西甜瓜种植面积在家庭耕地面积中的占比还是比较小的，更多农
户是以种植其他作物为主。

第二，在家庭总人口中务农比重以 50%以下为主。依据样本农户从事农业种
植与生产的人数占家庭总人口的比重，我们把样本农户分为三组，分别为比重
50%以下、50%~80%和80%以上。从统计结果看，50%以下这一组样本农户最
多，其比重也是最高的，分别为360户和62.83%；处在第二位的是50%~80%这
一样本组，样本农户为155户，比重为27.05%；最少的为务农比重80%以上这
一组，总计为58户，比重为10.12%（见表6.3）。

表 6.3　西瓜种植面积所占比重及务农人口所占比重

单位：户；%

项　　目	类　　别	数　　量	比　　重	累计比重
西瓜种植面积所占比重	50%以下	348	60.73	60.73
	50%~80%	151	26.35	87.09
	80%以上	74	12.91	100.00
从事务农人口所占比重	50%以下	360	62.83	62.83
	50%~80%	155	27.05	89.88
	80%以上	58	10.12	100.00

6.2　西瓜种植生产情况

6.2.1　西瓜种植生产方式

第一，西瓜的播种方式以非嫁接育苗为主，嫁接育苗为辅。我们把西瓜的播种方式分为直播、非嫁接育苗和嫁接育苗三种方式。从对样本农户的调查结果来看，主要以非嫁接育苗的播种方式为主，共有 261 户农民选择了这种播种方式，比重为 45.55%。处在第二位的为嫁接育苗的播种方式，有农户 210 户，比重为 36.65%。这两种播种方式总户数达到了 471 户，比重也达到了 80%以上。在西瓜播种方式中，只有不到 1/5 的农户选择了直播的播种方式（见图 6.1）。

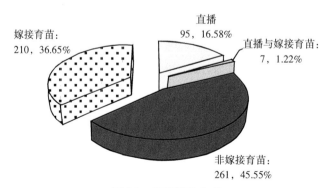

嫁接育苗：
210，36.65%

直播
95，16.58%

直播与嫁接育苗：
7，1.22%

非嫁接育苗：
261，45.55%

图 6.1　西瓜播种方式

第二，西瓜的生产方式以露地栽培为主。依据西瓜的生产情况，可以把生产方式分为露地栽培、小拱棚栽培、中大棚栽培和日光温室栽培五种生产方式。从调查结果来看，使用露地栽培的农户有 330 户，占到样本农户的 57.59%；其次为小拱棚栽培，有 203 户，所占比重为 35.43%；选择中大棚栽培的农户也只有 35 户，比重仅为 6.11%；选择日光温室栽培的农户只有 1 户，比重仅为 0.17%。农户选择的西瓜生产方式与它的生产特点和收益状况有直接关系。日光温室栽培投入成本大，西瓜产量也相对有限，造成了西瓜的收益较小，因而没有农户选择这种生产方式（见图 6.2）。

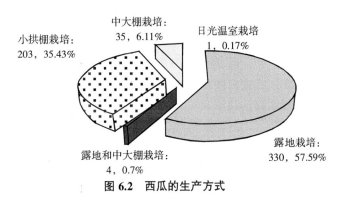

图 6.2 西瓜的生产方式

第三，品种选择以早中熟和中晚熟为主。在西瓜的品种选择上，主要有早中熟、中晚熟、小型西瓜和无籽西瓜等。从调查结果分析，农户选择早中熟的有 303 户，选择中晚熟的有 178 户，选择这两个品种类型的较多，比重分别为 52.88% 和 31.06%，两种类型合计占比 83.94%。选择小型西瓜和无籽西瓜品种的相对较少，只有 1 户和 7 户，比重分别为 0.17% 和 1.22%。另外，还有一部分农户选择两种西瓜品种类型。选择早中熟与小西瓜组合的为 60 户，选择中晚熟与无籽西瓜组合的有 23 户，其比重分别为 10.47% 和 4.01%（见图 6.3）。同时也有个别农户选择了其他几种组合方式。

6.2.2 西瓜种植面积与亩均收入

第一，农户的西瓜种植以小规模为主。我们把西瓜的种植面积分为四组，分别为 5 亩以下、5~10 亩和 10 亩以上。从调查结果看，种植面积在 5 亩以下的有 417 户，70% 以上的农户的西瓜种植面积在 5 亩以下，比重为 72.77%。种植面积

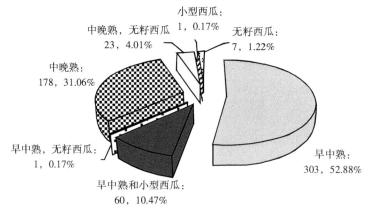

图 6.3　西瓜的主要种植品种

在 5~10 亩的农户和 10 亩以上的农户有 145 户和 11 户，所占比重分别为 25.31% 和 1.92%（见表 6.4）。从农户西瓜种植面积的调查结果看，河南省西瓜产业的种植还是以小农户为主，种植规模较小。

表 6.4　样本农户西瓜种植面积及亩均收入情况

单位：户；%

项　目	组　别	数　量	比　重	累计比重
种植面积	5 亩以下	417	72.77	72.77
	5~10 亩	145	25.31	98.08
	10 亩以上	11	1.92	100.00
亩均收入	小于 1500 元	144	25.13	25.13
	1500~2500 元	140	24.43	49.56
	大于 2500 元	289	50.44	100.00

第二，西瓜种植面积越大，亩均收入也就越高，特别是对西瓜种植面积比较大的农户而言，这一特征表现得更加明显。我们从西瓜种植面积和西瓜亩均收入两个维度考察，种植面积越低，亩均收入相对越小；种植面积越大，亩均收入相对越高。在西瓜种植面积小于 5 亩这一组中，亩均收入大于 2500 元的农户有 231 户，比重为 55.40%。在种植面积在 10 亩以上这一组中，亩均收入小于 1500 元的农户有 4 户，比重为 36.36%，亩均大于 2500 元的农户有 5 户，比重为 45.45%（见表 6.5）。

表 6.5　种植面积与亩均收入交叉分组情况

单位：户；%

组　别		亩均收入					
		小于 1500 元		1500~2500 元		大于 2500 元	
		频数	占同组比重	频数	占同组比重	频数	占同组比重
种植面积	小于 5 亩	98	23.50	88	21.10	231	55.40
	5~10 亩	42	28.97	50	34.48	53	36.55
	10 亩以上	4	36.36	2	18.18	5	45.45

6.3　西瓜生产的成本收益分析

6.3.1　西瓜的亩产量及亩均收入情况

2012 年，河南省西瓜种植农户受种植面积、管理水平、高新技术的应用和自然条件等多种因素影响，西瓜的产量及销售收入差异较大。在 573 个有效样本中，亩产量最低的为 214 公斤，最高的为 18000 公斤，两者相差较大（见表 6.6）。在有效样本中，西瓜的平均产量为 2295.95 公斤。与 2011 年的 2064 公斤相比，略有提高。从亩均收入这一指标来看，样本农户中收入最低的为 171 元，收入最高的为 20000 元，之间的差距也比较明显。样本农户的平均每亩收入为 3088.51元，与 2011 年的 3972 元相比，减少了近 800 元。这与 2012 年西瓜市场价格较2011 年低有很大的关系。

表 6.6　河南省西瓜产量及销售收入情况

单位：户；公斤；元

	样本数	最小值	最大值	均值	标准差
亩产量	573	214	18000	2295.95	1208.777
亩均收入	573	171	20000	3088.51	2343.735

6.3.2　西瓜种植生产的投入成本分析

第一，从总体样本情况分析，在有效的 573 户样本农户中，化肥费和种子费是西瓜种植农户的主要成本。在西瓜的种植生产过程，购买种子的费用和购买化肥的费用是每个农户必须投入的成本。从投入的各项成本费用比较来看,每亩化肥费平均为276.7元,比2011年的164.92元高出111.78元左右,在所有的投入成本中最高。就每亩化肥费来看,投入量最少为10元,多为650元,两者之间差异较大。从每亩种子费来看,投入最少的为8元,最多的为480元,两者之间的差异也比较大。

第二,农家肥费和农膜费是西瓜种植生产过程中重要的投入成本。使用农家肥的共有467户,投入费用最少为每亩0元,最多为每亩600元,两者之间的差异也是比较大的,有效样本的平均投入成本为125.8元。使用农膜的农民共有573户,投入成本最小的农户仅为每亩0元,最大的为每亩700元,平均每亩投入为47.9元。差异较大与农户的西瓜种植生产方式有很大的关系。

第三,西瓜种植生产的租赁投入和排灌投入较少。从调查样本的统计结果看,有租赁作业投入的只有61户。从投入的费用上,投入最少的为每亩15元,最多的为每亩25元(见表6.7)。有排灌投入费支出的为387家农户,只占到了总样本量的1/2。从投入的费用看,每亩投入最少的为0元,最多的为320元。从这两种成本投入的农户数量不等与农户是自己生产还是租赁经营有直接的关系。

表6.7 西瓜种植农户每亩投入各项成本的基本情况

单位:户;元

项 目		样本数	最小值	最大值	均值	标准差
直接费用	种子费	573	8	480	84.8	63.6
	化肥费	573	10	650	276.7	183.6
	农家肥费	467	0	600	125.8	96.1
	农药费	572	0	270	55.9	31.9
	农膜费	573	0	700	47.9	82.7
	租赁作业费	61	15	25	19.7	1.8
	机械作业费	123	0	520	71.1	105.4
	排灌费	387	0	320	47.4	30.8
	燃烧动力费	249	1	300	98.3	76.5
间接费用	固定资产折旧	214	0	400	130.5	49.1
	销售费	235	0	500	64.6	65.5

注:①在对河南省西瓜种植农户调查过程中,农户都利用自有承包地进行西瓜生产,只有3家转租其他农用土地,因为政府已经取消了农业税。因此土地成本和土地租赁成本不再计入西瓜种植的生产成本。②依据国家农业补贴政策,对西瓜种植生产的补贴额度很少或者没有,农户的西瓜种植收入主要来源于西瓜生产与销售,不包括政策补贴等。③在调查过程中,只有个别农户支付少量的技术服务费,占总标本量的比重非常小,这一部分投入成本也没有计入生产成本中。④农户在西瓜种植生产过程中,都是依靠自有的劳力生产,投入生产劳作的时间、费用都难以估算,也不计入西瓜种植成本。

6.3.3　西瓜生产的成本收益分析

因为种植规模差异会对西瓜收益造成较大影响，因此，从总量上难以估算出西瓜种植生产的成本收益情况。为方便统计分析西瓜生产的成本收益，拟采用每亩平均收益与每亩平均投入成本进行分析。依据2005年以来沿用至今的农产品成本收益核算指标体系进行计算。

每亩收益＝每亩销售收入－每亩投入成本

每亩收益＝每亩销售收入－（每亩种子费＋每亩化肥费＋每亩农家肥费＋每亩农药费＋每亩农膜费＋每亩租赁作业费＋每亩机械作业费＋每亩排灌费＋每亩燃烧动力费＋固定资产折旧＋每亩销售费）

每亩收益＝3088－（80.65＋277.37＋136.64＋77.37＋48.54＋76.57＋48.17＋98.30＋299.42）

每亩收益＝2065.81（元）

总体上看，西瓜种植农户平均每亩收益为2065.81元。

与2011年相比，西甜瓜的种植农户平均每亩收益减少了近1100元。

6.4　西瓜生产新技术认识情况分析

6.4.1　西瓜种植农户的技术需求情况

第一，西瓜种植农户对各种技术的需求意愿都比较强。在我们所设定的增加产量良种技术、提高品质良种技术、病虫害防控技术、节本高效栽培技术、省工机械技术、水肥及管理技术、储运及加工技术中，农户需求都是比较高的。样本农户都在400户以上，比重都达到了90%以上。

第二，增加产量良种技术和节本高效栽培技术需求相对最高。在调查的503份有效问卷中，有479户农户认为非常需要这两种技术，占总体样本的比重为95.23%。只有24户对这两种技术没有需求，其比重也只有4.77%。

第三，省工机械技术技术需求相对较低。在这 7 项与西瓜种植生产关系较为密切的技术中，只有这一项有 426 户农户选择了需求，样本数是最少的，但是比重还是超过了 84.69%（见表 6.8）。

表6.8 西瓜种植农户各种技术需求情况

单位：户；%

各种技术需求	是否需求	样本数	比重
增加产量良种技术	否	24	4.77
	是	479	95.23
提高品质良种技术	否	63	12.52
	是	440	87.48
病虫害防控技术	否	37	7.36
	是	466	92.64
节本高效栽培技术	否	24	4.77
	是	479	95.23
省工机械技术	否	77	15.31
	是	426	84.69
水肥及管理技术	否	50	9.94
	是	453	90.06
储运和加工技术	否	62	12.33
	是	441	87.67

注：在回收的样本中，有 70 个样本没有显示瓜农的技术需求情况，造成样本缺失。因此，此处有效样本总计为 503 户。

6.4.2 参加技术培训情况

第一，绝大部分农户没有参加过任何技术培训。西瓜种植生产技术在西瓜的整个生产周期中占有重要的地位，但是从调查结果来看，有 530 个样本农户没有参加过任何西瓜种植生产的技术培训，比重达到了 92.5%；只有 3 户农户经常参加各种西瓜种植生产技术的培训，比重只有 0.52%；有 40 户农户也只是偶尔参加技术相关的技术培训，比重只有 6.98%。这说明河南省西瓜种植生产农户对先进的种植生产技术应用较少（见图 6.4）。

第二，有部分农户全凭经验种植。由于很少有农户参加任何形式的技术培训，这就造成了大部分农户在西瓜种植过程中基本上没有应用先进生产技术。从调查结果看，全部自己摸索、凭经验的就有 152 户，比重为 26.53%，基本占到总样本的三成。

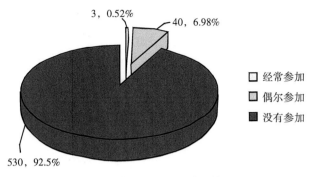

图 6.4 参加相关技术培训情况

第三，大部分农户的技术获取途径是自己摸索和跟着其他农户种植生产。从调查结果分析看，有 315 户、占比 54.97%的西瓜种植农户没有接受过正规的农业技术推广人员的技术培训。与完全依靠自己摸索的农户加总起来，这两项的比重达到了 81.50%（见表 6.9）。也就是说，超过八成的西瓜种植农户没有参加过正规技术指导。

表 6.9 样本农户技术获取的途径

单位：户；%

项 目	累计数	比 重	累计比重
自己摸索、凭经验	152	26.53	26.53
自己摸索、凭经验；跟着其他农户干	315	54.97	81.50
自己摸索、凭经验；跟着其他农户干；乡干部传授	2	0.35	81.85
自己摸索、凭经验；跟着其他农户干；媒体宣传	34	5.93	87.78
自己摸索、凭经验；农业技术人员传授；跟着其他农户干	33	5.76	93.54
自己摸索、凭经验；乡干部传授	2	0.35	93.89
自己摸索、凭经验；媒体宣传	17	2.96	96.85
自己摸索、凭经验；农业技术人员传授	2	0.35	97.20
跟着其他农户干	8	1.40	98.60
跟着其他农户干；乡村干部传授	3	0.52	99.12
跟着其他农户干；乡村干部传授；农业技术人员传播	5	0.87	100.00

第四，无论是农闲还是农忙，大部分西瓜种植生产农户基本没有参加过全套的种植生产技术。具体来讲，在农闲时，只有 59 户农户学习过全套的技术内容，比重为 10.30%；有 514 户农户没有学过全套的生产技术，其比重达到 89.7%。在农忙时，西瓜种植生产农户参与学习农业生产技术的更少，只有 56 户，比重为

9.77%，这与农闲时相比，降低了 0.53 个百分点，相应地，没有现场学习过农业技术的比重提高了 0.53 个百分点（见表 6.10）。

表 6.10　样本农户在农闲和农忙时学习技术的情况

单位：户；%

项　　目	是否学过	样　　本	比　　重
在农闲时学习过全套的技术内容	学过	59	10.30
	没有	514	89.70
在农忙时现场学习过农业技术	学过	56	9.77
	没有	517	90.23

6.5　本章小结

2012 年，我们在总结 2011 年对河南省西瓜种植农户问卷调查的基础上，对调查重新进行了调整与安排，使调查更具有针对性。经过统计发现，西瓜种植农户的产量与 2011 年相比有了较大提高，但因价格等因素影响，农户的收益远远低于 2011 年的平均每亩收益水平，这一结果也极大地挫伤了农户对西瓜的种植积极性，有将近 25% 的农户不愿再继续种植西瓜，如果国家对西瓜的种植补贴提高到 5%，所起到的政策效应较差，只有将种植补贴提高到 10%，33% 的种植农户才会扩大西瓜种植面积。90% 左右的农户都非常迫切地需要西瓜种植生产技术，但是，无论是农闲还是农忙时，学习全套农业生产技术的农户都比较少，这也直接造成了西瓜种植的科技水平较低。

7 河南省西甜瓜产业合作组织

家庭联产责任承包制是我国农村基本经济经营制度，经实践检验证明，是符合我国国情的基本经营制度。家庭联产责任承包制既盘活了农业生产各要素，特别是农业生产力，激发了农民从事农民生产积极性，又推动了农业产业繁荣发展和农村社会经济快速发展。但是，随着我国社会主义市场经济体制逐步完善，家庭经营而形成的小农户与大市场的矛盾逐步显现出来。小农户在市场交易中的弱势地位及较弱的抗市场风险能力严重制约了农业经济发展。农民合作组织正是解决这一弊端的最佳途径，能够把分散的家庭农户组织起来，提高市场竞争能力，有效地解决小农户和大市场之间的矛盾。

西甜瓜产业是农业经济发展中的重要组成部分，随着农业各要素生产率的不断提高，农业生产效率逐步提高，农户投入西甜瓜产业经营的土地面积逐步扩大，其重视程度不断提高，西甜瓜产业在农业经济发展中的地位越来越重要。但是在我国大部分地区，西甜瓜生产经营还是以家庭为主，小农户与大市场的矛盾也十分突出。因此，发展西甜瓜农民合作组织，能够把分散种植农户有效地集中起来，提高西甜瓜种植农户抗市场风险的能力和参与市场竞争的能力。

7.1 农民专业合作组织

7.1.1 农民专业合作组织内涵

农民专业合作组织是农民自愿参加的，以农户经营为基础，以某一产业或产品为纽带，以增加成员收入为目的，实行资金、技术、采购、生产、加工、销售等互助合作的经济组织。农民专业合作经济组织具有不改变成员的财产所有权关系，退社自由，专业性强，民办、民营、民受益，可以突破社区界限，在更大的范围内实行专业合作等方面的特征。

7.1.2　农民专业合作组织功能

在农村经济发展进程中，农民专业合作经济组织在农业产业化经营中的作用与功能主要表现在以下四个方面：

7.1.2.1　组织功能

专业合作经济组织，在农业产业化经营中，其组织功能作用十分明显。一是按照国家产业政策，组织成员进行生产与销售，促使农业生产由行政管理过渡到由合作经济组织协调管理；二是根据国家产业规划以及市场信息，组织和协调农户进行专业生产；三是根据市场需求和农民意愿，把分散的专业户、专业村，通过专业合作，组织成为各种类型的专业农协，以参与市场竞争；四是在经济发达的地区，通过各类合作经济组织，直接组织农业劳动力有序地流动到第二、第三产业，实现农业规模经营，为农业产业化经营奠定基础。

7.1.2.2　中介功能

由于农户经营的分散性，不可能直接加入大公司的经营序列或进入大市场销售农产品。在市场需求与市场竞争中，农户为避免自然风险与市场风险，需要"合作经济"这一中介组织。同样，公司（企业）也需要一个中介组织，以节约交易成本，无论哪一种农业产业化经营模式，都需要一个中介组织，使公司与农户对接，市场与农户对接。

7.1.2.3　载体功能

所谓载体功能，是指农民专业合作经济组织从单纯的组织功能、中介功能中"跳"出来，逐步向产前和产后延伸，兴办各种经济实体，逐步将自身的组织演变成社区性的产业一体化组织或专业性的产业一体化组织。

7.1.2.4　服务功能

向农户提供产前、产中、产后有效服务，是实施农业产业化经营必不可少的手段。由于农民专业合作经济组织的根扎在农民的土壤中，因此它对农户的服务最直接、最具体，从而成为农业社会化服务体系中不可取代的重要组成部分，成为农业产业化链条各环节得以稳固相联并延伸的生命线。

7.1.3 主要类型

在以家庭联产责任承包制为基础的农村基本经济制度中，活跃在农业产业化产前、产中和产后等各环节上的农民专业合作经济的组织形式和活动方式多种多样，按照与农民合作的紧密程度，主要包括以下三种类型：

7.1.3.1 专业合作社

专业合作组织作为农民专业合作经济组织的典型形式，是农民联合自助组织的目标模式。其基本特征是从事专业生产的农民自愿入社，退社自由，平等持股、自我服务、民主管理、合作经营的经济组织。这类合作组织一般是实体性的，内部制度比较健全、管理比较规范、与农民利益联系紧密，形成劳动者约定共营企业和社会利益共同体。农民入股需缴纳一定股金，合作社除按股付息外，主要按购销产品数量向社员返还利润。专业合作社也是企业，有的在工商管理部门登记为企业法人。专业合作社在东部地区较多，中部地区次之，西部地区极少。山东省莱阳市就是以专业合作社为主，有专业合作社420多个，基本社员17万户，占全市总农户的80%。

7.1.3.2 股份合作社

股份合作社是在合作制基础上实行股份制的一种新型合作经济组织。基本特点是实行劳动联合与资本联合相结合、按劳分配与按股分红相结合。与一般专业合作社不同的是，资本在股份合作企业的生产经营活动和收益分配中，占有比较重要的地位。这类组织一般也是实体性和紧密性的，全国各地都有，尤其在东部地区较多。近年发展较快，农民在兴办龙头企业或龙头企业牵头兴办合作组织，进行农产品加工、销售、运输、储藏、资源开发和水利建设等方面多采取这种形式。山东、北京等省、市有超过30%的农民专业合作经济组织采用这种形式。

7.1.3.3 专业协会

专业协会是一种较为松散的合作形式，包括农业服务协会和专业协会等。农业服务协会为农户提供综合性系列化服务。专业协会主要从事专项农产品生产、销售、加工的农民按照自愿互利的原则，以产品和技术为纽带，组建为社团性合作经济组织。着重为会员提供技术和运销服务，并在民政部门登记，注册为社团组织，其前途是向实体合作社方向发展。凡是从事专业生产并达到一定规模的农民都可以加入协会，协会对会员进行无偿和低偿服务，入会农民根据协会的要求进行生产销售。

7.1.4 发展着力点

中国有大量小农户，通常面对如何与市场连接的问题，在这方面，农民专业合作社能够发挥很大的作用。世界银行的研究数据表明，2004 年中国有约 9% 的农民加入各类农民专业合作组织，2%~3% 的农户是农民专业合作社的会员，相对于农民合作组织发展成熟的国家来说，中国农民专业合作协会的数目和加入合作社的农民都太少。另外，现有的农民专业合作组织在许多方面还存在着运行不规范、管理水平低等问题。中共十届全国人大常委会第二十四次会议表决通过了《农民专业合作社法》，这一法律对农民专业合作社的财政方面做出了明确规定，把合作社不能申请贷款等问题解决了，这对农民合作社的运作很重要；再有，这一法律明确了农民专业合作社的内部结构，明确了各方的责任，提高了农民专业合作社的内部管理水平，对农民专业合作社的规范化有重要意义。分析认为，发展农民专业合作组织还需要从以下方面着力：

一是提高农民专业合作社的市场竞争力。在市场经济条件下，农民专业合作社的本质是赋权于农村贫困人口及其社区，合作社的生存和发展离不开市场竞争。因此，增强农民专业合作社生存能力就是要提高农民专业合作社活力，提高参与合作社的农民的综合素质。注重经营活动的农民专业合作社要想取得成功，就需要与其他企业一样的环境，如发达的基础设施和受过教育的、有经验的、非自给自足的农民。

二是增强农民合作社社员的受益能力。国际上的农民专业合作社一般规模都比较大，但中国目前的专业合作组织多是地方性的，规模比较小。分析认为，合作社成功的关键是看它是否能让农民受益，不能说大的就是好的。与国际经验相比，中国也有很多成功的经验，应该在今后更好地总结实施。尽管农民专业合作社能使小农户从中受益，它可以帮助农民把产出更好地送到市场，但也要清醒地认识到，农民专业合作社的首要任务是使农民能够自己帮助自己，而不是实现农业结构调整。如果能够认清这一点，专业合作社的发展就能够使小农户受益，并能够缩小小农户与社会其他群体日益扩大的收入差距。

三是保证农民自愿加入，才能确保农民专业合作社的活力。农民专业合作社一定要由农民自愿加入，让农民起主导作用，不要让企业过多地加入，因为企业与农民的初衷是不同的，一切以自愿为原则才能真正保护农民的权益。此外，还要注重妇女在农民专业合作社中的重要作用，妇女更积极地参与可能是农民专业协会尚未发掘的最大的发展潜力之一。由于城市化加速和大量男性劳动力进入城市就业，在农村，妇女已经成为并将继续成为农业生产的主要劳动者和经营者，所以，注重性别问题的政策和干预措施在中国尤其重要。

7.2 农民专业合作社发展情况

7.2.1 全国合作社发展情况

农民合作社快速发展，为家庭农户的农业生产经营提供了极大的便利，为农户购买生产资料、提供农业生产技术服务、农产品销售提供了支持和帮助。到2013年6月底，全国依法登记的农民专业合作社达到82.8万家，约是2007年底的32倍，实有成员达6540多万户，占农户总数的25.1%，覆盖产业逐步增多，涉及种养、加工和服务业，其中种植业约占45.9%，养殖业占27.7%，服务业占18.6%，涵盖粮棉油、肉蛋奶、果蔬茶等主要产品生产，并逐步扩展到农机、植保、民间工艺、旅游休闲农业等多个领域，能力不断增强。越来越多的专业合作社从简单的技术、信息服务向农资供应、统防统治服务延伸，由产前、产中服务向产后的包装、储藏、加工、流通服务拓展。其中，农民专业合作社对农户生产经营改变最大的是农产品的销售渠道或销售方式。合作社可以直接到城市设立门店，在车载市场、高端配送中心、综合展销店等进行农产品直供直销。在安徽，有城市社区直销店1176个，覆盖1363个社区，影响着390多万人的生活，销售额达21.31亿元；在江苏网上订购产品上千种，网上交易超5亿元；在湖北构建了网上展示、购销，网下实体连锁购物超市于一体的综合服务平台。截至 2013 年 8 月底，试点城市参加农社对接的专业合作社达到 1.49 万家，建立直销店（点）2.3 万个，覆盖社区 2.7 万个，销售金额达 232.3 亿元，受益人群 7500 万人。与此同时，农业部还积极推进农校对接，会同教育部、工信部等在湖南长沙举办了第四届全国农校对接洽谈会，有 140 多家合作社参加，销售额超过 480 万元，意向签约 2500 万元。截至 2013 年 8 月底，参加农社对接试点的专业合作社达到 1.49 万家，建立直销店（点）2.3 万个，覆盖社区 2.7 万个，销售金额达 232.3 亿元，受益人群 7500 万人。[①]农民专业合作社这种销售模式更适合西甜瓜产品的销售，主要原因是西甜瓜属于时鲜蔬菜水果，成熟上市后需要在较短时间内销售出去。目前，我国的西甜瓜合作社主要有以下特征：

第一，西甜瓜合作社分布区域主要集中在东部地区和西部地区。西甜瓜合作社遍布各大产区，有西甜瓜农户的地方就存在着西甜瓜合作社。全国典型西甜瓜专业合作社的经营中具有一定规模、操作比较规范的合作社代表共 59 个，其中，东部地区有 28 个、东北地区有 4 个、中部地区有 3 个、西部地区有 24 个。

第二，西甜瓜合作社普遍成立时间不长，经营规模和销售能力差异较大。从合作社成立情况看，西甜瓜合作社的历史并不久远，最早的成立于 2000 年，最晚的成立于 2011 年，并且以 2011 年成立的合作社居多。入社成员数最多的有 3000 人，最少的仅满足《中华人民共和国农民专业合作社法》的最低限度 5 人，其中，以社员为 50 人的规模最为普遍。从合作社的销售额来看，销售额最高的达 18000 万元，销售额最低的仅 10 万元，说明合作社经营规模和销售能力参差不齐、差异化明显，其中，以销售额在 100 万元左右的合作社居多。

第三，西甜瓜合作社的销售覆盖区域以大陆地区为主。大部分西甜瓜合作社的销售区域还是以合作社所在区域为中心，辐射到周边的省份。例如：河北的瓜主要销往北京、天津、河北、山西、内蒙古等地；浙江的瓜销往上海、浙江、广州、湖南、江苏、中国香港等地；广东的瓜销往全国乃至东南亚国家；海南的瓜销往北京、广东、上海、江苏、浙江、黑龙江、中国香港、中国澳门、中国台

---

① 2013 年合作社年终盘点：合作·共赢·发展 [EB/OL]. 中国农民专业合作社网，http://www.cfc.agri. gov.cn/cfc/html/77/2013/20131225214107141487478/20131225214107141487478_.html.

湾、越南等地；新疆的瓜销往北京、上海、湖南、广东、浙江等地，并且还有国外销售订单。在所选的西甜瓜合作社代表中，有涉外销售业务的合作社占11.86%，说明合作社在提升自身生产能力的同时，营销能力也在逐步增强。

7.2.2 河南省西甜瓜合作社发展情况

7.2.2.1 河南省农民专业合作社发展情况

河南省是西甜瓜的主要种植区域，种植面积和产量都居全国前列。在各级政府大力扶持和政府引导下，西甜瓜专业合作社得到了快速发展。特别是2006年《中华人民共和国农民专业合作社法》颁布实施以来，农民专业合作社的组织行为越来越规范，入社社员的权益得到了法律保障，农民专业合作社在促进农业和农村经济的发展方面起到了非常重要的作用。近几年，河南省各级各类农民专业合作组织发展迅速，截至2013年底，河南省依法登记的农民合作社达到70091家，占全国农民专业合作社总量的7.1%，居全国第三位；出资总额1787.83亿元，占全国农民专业合作社的9.4%，居全国第二位；数量和出资总额均居中部六省之首。① 河南省农民合作社主要呈现出以下特点：产业覆盖面广，从生产经营服务范围看，河南省农民合作社生产经营范围已覆盖农业全领域，涉及种养、加工和服务业，其中，种植业占34.8%，养殖业占8%，农产品销售、加工、运输、储藏占16.71%，服务业占18.72%，涵盖粮棉油、肉蛋奶、果蔬茶等主要农产品生产，并逐步扩展到农机、植保、土地托管等多个领域。② 从出资额情况看，在这7万多户合作社中，出资额100万~500万元的有29895户，占总量的42.7%，同期增长4.5个百分点；出资额500万~1000万元的有9310户，占总量的13.3%，同比增长6.1个百分点；出资额在1亿元以上的有21户，比上年同期增加10户。从分布区域看，周口、驻马店、信阳三地的合作社数量居全省前三名，共22301户，占全省总量的31.8%；驻马店、开封、周口三地的数量同比增长最快。

---

① 河南农民合作社网，http://www.nmhzs.com.cn/list, 7136.html.
② 尹小剑. 河南农民合作社8万多家生产经营覆盖农业全领域［N］. 河南日报，2014-05-22.

7.2.2.2 河南省西甜瓜专业合作社发展情况

从覆盖的领域看，河南省西甜瓜专业合作社属于种植业合作社，在农民专业合作社中占重要的地位，分布于河南省开封、中牟、周口和南阳等西甜瓜的主要种植区域。

表7.1 河南省典型的西甜瓜专业合作社

合作社名称	注册年份	成员数（人）	年销售额（万元）	产品销售地
河南开封西瓜农民专业合作社	2006	7	20	大陆、港澳台地区
河南开封市鼓楼区智联西瓜农民专业合作社	2008	6	36	大陆、港澳台地区
河南泰合农民专业合作社	2007	10	10	河南
河南通许县利均西瓜蔬菜种植农民专业合作社	2009	15	15	河南
河南省温县同润西瓜专业合作社	2008	6	36	河南
河南开封西瓜合作社	2007	13	27	河南
河南开封供销合作社	1990	20	38	大陆、港澳台地区
河南省开封市通许农家乐西瓜专业供销合作社	2011	6	19	河南
河南省开封市通许农家乐西瓜供销合作社	2005	7	20	河南
河南开封汴梁西瓜供销合作社	1976	12	50	大陆、港澳台地区
河南开封豫汴通农家乐西瓜合作社	2008	10	32	河南
河南省安阳市海峰农业生产合作社	2009	8	38	河南
河南内黄县江波温棚瓜菜专业合作社	2009	7	40	河南
河南濮阳县昌泰甜瓜种植专业合作社	2009	13	1200	大陆、港澳台地区
河南省扶沟县喜田瓜菜专业合作社	2010	9	50	河南

数据来源：根据互联网资料整理。

从表7.1选取的典型西甜瓜合作社中，产品来源是代销的占35.59%，为自产的占64.41%，也就是说约2/3的合作社销售的是合作社农民自产的西甜瓜，约有1/3的合作社销售的西甜瓜来自周边农户，并非本社自产，合作社相当于销售公司的作用。从数据分析来看，西甜瓜合作社的历史并不久远，最早的成立于1999年，最近的成立于2011年，并且以2009年成立的合作社居多。入社成员数最多的有20人，最少的仅满足《中华人民共和国农民专业合作社法》的最低限度5人，其中，以社员为10人以上的规模最为普遍。从合作社的销售额来看，最高的合作社达1200万元，最低的仅10万元，说明合作社经营规模和销售能力的参差不齐、差异化明显，其中，以销售额在30万元左右的合作社居多。

从合作社西甜瓜的销售格局来看，河南省西甜瓜专业合作社的西甜瓜主要销往河南本省，只有少数的专业合作社的产品销往其他省、市和中国港、澳、台地区。在所选的西甜瓜合作社代表中，有涉外销售业务的合作社仅有 5 家，说明合作社在提升自身生产能力的同时，营销能力也在逐步增强。

从对河南省西甜瓜专业合作社的专项调研情况看，农民专业合作社的经营性质，以社员自主生产、统一销售经营居多，充当收购商、经纪人角色的合作社所占比例较小。合作社的工作人员平均数为 10 人，但从统计数据来看，以 5 位工作人员的合作社居多。西甜瓜合作社一般都有自己的仓储设施，平均仓储面积为 310 平方米。其西甜瓜销售量占合作社销售量比重的平均值为 56.86%，其中以占比 70%的合作社居多。

现在的农民专业合作社尽管存在组织建设和经营管理上的缺陷，但仍有很大的发展空间。在将来的流通市场中，农民专业合作社会以全新的姿态、健全的组织、充分的市场竞争能力加入到流通市场发展过程中，现代农产品流通体系也将得到进一步的完善和发展。

7.2.3 典型种植区域的典型代表

河南中牟是主要的西甜瓜种植区域，经过多年经营与培育，其种植生产的西甜瓜已经享誉海内外。中牟县能取得这样骄人的成绩，农民专业合作社有着突出的贡献。中牟西瓜以其糖度高、形状好、颜色正、风味美，享有"籽如宝石瓤如蜜，中牟西瓜甜到皮"、"凉争冰雪甜争蜜，香拂笑语牙水生"的美誉。近年来，中牟县委、县政府大力实施西瓜产业化经营，推广无公害标准化生产，保护地与露地相结合，有籽与无籽相结合，早、中、晚熟相结合，长、中、短途运输相结合，形成了花、青、黑、黄、绿色样齐全的生产格局。全县年种植面积保持在 13 万亩左右，产量为 35 万吨，农民西瓜经纪人队伍有 5000 多个。中牟西瓜荣获"河南省名牌农产品"称号，注册了"五洲绿源"无公害西瓜品牌，2008 年中牟县被认定为河南省西瓜生产标准化示范基地。

以下以中牟县罗宋村的西瓜合作社为例，分析合作社在西甜瓜生产、销售中发挥的作用和存在的问题，供读者参考或借鉴。

罗宋村：西瓜的合作①

6月，中牟县姚家乡罗宋村，一座座西瓜大棚有序地排列在路旁的田野里，在微风的吹拂下泛着层层银光，放眼望去，就像一大片波光粼粼的水面。

身材魁梧、面庞黝黑中透着红润的村党支部书记、村西瓜合作社理事长宋刘志正领着客人在大棚内挑选成熟的西瓜。罗宋村的西瓜种植面积逐年扩大，合作社帮农民引进的"京欣"系列品种西瓜熟得早、透甜，十分好卖。宋刘志算了一笔账，2007年按照保守的数字统计，全村大棚西瓜1400亩，亩纯收入在4000元以上，这数字相当的可观。自罗宋村成立西瓜合作社以来，社员经济收入大幅度递增。

一、逼出来的合作社

罗宋村北距中牟县城10公里，全村1372人，355户，耕地面积2670亩，是中牟县有名的西瓜生产专业村。目前该村有大棚西瓜1400亩、露地西瓜600亩，西瓜种植户310户。

西瓜的种植给农户带来了可观的经济效益，但随着西瓜面积的不断增大，销售却成了一个问题。

"为解决瓜农销售难的问题，我们想了不少办法，但因为种种原因，没起什么实际作用。2006年4月受别的合作社启发，成立了'村西瓜生产者合作社'。"村西瓜合作社监事长宋赵成说，"这也是被逼出来的方法呀！瓜农们总不能在面对收获喜悦的同时'望瓜兴叹'吧？"

西瓜合作社设立在村委会，办公室的墙壁上挂着合作社的各项章程和规章制度。最醒目的还是那块中牟县委、县政府颁发的"2006年度农民专业合作社先进单位"牌子。

合作社的成立过程很简单。2006年春节过后，乡里召开农村经济工作会议，会上春岗村的草莓生产合作社成员介绍他们通过建立合作社，低价购进农资，打开销售局面的经验。宋赵成感到合作社实用，于是也产生了办合作社的念头，回来后得到了村支书宋刘志的赞成。3月底，宋赵成到县农业局咨询成立合作社的

---

① 引自《河南农民合作社取样调查系列报道》。

事，回到村里就开始积极筹备。4月28日晚上召开第一次社员大会，选举产生了理事会、监事会成员和理事长、监事长。西瓜合作社就算成立了。

二、维护"罗宋西瓜"的声誉

合作社的优势在哪儿？

宋刘志理事长的回答让人出乎意料："2003年、2004年发展大棚西瓜时，我曾出面担保，与供销社签协议给大家赊销农资。不过，我是村党支部书记，又是县人大代表，老出面联系这些事，怕有人认为我在中间有什么好处。现在好了，合作社成立起来了，以后统一购进谁的农资、什么价钱，都交给社员讨论决定，也不会有人说闲话，好事也就好办了。"

社员王建军表示："以前卖瓜是个难事，自己拉到郑州去卖，有时一车瓜要卖几天，辛苦不说，还到处乱撵不让卖。现在地里瓜熟了，合作社就给联系外地客商，直接就拉走了。价格还不低于县城的市场价。"

社员宋长松谈到："过去，每个西瓜种植销售时自己顾自己，信息不相互沟通，有时来个大客户，要1万斤西瓜，自家地里只有几千斤，甚至几百斤成熟，去协调其他农户的西瓜，又不知道该找谁，费周折，客户也不满意。于是，合作社三天两头开一次碰头会，让社员汇报每家西瓜的品种、成熟度、产量、个头等，合作社一一登记在案。然后根据记录，按照客户要求协调组织货源，使每户社员家的西瓜都能在成熟状况最适宜时及时卖出去，客户也能迅速完成采购量。"

"早瓜价格比较高，有些瓜农为了挣钱，硬把不熟的瓜用催熟剂催熟。虽说只是个别现象，但罗宋西瓜的名声要是因此毁了，这瓜以后可就不好卖了，并且现在已经有了不好的影响！"宋刘志说。

宋扎根说："七八成熟的西瓜，往年就可以卖出了，不仅分量重，并且价格也相当高。从2006年以来却不行，合作社有规定，西瓜不到十成熟不准出棚。"

合作社维护了罗宋西瓜的声誉。为了商讨西瓜销售事宜，理事会及时召开会议，形成了如下决议：①不允许为赶早上市涂抹催熟剂，发现罚款1000元。②社员售瓜必须到理事会备案，哪一天谁的瓜，卖到哪了、多少斤理事会都记录在案。③不允许出售生瓜，必须按客户要求售瓜。凡是出售生瓜者，客户反馈过来，谁的瓜谁负责包赔损失，要瓜给瓜，要钱给钱。④售瓜时，根据社员卖瓜顺序，在每个瓜上贴上编号，第一份卖的贴上"1"，第二份卖的贴上"2"，依次类推。这个销售制度在社员大会上讨论通过，产生了良好效果，为合作社赢得了良好声誉。

2007年西瓜上市前，合作社社员及早联合向社会郑重推出了第一项承诺就是：不为赶早上市催熟西瓜。合作社社员互相监督，一旦被举报并核实，就得交1000元罚款。这条规定是经合作社社员大会讨论决定的，没有商量的余地。每个西瓜都得有"身份证"。贴有标号的瓜如果被市民挑回家，发现过生或过熟，层层反馈回来，可根据编号查到"主家"，按照客户的合理要求进行赔偿。不"遵守纪律"就做不了社员。一旦发现合作社社员有不诚信行为，又拒不履行责任者，将会取消其社员资格。

宋赵成表示，这种制度让合作社没有接到过一起投诉。除此之外，合作社还统一价格，反对恶性竞争。

而这些规定也确实让农民得到了实实在在的好处。每个社员从购买西瓜种子、购买农药化肥到技术服务，再到联系买家按统一价格销售，整个体系下来，每户每年都增收2000元左右。"只要瓜苗下地，管理好，销售都不用操心，还多挣钱，肯定都愿意加入合作社。"

三、合作的困惑

不过，虽然合作社给入社的社员带来了不小的实惠，但310户瓜农只加入了100户。

未加入合作社的李素云表示，这几年随着罗宋西瓜知名度的不断提高，村里的西瓜也不愁卖，瓜商收购直接到田头了，价格也不低，加入与不加入合作社没有多大的用处。

加入合作社的王栓林说，现在随着罗宋西瓜声誉的不断提高，种出的西瓜很好销售。在销售环节上，如果通过合作社进行销售，还得自己将西瓜采摘送到合作社指定的地方，而瓜商可以直接将车开到瓜棚前。他认为，合作社只是在瓜农购进西瓜种子的时候减少了一定的成本，其他没有多大的用处。

合作社一名负责人表示，村民觉得西瓜好卖了，这其实是合作社带来的好处。合作社的一系列努力提高了当地西瓜的信誉度和知名度，引来了更多的客商，也提高了当地西瓜的价格。这些效应，其他村民和合作社的社员一样享受到了。"加不加入合作社差不多享受一样的待遇，村民自然不愿意加入。再说，加入合作社还要交会费。但是合作社的客商来了，总不能不让非合作社的社员卖瓜吧……"这代表了大多数人的想法。

河南省财经政法大学农业与农村发展研究中心教授关付新表示，中牟罗宋西瓜合作社初步发挥了农民专业合作社的作用，依靠章程和机制在一定程度上解决了过去西瓜"卖瓜难"和"打乱仗"的问题。

这是合作社吸引客商带来的"好处"外溢，应划清社员与非社员的界限，合作社西瓜贴签，让建立起来的信誉惠及社员，并不被他人损害。让客商认识到只有在合作社才有制度保障买到"放心瓜"，对大客商合作社还可以"送销"，避免客商进村后被他人进行不公平竞争，拉走客户。

对于西瓜合作社下一步的发展方向，关教授认为，应加强"统一"，即统一购种、统一标准、统一管理、统一销售等，低价购进农资、降低社员生产成本的同时，确保质量，抓好销售，经过一个努力过程，赢得市场认同和社员认可。与此同时，结合西瓜产品的特点，采取切实有效的管理措施。如在保证质量相同的情况下，按大小分级，解决杂乱等问题。只有充分发挥各种功效作用，合作社才能带动更多村民壮大发展。

7.3 农民专业合作社的成本收益分析

7.3.1 农民专业合作社专项调研

为了更好地了解农民专业合作社经营情况及在西甜瓜产业发展中发挥的作用，我们对河南省西甜瓜专业合作社进行了专项调研。调研一共发出问卷90份，共回收有效问卷77份，有效回答率为85.56%，调查问卷主要分布在开封、郑州、许昌、周口、驻马店、南阳、商丘、新乡和安阳等地区。调查问卷回收最多的是开封15份、郑州13份，分别占19.48%和16.88%。

表 7.2 河南省农民西甜瓜专业合作社问卷分布情况

单位：份；%

地市	开封	郑州	许昌	周口	驻马店	南阳	商丘	新乡	安阳
回收份数	15	13	6	6	6	9	9	6	7
比重	19.48	16.88	7.79	7.79	7.79	11.69	11.69	7.79	9.09

第一，从农户加入西甜瓜专业合作社的年份来看，主要集中 2006~2012 年，其中，2006 年加入的占 1.0%，2007 年加入的占 1.3%，2008 年加入的占 44.5%，2009 年加入的占 40.6%，2010 年加入的占 5.4%，2011 年加入的占 2.7%，2012 年加入的占 4.6%。从其分布来看，主要是 2008~2010 年加入合作社，可见所调研的合作社成立时间较短，处于起步阶段，但这些"年轻的"合作社在运营中仍取得一定的成绩。

第二，农户对西甜瓜专业合作社还是比较满意的。从农户对所在合作经济组织的满意度来看，"很满意"的占 3.9%，"满意"的占 63.1%，认为合作经济组织"一般"的占 31.5%，"不满意"的占 1.5%。满意度总体而言是"比较满意"，当然，这其中还有很大的提升空间。

第三，农户对西甜瓜专业合作社的技术服务获取与满意度不高。表 7.3 反映了调查样本农户对现有各项技术水平的满意程度，在 2012 年河南省西甜瓜产业技术专业调研中，有 189 户参加了西甜瓜专业合作社，从农户对专业合作社提供的各项技术服务的平均满意度来看，有 2.5% 的农户对现有的生产技术表示满意；有 11.95% 表示基本满意；有 27.7% 的农户认为该合作社的技术水平有待提高；有 57.85% 的农户认为亟待提高，也就是说有将近 60% 的人都认为合作社现有技术水

表 7.3 西甜瓜农户对合作社提供的技术服务的满意度调查

单位：%

技术类型	现有技术水平评价			
	满意	基本满意	有待提高	亟待提高
增加产量良种技术	5.4	10.80	31.1	52.70
提高品质良种技术	2.7	8.10	33.8	55.40
病虫害防控技术	0.0	13.50	23.0	63.50
节本高效栽培技术	4.1	4.10	32.4	59.40
省工机械技术	4.1	14.90	36.5	44.50
水肥及管理技术	4.1	17.60	18.9	59.40
储运和加工技术	0.0	13.50	21.6	64.90
总体情况	2.5	11.95	27.7	57.85

平亟待提高。以上这些数据显示，技术服务是目前合作社成员比较关注的问题，而某些具体服务更是成员农户迫切需要而又难以享有的。另外，西甜瓜专业合作社为社员提供的技术水平与社员的实际需求还有一定的差距，还需要专业合作社在此方面加大投入力度。

第四，西甜瓜专业合作社对瓜农增收效果明显。对参加西甜瓜专业合作社的瓜农的西甜瓜种植收益率进行统计，61 个西甜瓜农户的平均利润率是 52.86%。从利润率的角度来看，合作社对西甜瓜的经营是比较高效的。西甜瓜专业合作社可以通过西甜瓜种植技术的专项服务指导。产品上市销售管理等方面影响瓜农的收益。因此，西甜瓜专业合作社对瓜农增收影响还是非常明显的。①

农民专业合作社发展迅速，在现代农业发展中发挥着重要的作用，已经成为现代农业发展的重要经济主体之一。为了更好地发挥农民专业合作社这个新型的农业经营主体应有的功能，最重要的还是要不断提高合作社自身的素质。西甜瓜专业合作社的长足发展不仅有利于瓜农生产能力和生产关系的提升，还能发挥其小农户与大市场的桥梁作用，促进流通体系顺利运转，并通过其较好的平台和团队的力量提高西甜瓜生产方的市场地位，提高西甜瓜的经济效益。

7.3.2 合作社运营效益

农民专业合作社的经营模式多种多样，无论采取哪种运营模式，其运营成本主要包括收购成本、运输费用、仓储成本等其他费用。用公式表达农民专业合作社利益为公式（7.1）：

合作社月利润 = 月销售收入 –（月收购成本 + 月运输成本 + 月仓储成本 + 月装卸成本 + 月其他成本）   (7.1)

农民专业合作社利润率就可以表示为合作社月利润除以月销售收入，即：

合作社利润率 =

$$\frac{月销售收入 – （月收购成本 + 月运费 + 月仓储费用 + 月装卸费用 + 月其他费用）}{月销售收入}$$

×100%   (7.2)

---

① 周忠丽，夏英. 我国西甜瓜流通现状与对策建议——基于河南省西甜瓜的调研分析 [J]. 中国食物营养，2014（2）.

在对农民专业合作社调查的 77 份问卷中，从事西瓜为主要销售内容的有 54 家，从事甜瓜为主要销售内容的有 35 家。[①] 根据公式（7.2）计算出西瓜合作社的月利润和利润率，如表 7.4 所示。

表 7.4　2012~2013 年西瓜合作社成本收入的月均值及利润率

单位：元；%

项目	2013 年	2012 年
月销售收入	3947300	3166900
月经营成本	3219620	2556135
其中：月收购成本	3091400	2415000
月运输费用	95440	113130
月仓储费用	5100	4505
月装卸费用	27230	23120
月其他费用	450	380
月利润	727680	610765
利润率	18.43	19.29

从表 7.4 可知，2012 年西瓜合作社的利润为 610765 元，利润率为 19.29%。2013 年，西瓜合作社的经营月利润达到了 727680 元，比上年增加了 116915 元；但从利润率上看，却比上年下降了 0.86 个百分点。出现这种情况与 2013 年西瓜的市场价格较低、种植经营利润率下降有直接的关系。

甜瓜合作社的利润和利润率如表 7.5 所示。

表 7.5　2012~2013 年甜瓜合作社成本收入的月均值及利润率

单位：元；%

项目	2013 年	2012 年
月销售收入	9676460	8726400
月经营成本	8083440	7215708
其中：月收购成本	7808600	6936308
月运输费用	198230	206380
月仓储费用	0	0
月装卸费用	16000	15640
月其他费用	60610	57380

---

① 根据调查样本，有 12 家农民专业合作社的经营业务中，西瓜和甜瓜共同为主要经营项目，因此这几家分开计算西瓜和甜瓜的经营利润率。

项　目	2013 年	2012 年
月利润	1593020	1510692
利润率	16.46	17.31

由表 7.5 可知，2012 年和 2013 年，甜瓜的利润率都在 15% 以上，较高的为 2012 年 17.31%。从利润率上看，甜瓜利润率略低于西瓜的利润率，但从月利润上看，甜瓜却高于西瓜。2012 年西瓜和甜瓜的月利润分别为 610765 元和 1510692 元，2013 年分别为 727680 元和 1593020 元，由此看出甜瓜的月利润明显高于西瓜。造成这种情况的原因主要有三个方面：一是西瓜的产量高于甜瓜，西瓜销售的单位成本较低，而甜瓜销售的单位成本较高，造成了利润率上的差别；二是西瓜合作社的采摘相对于甜瓜合作社而言更受欢迎，而采摘的利润空间非常高，也将西瓜合作社的利润率抬高了；三是在最后成熟的几天内，甜瓜受气候影响较大，对甜瓜品质影响较大，甜瓜流通和销售速度的减缓增加了损耗成本，也降低了甜瓜经营利润率。

7.4　本章小结

小农户的家庭经营是河南省西甜瓜种植生产的主体，小农户在市场交易中处于弱势地位、抗市场风险能力弱严重制约了农业经济发展。而农民专业合作社是解决小农户与大市场之间矛盾的最佳途径，能够把分散的小农户有效地组织起来，提高西甜瓜种植农户抗市场风险能力和参与市场竞争的能力。农民专业合作组织具有较强的组织功能、中介功能、载体功能和服务功能。河南省承担着这些功能的西甜瓜专业合作组织主要有专业合作社、服务合作社和专业协会。经过政府政策的引导、合作组织自身的不断完善，农民专业合作组织的市场竞争能力不断增强、瓜农的受益能力逐步提高，吸引越来越多的瓜农自愿加入西甜瓜合作社。

由于农户能从合作社中得到实惠、政府政策的大力支持等多方面的原因，农民专业合作社快速发展。截至 2013 年底，河南省依法登记的农民合作社达到

70091 家，占全国农民专业合作社总量的 7.1%，居全国第三位；出资总额 1787.83 亿元，占全国农民专业合作社出资总额的 9.4%，居全国第二位；数量和出资总额均居中部六省之首。河南省西甜瓜专业合作组织的快速发展，提高了瓜农参与市场竞争的能力，促进了瓜农增收。从专门对河南省西甜瓜合作组织运营情况调查来看，专业合作社可以通过西甜瓜种植技术的专项服务指导、产品上市销售管理等方面影响瓜农的收益。

从西甜瓜合作社自身经营情况来看，西瓜的经营利润率高于甜瓜，但利润收入低于甜瓜；纵向比较看，2013 年的合作社经营收益率明显低于 2012 年，这与 2013 年西甜瓜市场价格比较低有直接的关系。

8 西甜瓜产业发展措施及前景展望

8.1 主要结论

通过西甜瓜产业发展的理论、西甜瓜种植经营概况、河南省西甜瓜种植生产的影响因素、生产供给的成本收益以及农民专业合作社等对河南省西甜瓜产业的发展情况进行了全面、系统、深入的研究，大致可以有几方面共识：

8.1.1 河南省是种植西甜瓜主要省份，具有明显的区域比较优势

西甜瓜产业是农业产业的重要组成部分，随着农业产业结构的不断优化和调整以及居民收入水平和生产水平的不断提高，西甜瓜在居民生活中的地位也越来越重要，市场需求持续增多，西甜瓜种植面积和消费量不断扩大。从地理区位分布和自然条件状况来看，河南省都具有种植生产西甜瓜的天然资源禀赋条件，河南省发展西甜瓜产业具有得天独厚的条件，因此，河南省是西甜瓜的重要种植省份，西甜瓜产业已经成为河南省国民经济的发展支柱产业。

西甜瓜种植经营受自然条件制约和影响较为明显，由于不同区域自然禀赋条件不同，也就决定了不同地区种植西甜瓜的收益状况是不同的。在合理区域进行西甜瓜种植生产，就必须要遵循比较优势理论，否则只能浪费要素资源。河南省正好处于适宜西甜瓜种植生产的经纬度范围内，种植生产西甜瓜具有明显的区域比较优势。

8.1.2 发展西甜瓜产业，有利于促进农民增收

西甜瓜是重要的经济种植作物之一，对促进农业产业结构逐步科学合理、带动农民增收具有非常重要的作用。在现代农业进程中，农业产业中各个产业的比例构成影响着农业产业的总产值。西甜瓜产业是农业产业的重要分支之一，有非常重要的经济作用，种植经营情况直接影响着农民的经营收入，因此，西甜瓜产业的种植比例是否科学直接决定农业的总产值、农民的家庭收入和居民的生活水平。既然西甜瓜在农民增收、提高居民生活水平方面具有非常重要的作用，就需要加快西甜瓜产业快速发展，就应该促使各种生产要素向甜瓜产业集聚，提升农业产业结构，向市场化产业发展。

8.1.3 受到宏观和微观两个方面因素的影响

西甜瓜的种植生产不仅受到来自包括自然因素（气候因素、土壤资源）、经济因素、技术因素、政策因素等多方面的宏观因素影响，还受到来自消费者、生产者、销售商等的微观因素的影响。近几年来，河南省经济增长迅速，人均生活水平快速提高，对西甜瓜的需求将会不断增加，这将导致政府会越来越重视西甜瓜的种植生产，对西甜瓜的政策支持也会越来越多。随着相关制度完善，西甜瓜相关的市场机制得到健全，西甜瓜的市场化程度将会进一步提高，这就要求与西甜瓜种植生产相关的各种生产要素不断优化配置，这样才能促进西甜瓜市场健康发展。

8.1.4 农民专业合作组织有利于提升西甜瓜产业竞争力

目前，河南省西甜瓜种植生产中普遍存在着小农户与大市场之间的矛盾，小农户在市场交易中处于弱势地位、抗市场风险能力弱严重制约了小农户增收等，而农民专业合作社是解决小农户与大市场之间矛盾的最佳途径，通过组织功能、中介功能、载体功能和服务功能等把分散的小农户有效地组织起来，提高西甜瓜种植农户抗市场风险的能力和参与市场竞争的能力。在河南省的西甜瓜种植生产经营中，西甜瓜专业合作组织多种多样，主要有专业合作社、服务合作社和专业协会等。截至 2013 年底，河南省依法登记的农民合作社达到 70091 家，占全国

农民专业合作社总量的 7.1%，居全国第三位；出资总额 1787.83 亿元，占全国农民专业合作社出资额的 9.4%，居全国第二位；数量和出资总额均居中部六省之首。这些农民专业合作社特别是各类农产品专业合作社，分散于各类相关农产品生产区域，西甜瓜合作社更是分布于各个西甜瓜的生产领域，通过对瓜农进行西甜瓜种植技术的专项服务指导、进行产品上市销售管理等，提升西甜瓜产业竞争力，提高瓜农的收益。具体到西瓜合作社和甜瓜合作社的经营收益，又表现出不同的市场情况，西瓜合作社的市场利润率高于甜瓜合作社，但甜瓜合作社的绝对利润又高于西瓜合作社。从西瓜合作社和甜瓜合作社的同比利润率看，2013 年明显低于 2012 年。

8.1.5 受市场价格波动影响，农民收入持续走低

随着居民消费结构的不断升级，我国西瓜消费总量大幅上涨，2011 年西瓜消费总量是 1996 年的 2.47 倍，年均增长率为 6.21%。近年来，我国西瓜人均消费量增速放缓，但西瓜总产值却表现出快速增长的态势，主要是由于：人们对西瓜消费品种需求的转变，我国西瓜消费仍以夏季为主，但季节性特征却逐渐减弱，冬春反季节西瓜市场需求量扩大；我国城乡人均西瓜消费支出在食品消费支出中所占的比例表现出下降态势，其中，城镇西瓜消费量的降低速度快于农村，城乡西瓜消费量的相对差距缩小。通过对影响西瓜消费因素的实证分析得出，我国居民长期的消费习惯对西瓜消费产生的影响不大，并没有对西瓜的消费产生"棘轮效应"；价格仍是影响西瓜购买的重要因素；人均收入水平对我国西瓜消费的影响程度也较大。2011 年以来，西甜瓜的市场销售价格持续低迷，相对于粮食等农产品而言，西甜瓜的需求价格弹性较大，当市场价格上涨过快时，市场对西甜瓜的需求就会大幅度地减少，再加上西甜瓜是时令水果，不易储藏，降价销售就成为市场的必然选择，这些都会造成西甜瓜种植市场出现"丰产而不丰收"的景象。西甜瓜市场价格的低迷，不但会阻碍瓜农增收，瓜农还会因其种植生产西甜瓜收入不高而降低种植意愿。

8.1.6 西甜瓜生产标准化程度低，阻碍其国际竞争力

好的产品必须先有好的种子资源，河南省是西甜瓜种子的重要培训基地，但

是因种子市场混乱，优良品种更新换代较慢造成好的西甜瓜品种不能及时投入生产。同时，种子种苗成本显著增加，特别是雇工费用增加，这是造成西瓜制种生产成本逐年大幅增加的主要原因。在西甜瓜的种植生环节，标准化生产水平低、产业化程度不高、产品上市比较集中等因素造成西甜瓜生产效益较低。西甜瓜运输不够畅通，运输费用不断增加，阻碍了西甜瓜市场流通效率。西甜瓜生产的组织化程度和社会分工程度均很低，家家户户种瓜卖瓜，既难以适应大市场的发展需求，也难以较快提高生产质量，影响了产销协调和生产的稳定发展。西甜瓜种植生产实现规模化就需要增加种植面积，需要较大面积土地，但受国家对粮食安全的日益重视和生产补贴标准不断提高等因素影响，西甜瓜种植大户的种植成本继续攀高，特别是土地租赁成本逐步上升。河南省农村可耕土地的租赁成本每亩在 1000 元左右，有些地、市每亩租金达到 1500 元左右。土地租赁成本上升势必提高西甜瓜的生产经营成本。目前，河南省上市销售的西甜瓜普遍存在着商品化程度低的现象，西甜瓜的附加值不高，阻碍西甜瓜的国际竞争能力。

8.2　西甜瓜产业发展方向

改革开放以来，我国西甜瓜产业取得了显著成果，我国连续保持世界第一的西甜瓜生产大国的地位。河南省地处中原地区，西甜瓜生产历史悠久，是我国西甜瓜生产的主产区，也是我国西甜瓜产业发展的优势区域，河南省西瓜以其脆、甜、香等特有风味享誉全国，是河南省具有特色的名优农产品之一。因此，应该从科技、生产、市场等方面着手，不断完善各项政策措施，加快河南省西甜瓜产业的快速发展。

8.2.1　强化西甜瓜基础方面的研究与创新

8.2.1.1　实施西甜瓜育种科学化与国际化

高品质的西甜瓜种子是实现西甜瓜产业发展的源头，也是经济效益持续提高的基础，因此强化西甜瓜良种等基础方面的研究西甜瓜产业可持续发展的前提和关键。一是要聚集与优化我国西甜瓜研究资源，有层次地开展西甜瓜优异种质的创新研究。实施国家"863"、攻关等重点科技项目，加强与国际相关组织的技术合作，利用西甜瓜分子标记与单倍体技术，结合常规育种与抗病筛选技术，在西甜瓜的抗病毒病、枯萎病、炭疽病、白粉病、蔓枯病和甜瓜的抗白粉病、霜霉病、蔓枯病、疫病等方面获得综合性状优良的抗性育种材料。二是开展西甜瓜基因组学研究。结合国内外研究资源，整合现有的西甜瓜遗传图谱，建立主要病害抗性基因的分子标记辅助选择技术体系。利用细胞与分子育种技术，结合常规技术手段，开展西甜瓜抗病优异种质材料的创新研究。三是强化育种材料研究。以现代生物技术为手段，开展西甜瓜优异种质的创新研究。研发的重点应集中在利用分子标记技术结合大孢子培养，通过与常规杂交技术的结合，进行大规模快速转育获得抗病优异育种新材料，同时利用基因工程与辐射、诱变技术获得具有新性状的育种材料。在育种技术方面通过开展西甜瓜的功能基因组学的研究，为进行品种的定向改良与分子设计提供技术平台。四是新品种选育上重点突出优质和适应性、商品性强的综合性状，根据市场需求重点选育优质、适应性强、商品性好的西甜瓜鲜食及加工品种。选育品种由普通有籽西瓜到无籽西瓜，再到中小型西瓜，发展到现在的特色无籽小西瓜；果皮颜色由白皮到花皮、黑皮，再到黄皮、绿皮；瓤色由白瓤到红瓤，再到黄瓤；果型由大到小；方向由高产转向优质。同时还要根据市场需要选育多样化的西甜瓜品种，中小果型优质无籽西瓜与适应性强的早熟大果型优质甜瓜品种将是生产推广的重点。

8.2.1.2 优化西甜瓜生产栽培技术

随着西甜瓜生产的区域化和专业化程度不断提高，建立起符合我国国情的优质低成本生产技术体系，促进西甜瓜产品更好更快地进入国际市场，必将成为新时期的工作重点。一是要建立和完善西甜瓜产品安全技术保障。实现这一目标的切入点是开展"无公害产品生产示范基地"创建活动。实现西甜瓜无公害生产的前提和保证就是要有规范的西甜瓜栽培技术。近期，我国在西甜瓜主产区公布实施了一批产业技术标准与技术规范，促进了无公害生产的普及，保证商品瓜的质量，同时也促进西甜瓜产品采后商品化处理、储藏、包装和运输技术的研发和推广，提高生产的附加值。二是建立以安全高效为目标的西甜瓜栽培技术体系。西甜瓜的栽培由最初的露地地膜覆盖栽培技术，逐步发展为小棚栽培、大棚栽培和日光温室栽培；从西甜瓜与粮棉作物间作套种的技术，发展到西瓜嫁接育苗技术，同时在经济较发达的西甜瓜设施栽培产区甚至应用推广了无土栽培技术。实现这些目标的重点是适合设施栽培的简易基质培营养液，满足市场需要的无公害病虫害模式防治技术。解决无籽西瓜与甜瓜种子生产过程中的细菌性果腐病问题，确立健康种子的繁殖技术规程。三是建立符合国际规范的西甜瓜质量检测体系。任何产业要参与国际竞争，必须走内涵式发展道路，依靠科技进步提高单产、降低成本、提高质量和效益，实现发展速度和产业效益的统一。通过政府指导和各种经济力量的共同参与，进一步加强无公害生产示范基地和出口基地建设、适合同生态产区的保护地栽培基础设施建设、西甜瓜的商品化处理及加工体系建设、瓜类病虫害的预测预警体系与综合防治体系建设。

8.2.2 提高西甜瓜经营规模与产业化水平

在西甜瓜种子品质得到保证和各项种植生产技术不断提高的前提下，西甜瓜种植经营效益也会大幅度提高。实现这一目标还需要做好以下几方面工作：一是扩大西甜瓜的种植经营面积。生产规模扩大可以更大程度地提高劳动力的工作效率，实现规模管理，提高劳动生产率，解决因分散经营而引起的生产资料浪费、经济效益低（成本高）等问题。开展规模生产不仅可以促进西甜瓜产业的发展，而且可以增强市场竞争力，增加农民收入，有利于社会主义新农村建设。在扩大种植面积的基础上，还要发展西甜瓜种植大户。促进规模化生产，一家一户自产自销式的经营模式已经不适应市场经济的发展需要，而是成为西甜瓜产业发展的桎梏，必须改变这种种植经营模式。要积极发展西甜瓜种植大户，引导农户利用土地流转的契机，实行包地、租地等形式，也可以多家联合租地，将土地集中，形成几十亩甚至上百亩的集连片的种植区，实现规模化、专业化生产。只有实现了规模化生产，才能实现规模效应，才能促进西甜瓜产业向高端发展。二是延长西甜瓜产业链，提高产业化程度。在生产方式方面，由最初的分散性小农生产，发展到现在的集约化规模生产；在销售方式方面，由小农户的小规模零售，发展到农产品市场的大量批发，加速形成贸工农、产加销一体化的产业经营体系。三是建设专业化西甜瓜批发市场，提高西甜瓜的流通效率。随着西甜瓜产品的畅销和效益的攀升，农民生产的积极性会更加高涨，随着生产规模的扩大，专业化批发市场的建设也迫在眉睫。专业化批发市场的建设不但方便瓜农、便于管理，还为客商提供良好的收购环境，能够更大可能地吸引更多的客商。四是打造西甜瓜经营品牌。适宜种植西甜瓜的区域大多是平原，沙地资源丰富，生态环境优越，质量优势明显，生产出的产品有品质好、甜度高、耐储存和运输等特点，深受市场的欢迎。开发西瓜新品种，加大科技投入，注册西甜瓜品牌，注重产品包装设计，增加品牌效益，根据市场情况，进行防伪标识，运用品牌占领市场是今后河南省西甜瓜发展的必由之路。五是以西瓜产业为龙头带动其他产业发展。西甜瓜产业的发展还将带动产品包装、饮食等其他行业的发展。如河南省可以通过招商引资引进纸箱加工企业或鼓励西甜瓜种植地当地居民建立纸箱加工企业，当地政府应该给予支持，以满足西甜瓜的包装需求。同时，鼓励开展西甜瓜交流会，吸引外省的商人前来参观，进而签订订单，增加当地收入。

8.2.3 提高西甜瓜种植的市场化程度与国际竞争力

随着社会发展和生活水平的提高，消费者对西甜瓜品种的需求也呈现新趋势。以消费需求为导向，安排产品研发与生产是社会主义市场经济发展的内在要求，也是现代市场营销观念的核心。一是生产必须适应市场的需要，以获得新的增长点。消费市场需要类型丰富、口感风味好、外观佳的中小果型商品瓜；生产者需要适应性更强，丰产性更好，栽培简易，适合不同产地条件栽培的实用型品种。这就要求"人无我有、人有我优、人优我先"，不断完善、提高西甜瓜种植技术、更新西甜瓜品种，例如，鼓励、号召瓜农种植"礼品西瓜"、"彩色西瓜"等，以满足不同的市场需求。二是实现国际和国内两个市场的有效对接。西甜瓜是夏季重要的、主要的蔬菜水果之一，也是出口创汇的重要农产品。我国把促进西甜瓜国内、国际两个市场对接作为"十一五"规划的重要任务。实现两个市场对接，就是要集中优势产区，通过政府的政策与宏观引导、行业协会的积极参与，培育壮大一批外联市场、内联基地、带动能力强的现代龙头企业。三是提高我国西甜瓜产业的组织化程度。在主要规模产地培育一批专业合作经济组织，提高生产者的组织化程度。要把分散的一家一户生产与统一的大市场结合起来，解决一家一户不能办、办不了、办不好的事情，就必须成立西甜瓜专业合作组织，如瓜农自己建立的西甜瓜合作社、协会、公司加农户产供销一体化组织等，这些专业合作组织可以帮助农户解决西甜瓜销售渠道、物流运输、市场信息的获取等问题。通过政府有关部门与行业组织的联手，在主要产区组织优质西甜瓜商品质量与品牌评比，宣传与推介优质商品瓜产区基地和市场信誉好的重点企业，扩大知名品牌的影响，推动市场的自律与良性循环。四是发展现代物流业，构建面向国内外的市场信息网络。建立适宜大规模推广的优质无公害西甜瓜栽培技术模式，提高我国西甜瓜市场的品质信誉，拓展国内外消费市场。五是增强西甜瓜销售的品牌化。六是要优化出口产品结构，提高国际竞争力。充分利用我国西甜瓜生产的资源、规模、成本和区位优势，大幅度提高西甜瓜产品的质量和卫生安全水平。注意保护和优化产地生态环境，改善西甜瓜生产特别是保护地生产的基础设施条件，努力提高西甜瓜生产的环境质量。在西甜瓜生产的可持续发展中，大力普及适合不同产区和市场条件的西甜瓜规范化栽培模式，在模式化生产中推行节本降耗的生产方针，避免西甜瓜产业发展对环境资源的负面影响和破坏。优化出口产品结构，提高国际竞争力，挖掘出口潜力，依托先进科技，规范质量标准，维护品牌信誉，提高品牌活力，增强西甜瓜产业知名育种单位和生产企业发展的后劲，使中国由西甜瓜生产大国成为商品瓜及商品种子的出口大国，提高在国际市场的占有率。

8.2.4 加强政府引导，创新西甜瓜产品种、销模式

西甜瓜产业属于农业产业中的一个重要组成部分，同样属于弱势产业，需要政府扶持或保护。一是充分发挥政府的宏观调整职能。在西甜瓜产业发展进程中，需要充分发挥政府的主导作用。市场具有自身的弱点和缺陷（自发性、盲目性、滞后性），而政府掌握的资料可以对农户进行政策引导，较全面地对市场进行宏观调控，减少农民因盲目跟风而造成的不必要的损失。二是大力发展订单西甜瓜产业，降低瓜农在生产与市场中的风险。订单农业具有市场性、契约性、预期性和风险性，订单农业是先找市场后生产，可以降低农民的市场风险。可以通过以下四种方式发展"订单西甜瓜"：第一种是瓜农与农业产业化龙头企业或加工企业签订西甜瓜购销合同，依托龙头企业或加工企业发展"订单西甜瓜"；第二种是瓜农与专业批发市场签订合同，依托大市场发展"订单西甜瓜"；第三种是农户与专业合作经济组织、专业协会签订合同发展"订单西甜瓜"；第四种是

农户通过与经销公司、经济人、客商签订合同，依托流通组织发展"订单西甜瓜"。三是发展"农超对接"和"农批对接"。现代物流模式"农超对接"和"农批对接"是农产品物流今后的发展方向，是降低物流成本、提高农民收入的有效途径。实现"农超对接"、"农批对接"需要对产品生产规模、生产标准和质量以及后期冷链保鲜等多环节进行控制和管理，这就要求政府相关部门制定合理的规划，出台鼓励政策，给予政策和资金上的扶持，还需要以科技带动、以企业带动。

8.2.5　开创西甜瓜产业生产新形式

在大力摒弃传统西甜瓜产业种植经营模式的前提下，寻求西甜瓜产业发展与其他产业发展的融合，拓展瓜类文化，发展旅游观光产业。一是发展观光农业。社会在发展，消费者对果品的需求呈现出多元化、多层次的特点，要求瓜果商品能享用，能观赏，能陶冶性情、感受自然、回归自然。大自然把许多园艺作物创造成完美的艺术品，加上人工巧妙的栽培，就更是锦上添花，符合现代都市人休闲娱乐、回归自然的审美需求。各观光旅游景点可以将各品种的西甜瓜雕刻成各种形状，摆出多种造型，更大程度上满足观光人群的需求。这也预示着西甜瓜作为观光农业的一种美好的发展前景。二是在西甜瓜上贴字。中国是礼仪之邦，重传统，讲情义，试想，中秋佳节，亲人团聚，百果飘香，与象征团圆的月饼一起摆在餐桌上的还有印着"花好月圆"等字样的漂亮的圆西瓜，岂不是锦上添花、怡悦情怀？三是发展盆栽西甜瓜。盆栽小型西瓜、甜瓜、南瓜是家庭园艺中的新生事物，它赋予了西瓜、甜瓜、南瓜更多的人文色彩，在保留其食用功能外，更突出了其观赏性。盆栽西瓜、甜瓜、南瓜在大城市会受到园艺爱好者的欢迎，有一定的市场。

8.3 加快西甜瓜产业快速发展的政策建议

8.3.1 完善西甜瓜产业发展扶持政策，充分调动瓜农种植生产积极性

西甜瓜产业是弱势产业，受自然风险和市场风险的共同影响，需要政府保护。虽然我国在农业生产推广中实施了"两免一补"等扶持政策，但是还没有针对西甜瓜产业发展的政策措施。西甜瓜产业的可持续发展迫切需要政府的大力扶持和保护。具体而言，一方面，由于西甜瓜在栽培种植过程中容易遭受旱涝灾害、连作障碍以及真菌性和病毒性病虫害等多种自然风险，在市场销售过程中容易遭受产品集中上市、市场价格大幅波动等多种市场风险，而农业保险是分散瓜农风险的良好机制，因此可以考虑在我国的西甜瓜主产区实施西甜瓜政策性保险的试点工作，逐步细化保险责任，积极探索涵盖西甜瓜生产和销售的风险保障机制，从而最大程度上降低瓜农栽培种植西甜瓜的自然风险和市场风险，充分调动瓜农的生产积极性；另一方面，由于西甜瓜在栽培种植过程中，特别是以中小拱棚、日光温室为代表的设施甜瓜，前期土地、化肥、农药、劳动力等生产要素的投入相对较大，而且投资回收期相对较长，对于资金承受能力有限的分散瓜农来讲，压力相对较大，因此各级政府要在深入落实农户贷款税收优惠、小额担保贷款贴息等金融政策的同时，积极鼓励金融机构，特别是农村信用社、村镇银行等农村金融机构发展适合西甜瓜栽培种植特点和需要的小额信贷和微型金融服务，降低瓜农申请生产贷款的准入门槛，尤其是针对种瓜大户和专业农民合作组织（协会）的资金需求特点，创设适合西甜瓜种植经营需求的金融产品，从而为西甜瓜产业发展提供充足的资金保障。

8.3.2 完善科技创新体系，强化科技的产业支撑力度

一个完善的科技创新体系必然要包括主体、载体和对象等部分。因此，完善西甜瓜产业科技创新体系首先就要积极培育科技创新主体。

第一，培育科技创新主体就要优化科技资源配置，夯实主体创新的基础。一是要优化整合我国西甜瓜基础研究的科技资源，促进产、学、研、销相结合，积极开展全国西甜瓜科研、生产协作与交流，加快技术集成，提高西甜瓜产业自主创新能力。二是要加大科研资金投入力度，增强创新主体所需要的资本厚度，保证培育优质新品种及关键技术所需要的各项物质需求。

第二，是加快研究培育具有优质、抗病、易坐瓜、耐低温寡照、不畸形等优质特性的西甜瓜新品种。实现这些目标的前提条件就是要推动现代育种技术（如单倍体育种技术、体细胞杂交技术、无标记转基因技术、抗病、抗逆突变体离体筛选技术等）与传统的育种技术（多亲本复合杂交分离技术、多交种选配技术）的优化组合。另外，大力推进育苗、病虫害防治、田间管理等各个单项技术措施的组装配套、集成创新、中试熟化和推广应用。加快研究不同品种、不同生态条件、不同市场需求的综合栽培技术规程，逐步推广标准化、规范化的现代高效栽培技术体系，使西甜瓜产业的持续发展真正转移到主要依靠科技进步的轨道上来。

第三，优化创新科技实施的载体。加快研究针对不同产区、不同市场需求的中小拱棚、日光温室以及与粮食或其他经济作物间作、套作等各具特色的配套技术模式和栽培规范标准，制定不同条件下的科学、实用的管理技术方案。加强科技推广力度，建立和健全西甜瓜产业科技示范推广体系，重点抓好西甜瓜新品种、新技术推广，促进科研成果的商品化和产业化转化，提高科技对西甜瓜产业可持续发展的支撑力度。

8.3.3 构建西甜瓜产业链条中各主体利益联结的新机制

其他农业产业发展实践证明，产业化经营是实现西甜瓜产业效益增值的最佳途径，也是西甜瓜产业实现可持续发展的有效保证。产业化经营能够把西甜瓜产业链条中产前、产中和产后各环节的参与者利益联结起来，共同实现西甜瓜产业效益的增值、升值。在产业化经营模式上，采取"公司+合作组织+基地+瓜农"的模式，关键在于增强龙头企业的带动作用，这种模式能够有效地将分散的瓜农组织起来，加快培育和发展一批规模化的高标准西甜瓜生产示范基地，逐步建立统一管理、统一农资、统一种苗、统一技术、统一培训、统一品牌、统一包装、统一销售的"八统一"产供销"一条龙"的服务与运行机制，使西甜瓜的生产、加工、销售三者有机地联系起来。

　　建立起龙头企业与瓜农之间稳定的购销关系和利益联结机制，充分发挥龙头企业在产、供、销各环节中对瓜农进行生产指导、提供产销信息服务、创立品牌、促进标准化生产等方面的积极作用，这样既能充分发挥集团优势和区域优势，促进科技成果转化，又能有效地辐射带动瓜农，降低瓜农的生产风险和市场风险，提高西甜瓜产业的整体经济效益。

附录一　西甜瓜生产情况调查表

调查时间：＿＿＿＿＿＿＿　　　问卷编码：＿＿＿＿＿＿＿

本问卷共分五部分，绝大部分为选择题，如没有特殊说明的，则在题后的括号内填写相关的字母。有特殊说明的，请按要求答题。期待您能在百忙之中抽空填答或指派专人负责完成。我们将严格履行保密义务，最终结果只供研究之用，不做任何其他用途。

一、关于户主及西甜瓜生产的基本情况

1. 您种植的是＿＿＿＿＿＿　　①西瓜　　②甜瓜

2. 您目前所生活的地区：省＿＿＿＿县＿＿＿＿乡＿＿＿＿村

3. 户主性别＿＿＿＿＿＿　　①男　　②女

4. 年龄＿＿＿＿＿＿

5. 学历（只选一项）＿＿＿＿＿＿

①小学及以下　②初中　③高中（包括职高、技校）　④大专及以上

6. 您家的总人口数：＿＿＿＿人，其中务农人口＿＿＿＿人

7. 您家的家庭耕地面积：＿＿＿＿亩，其中西甜瓜＿＿＿＿亩

8. 您家的年家庭总收入：＿＿＿＿＿＿

9. 您家西甜瓜播种方式是＿＿＿＿＿＿

①直播　　②非嫁接育苗　　③嫁接育苗

10. 您家西甜瓜主要的生产方式是＿＿＿＿＿＿

①露地栽培　　②小拱棚栽培　　③中大棚栽培　　④日光温室栽培

11. 您家西甜瓜种植的主要品种是＿＿＿＿＿＿

①早中熟　　②中晚熟　　③小型西瓜　　④无籽西瓜

12. 您明年是否继续栽种西甜瓜_____

①是（继续作答）　　　　　②不是（第一部分结束）

13. 您明年种植西甜瓜的面积：_____

①扩大____亩　　　　　②减少____亩　　　　　③不变

14. 您目前种植西甜瓜的生产补贴是_____元/亩

15. 如果生产补贴提高 5%，您是否会扩大西甜瓜种植面积_____

①是，扩大____亩　　　　　②不是

16. 如果生产补贴提高 10%，您是否会扩大西甜瓜种植面积_____

①是，扩大____亩　　　　　②不是

二、关于农户西甜瓜生产的投入产出情况（调查年份为 2010~2015 年）

调查内容		单位	2010 年	2011 年	2012 年	2013 年	2014 年	2015 年
西甜瓜的播种面积		亩						
西甜瓜的年总产量		公斤						
西甜瓜的年销售收入		元						
1. 西甜瓜每亩物质与服务费用 1.1　直接费用	种子费	元						
	化肥费	元						
	农家肥费	元						
	农药费	元						
	农膜费	元						
	租赁作业费	元						
	机械作业费	元						
	排灌费	元						
	其中：水费	元						
	畜力费	元						
	燃烧动力费	元						
	技术服务费	元						
	工具材料费	元						
	修理维护费	元						
	其他直接费用	元						

续表

调查内容		单位	2010 年	2011 年	2012 年	2013 年	2014 年	2015 年
1.2 间接费用	固定资产折旧	元						
	保险费	元						
	管理费	元						
	财务费	元						
	销售费	元						
2. 每亩人工成本	2.1 家庭用工折价	元						
	家庭用工天数	日						
	劳动日工价	元						
	2.2 雇工费用	元						
	雇工天数	日						
	雇工工价	元						
3. 每亩用量	3.1 每亩种子用量	公斤						
	3.2 每亩化肥用量	公斤						
	3.3 每亩农膜用量	公斤						
4. 每亩土地成本	4.1 流转地租金	元						
	4.2 自营地折租	元						

三、关于农户的技术需求与技术供给情况

1. 农户对各类型技术的需求及满足状况

序号	技术类型	是否需求 (是 = 1；否 = 0)	技术需求排序 (按照急需性和重要性)	现有技术水平评价 (A. 满足；B. 基本满足； C. 有待提高；D. 亟待提高)
1	增加产量良种技术			
2	提高品质良种技术			
3	病虫害防控技术			
4	节本高效栽培技术			
5	省工机械技术			
6	水肥及管理技术			
7	储运和加工技术			

2. 您参加过相关技术培训或进修吗_____

①经常参加   ②偶尔参加   ③从没参加

3. 您获得相关技术的途径主要来自（可多选）_____，请按照重要顺序排列。

①自己摸索、凭经验　②跟着其他农户干　③乡、村干部传授

④农民专业合作组织指导、培训　　⑤媒体宣传

⑥政府各级农技推广站的农技人员传授　⑦合作的农业龙头企业

⑧其他_____

4. 您是否在农闲时学习过全套的技术内容_____

①是　　　　　　　　②否

5. 您是否在农忙时现场学习过农业技术_____

①是　　　　　　　　②否

四、户主参加农民专业合作组织情况

1. 您是否参加了西甜瓜农民专业合作组织_____

①是　　　　　　　　②否

2. 您是_____年加入的西甜瓜农民专业合作组织

3. 您是否愿意加入西甜瓜农民专业合作组织_____

①愿意　　　　　　　②不愿意

4. 您希望西甜瓜农民专业合作组织提供哪些服务？请按重要性排列_____

①技术服务　　　　②市场信息　　　　③农资供应

④西甜瓜加工　　　⑤西甜瓜储藏运输　⑥西甜瓜销售

⑦统一品牌　　　　⑧金融服务　　　　⑨其他_____

5. 您从西甜瓜农民专业合作组织获得的收入是_____元/年

6. 西甜瓜专业合作组织对农户的影响

项　目	加入合作组织的农户填写	未加入合作组织的农户填写
西甜瓜的种植收入（元/年）		
西甜瓜的商品率（%）		
西甜瓜的销售价格（元）		
农户每年投向西甜瓜的劳动量（工日）		
农户每年投向西甜瓜的资金（元）		

7. 您对所在西甜瓜农民专业合作组织的满意度_____

①很满意　　　　　②满意　　　　　　③一般

④不满意　　　　　⑤极不满意

关于合作组织的基本情况（以下问题可由合作组织负责人填写）

8. 您所在的西甜瓜农民专业合作组织名称_____，共有会员数_____

人，辐射带动非组织成员数_____万户

9. 您所在的西甜瓜农民专业合作组织的成员主要集中在什么范围_____

①本村范围　　　　　②本乡镇范围　　　　　③跨乡镇、区县、省市

10. 您所在的西甜瓜农民专业合作组织是否已经登记注册_____

①是　　　　　　　　②否

11. 您所在的西甜瓜农民专业合作组织的登记形式是哪种_____

①在工商部门以企业法人形式登记　　　②在民政部门以社团法人形式登记

③在农业部门以合作社形式登记　　　　④在科协部门登记

⑤其他_____

12. 您所在的西甜瓜农民专业合作组织的组织模式是哪种_____

①能人带动型　　　　②专业大户或经纪人联合型

③行政支持型　　　　④企业带动型　　　　⑤股份合作型

⑥其他_____

13. 您所在的西甜瓜农民专业合作组织的资金来源及构成_____

①自筹_____元　　　②政府支持_____元　　　③银行贷款_____元

④他人捐赠_____元　⑤其他_____元

14. 您所在的西甜瓜农民专业合作组织每年开展的培训次数_____人次，技

术指导_____人次

15. 您所在的西甜瓜农民专业合作组织的效益情况

	单位	2011 年	2012 年	2013 年	2014 年	2015 年
固定资产总额	元					
组织成员平均受教育年限	年					
组织管理人员平均年龄	岁					
劳动用工总量	工日					
年总产值	元					
年经营收入	元					
管理费用	元					
户均红利	元					
组织成员年均纯收入	元					

附录二　农民专业合作社调查问卷

调查时间：＿＿＿＿＿＿＿　　问卷编码：＿＿＿＿＿＿＿

各位农民专业合作社的负责人：

我们正在进行一项学术研究的调查工作，希望得到您的支持和合作。这是一份有关农民专业合作社组织行为情况的调查问卷，调查目的在于了解农民专业合作社的基本情况及发展现状。您宝贵的回答将对本研究分析有重要贡献。感谢您在百忙之中为我们填答这份问卷。方便的时候，我们会通过打电话的方式向您询问。再次感谢您的合作！

一、合作社的基本情况

1. 合作社的名称：＿＿＿＿＿＿＿＿＿＿＿＿＿＿＿＿＿＿＿＿＿＿＿＿＿

2. 合作社创立的年份：＿＿＿＿＿＿＿＿＿＿＿＿＿＿＿＿＿＿＿＿＿＿

3. 是否在工商部门注册：＿＿＿＿＿＿＿

（1）是　　　　　　　（2）否

4. 合作社是否为社员统一采购农业投入品：＿＿＿＿＿＿＿

（1）是　　　　　　　（2）否

5. 合作社是否从事农产品的加工业务：＿＿＿＿＿＿＿

（1）是　　　　　　　（2）否

6. 合作社组建的时候，是否有龙头企业（公司）参与：＿＿＿＿＿＿＿

（1）是　　　　　　　（2）否

7. 合作社组建的时候，是否有供销社和其他组织参与：＿＿＿＿＿＿＿

（1）是　　　　　　　（1）否

8. 合作社的业务是否依托于当地的重要农产品：＿＿＿＿＿＿＿

（1）是　　　　　　　　　　（2）否

9. 在同一个乡镇内是否有经营同类农产品的同行：＿＿＿＿＿＿＿

（1）是　　　　　　　　　　（2）否

二、合作社 2012 年的经营状况

1. 年末所有的在册社员数（人）：＿＿＿＿＿＿＿＿＿＿＿＿

2. 联系的当地非社员农户总数（户）：＿＿＿＿＿＿＿＿＿＿

3. 年末固定资产总值（万元）：＿＿＿＿＿＿＿＿＿＿＿＿＿

4. 年度经营、服务性收入金额（万元）：＿＿＿＿＿＿＿＿＿

5. 年度盈余总额（总收入减去总支出）（万元）：＿＿＿＿＿＿

6. 盈余中按股金比例返还给社员的比例（%）：＿＿＿＿＿＿＿

7. 盈余中按与社员的交易量（额）返还给社员的比例（%）：＿＿＿＿＿

8. 对社员进行技术、经营、合作等培训的次数（次）：＿＿＿＿＿＿＿

9. 对社员按照合作社生产技术操作规程开展生产的面积、数量的比例：

＿＿＿＿＿＿＿＿＿

（1）0%~10%　　　　　　（2）11%~20%　　　　　（3）21%~30%

（4）31%~40%　　　　　　（5）41%~50%　　　　　（6）51%~60%

（7）61%~70%　　　　　　（8）71%~80%　　　　　（9）81%~90%

（10）91%~100%

三、合作社的战略

合作社使用下列经营策略的程度：＿＿＿＿＿＿＿＿＿＿

（1）完全使用　　　　　　（2）基本使用　　　　　　（3）部分使用

（4）少数使用　　　　　　（5）基本不使用　　　　　（6）完全不使用

编号	合作社的经营策略	使用程度
1	面向不同的客户提供差别化的产品	
2	在制定产品价格时根据客户的意见进行调整	
3	根据市场需求灵活地确定向市场投放产品的数量	
4	要求社员掌握统一的生产技术和质量标准	
5	向市场统一提供品牌化的产品	
6	根据街道的订单安排社员的生产	

四、合作社 2012 年的绩效评价

1. 从成立到 2005 年底，合作社的经营时间是否超过三年：＿＿＿＿＿＿

2. 合作社的业务增长速度与理事会年初的预期相比：＿＿＿＿＿＿

（1）差很多　　　（2）差一些　　　（3）没有差别　　　（4）好一些

（5）好很多

3. 合作社的业务增长速度与两年前的情况相比：＿＿＿＿＿＿

（1）差很多　　　（2）差一些　　　（3）没有差别　　　（4）好一些

（5）好很多

4. 合作社的业务增长速度与从事同类农产品经营的竞争者相比：＿＿＿＿＿＿

（1）差很多　　　（2）差一些　　　（3）没有差别　　　（4）好一些

（5）好很多

5. 合作社的盈利能力与管理层（理事会）年初的预期相比：＿＿＿＿＿＿

（1）差很多　　　（2）差一些　　　（3）没有差别　　　（4）好一些

（5）好很多

6. 合作社的盈利能力与两年前相比：＿＿＿＿＿＿

（1）差很多　　　（2）差一些　　　（3）没有差别　　　（4）好一些

（5）好很多

7. 合作社的盈利能力与从事同类农产品经营的竞争者相比：＿＿＿＿＿＿

（1）差很多　　　（2）差一些　　　（3）没有差别　　　（4）好一些

（5）好很多

8. 总体而言，社员在满足社员需求和提高社员收入方面的效果为：＿＿＿＿＿＿

（1）非常差　　　（2）比较差　　　（3）一般　　　（4）比较好

（5）非常好

9. 总体而言，社员对合作社各类事务的参与程度为：＿＿＿＿＿＿

（1）非常低　　　（2）比较低　　　（3）一般　　　（4）比较高

（5）非常高

10. 总体而言，社员对合作社的认可程度和满意程度为：＿＿＿＿＿＿

（1）非常低　　　（2）比较低　　　（3）一般　　　（4）比较高

（5）非常高

11. 在当地从事同类产品生产人员中，社员的人均平均年纯收入与非社员相比：＿＿＿＿＿＿

（1）差很多　　　（2）差一些　　　（3）没有差别　　　（4）好一些

（5）好很多

12. 合作社在对当地经济社会发展带来的积极影响：＿＿＿＿＿＿

（1）非常不显著　　（2）不显著　　　（3）一般　　　（4）显著

（5）非常显著

参 考 文 献

[1] Akerlof, G. A. The Market for "Lemons": Quality Uncertainty and the Market Mechanism [J]. Quarterly Journal of Economics, 1970 (84): 488–500.

[2] Alene D. and Manyong, V. and Omanya G. et al. Smallholder Market Participation under Transactions Costs: Maize Supply and Fertilizer Demand in Kenya [J]. Food Policy, 2008, 33 (4): 126–135.

[3] Bakucs L.Z. and I. Ferto. Marketing Margins and Price Transmission on the Hungarian Beef Market [J]. Acta Agriculture Scand Section C, 2006, 3 (3–4): 151–160.

[4] Banker R.D., Charnes A. and Cooper W.W. Some Models for Estimating Technical and Scale Inefficiencies in data Envelopment Analysis [J]. Management, 1984, 30 (9): 1078–1092.

[5] Bill C. J. Capital Theory and the Distribution of Income [M]. Amsterdam: North Holland Pub, 1975.

[6] Boersma M. and Buckley P. and Ghauri P. Trust in International Joint Venture Relationships [J]. Jouranl of Business Research, 2003, 56 (12): 1031 –1042.

[7] Chander Mohan, H. S. Rewal. Management of Diseases in Muskmelon [J]. Progressive Farming, 2006, 42 (1).

[8] Charnes A., Cooper W. W., Golary B., et al. Foundation of Data Envelopment Analysis for Pareto–koopmans Efficient Empirical Production Functions [J]. Journal of Econometrics (Netherlands), 1985, 30 (1–2): 91–107.

[9] Charnes A., Cooper W. W., Wei Q. L., et al. Cone Ratio Data Envelopment Analysis and Multi–objective Programming [J]. International Journal of Systems

Science, 1989 (7): 1099-1118.

[10] Charnes A., Cooper W. W. Rhodes E. Measuring the Efficiency of Decision Making Units [J]. European Journal of Operational Research, 1978 (2): 429-444.

[11] Chung, Si-young. Extending the Technology Acceptance Model with Social and Organization Variables [D]. Cornell University, 2006.

[12] Coelli T. J., Rao D. S. P. Total Factor Productivity Growth in Agriculture: A Malquist Index Analysis of 93 Countries, 1980-2000 [J]. Agricultural Economics, 2005, 32 (1): 115-134.

[13] Colby, Hunter, Xinshen Diao, and Francis Than. China's WTO Accession: Conflicts with Domestic Agricultural Policies and Institutions [J]. The Essay Center Journal of International Law and Trade Policy, 2001, 2 (1): 190-210.

[14] Cowell, F.A. Measuring Inequality [M]. Oxford: Allan, 1977.

[15] David E. Merrifield, Richard W. Haynes. The Adjustment of Product and Factor Markets: An Application to the Pacific Northwest Forest Products Industry [J]. American Journal of Agricultural Economics, 1984, 66 (1).

[16] David W., McGill, Shawn T., Grushecky, Stuart Moss, Chad Pierskalla, Al Schuler. Landowner Willingness to Engage in Long-term Timber Leases in West Virginia, USA [J]. Small-scale Forestry, 2008 (7): 105-116.

[17] Dutta S. M., Bergen D. L., and R. Venable. Menu Costs, Posted Prices, and Multiproduct Retailers [J]. Journal of Money, Credit, and Banking, 1999, 31 (4): 683-703.

[18] Economic Analysis of Current and Potential Muscatine Melon Market [M]. Competitive Grant Report, 2004.

[19] Efendigil T. and Onut S. and Kongar E. Holistic Approach for Selecting a Third-party Reverse Logistics Provider in the Presence of Vagueness? [J]. Computers & Industrial Engineering, 2008, 54 (2): 269-287.

[20] G. Bryan Wall and Daniel S. Tilley. Production Responses and Price Determination in the Florida Watermelon Industry [J]. Southern Journal of Agricultural E-

conomics, 1979 (7): 153–156.

[21] Gary Lucier, Biing Hwan Lin. Factors Affecting Watermelon Consumption in the United States [J]. Economic Research Service, 2010 (11): 23–29.

[22] Gordon Hunt. Promoting Watermelon's Taste and Nutrition [J]. American Food and Ag Exporter, 2008, 19 (1).

[23] HCM City Craves Seedless Watermelon. Retrieved from http: //vietnam-news.vnanet.vn/2004–09/08/Stories/14.htm.

[24] Hsipeng Lu H., Lin J. C.. Prediting Customer Behavior in the Market-space: A Study of Rayport and Sviokla's Framework [J]. Information and Management, 2002 (40): 1–10.

[25] Huang, Jikun, Scott Rezelle, and Mark W.Rosegrant. China's Food Economy to the Twenty –first Century: Supply demand and Trade [J]. Economic Development and Cultural Change, 1999, 47 (4): 737–766.

[26] Jakubowski T. Breeding of Fruit Crop in Poland [J]. Fruit Varieties Journal, 1993, 47 (3): 137–142.

[27] Lin J.Y. Rural Reforms and Agricultural Growth in China [J]. American Economic Review, 1992 (82): 34–51.

[28] Marion B.W. and W.F. Mueller. Industrial Organization, Economic Power and the Food System [A]. Farris P.L. Future Frontiers in Agricultural Marketing Research [M]. Lowa State University Press, 1983.

[29] McCorkle, Chester Oliver. Fruit and Vegetable Marketing in the Economic Development of Greece [J]. Athen, 1962.

[30] Nigel Gibson. Shape of Fruit to Come [J]. Forbes Global, 2002, 5 (18).

[31] Noel Blisard, Hayden Stewart, and Dean Jolliffe. Low –Income House-hold's Expenditures on Fruits and Vegetables. Retrieved April 21, 2013, from http: //www.usda.gov/wps/portal/usda/usdahome.

[32] Sally Christie. Seedless Watermelons: Albanian Export Opportunities to Europe and the Region. Retrieved July 21, 2011, from http: //www.greenmarket.al/web/pub/albania_seedless_watermelon_market_opportunities_12_19_22_1.pdf.

［33］Strauss J. Does Better Nutrition Raise Farm Productivity［J］. Journal of Political Economy，1986（2）：297–320.

［34］Tarsem Lai，V. K. Vashisht.Techniques for Hybrid Seed Production in Muskmelon［J］. Progressive Farming，2006，42（1）.

［35］Viaene，J. and X. Gellynck. Competitiveness of the Food and Drink Industry in Poland and The Czech Republic［A］. Hartmann M. and J.Wandel. Food Processing and Distribution in Transition Countries：Problems and Perspectives［J］. Wissenschaaftsverlag Vank，Kie，1999：118–130.

［36］Wolfgang Schmidt. It's No Joke：The Small Watermelon［J］. Fruit World International，2005（2）.

［37］Zhang Yanrong，Sherrie Wei. The Melon Value Chain in Gansu Provice，Western China：Benefits to Growers from Improved Disease –control Practices［J］. Agriproduct Supply–Chain Management in Developing Countries，2003.

［38］鲍宏礼，吴红梅. 经济全球化背景下的农产品出口策略［J］.市场经纬，2003（23）.

［39］北京技术市场管理办公室.北京庞各庄乐平西甜瓜专业合作组织龙头带动产业互促［J］.科技潮，2005（6）.

［40］别之龙，杨普社，刘绍银.武汉市西甜瓜产业发展现状、问题与对策［J］.产业论坛，2008（2）：1–2.

［41］蔡荣，虢佳花，祁春节.果蔬类市场流通效率与制度设计——基于交易费用视角和SCM理论的分析［J］.生态经济，2007.

［42］柴斌锋.中国玉米成本及经济效益研究［M］.北京：中国农业出版社，2009.

［43］陈斐，杜道生.空间统计分析与GIS在区域经济分析中的应用［J］.武汉大学学报，2002，27（4）：391–396.

［44］陈晓陆，周泉等.岳阳市西瓜产业现状与发展对策［J］.湖南农业科学，2010（21）：113–115.

［45］陈远良.甜瓜优质高效栽培［M］.新疆：新疆电子音像出版社，2009.

［46］程国强.中国农产品出口竞争优势与关键问题［J］.北京农业，2006

（11）.

[47] 程杰，武拉平. 我国主要粮食作物生产波动周期研究：1949~2006 年 [J]. 农业技术经济，2007（5）：81-82.

[48] 崔彬，陈来生. 国外水果协会在水果产业化中作用及启示 [J]. 世界农业，2004（4）：22-26.

[49] 崔彬. 果品产销组织化研究 [D]. 陕西：西北农林科技大学，2004.

[50] 戴永务，刘伟平. 中国板栗产业国际竞争力现状及其提升策略 [J]. 农业现代化研究，2012，33（4）.

[51] 戴照义，郭凤领，李金泉. 湖北省西瓜甜瓜产业现状与发展对策 [J]. 湖北农业科学，2008，47（12）：1515.

[52] 德尔·霍金斯. 消费者行为学 [M]. 符国群等译. 北京：机械工业出版社，2004.

[53] 杜乃凡. 辽宁省西甜瓜产业发展优势及存在问题 [J]. 园艺与种苗，2012（6）：114-116.

[54] 方虹. 零售业态的生成机理与我国零售业态结构调整 [J]. 商业经济与管理，2001（10）：19-23.

[55] 冯国民，余中伟. 江夏区西甜瓜产业现状及发展对策 [J]. 长江蔬菜，2012（6）：97-98.

[56] 冯红英，董连新. 新疆无籽西瓜生产发展前景分析 [J]. 新疆农业科技，2005（6）：28.

[57] 高文胜，吕德国，杜国栋，秦嗣军. 我国无公害果品生产与研究进展 [J]. 北方园艺，2007（5）：64-66.

[58] 顾海英，孟令杰. 中国农业 TFP 的增长及其构成 [J]. 数量经济技术经济研究，2002（10）：15-17.

[59] 顾凝白. 竞争优势对我国扩大农产品出口的借鉴意义 [J]. 甘肃农业，2007（3）.

[60] 郭翔宇，刘宏曼. 比较优势与农业结构优化 [M]. 北京：中国农业出版社，2005.

[61] 郭志刚. 应用 STATA 做统计分析 [M]. 重庆：重庆大学出版社，2011.

[62] 韩一军. 中国小麦产业发展与政策选择 [M]. 北京：中国农业出版社，2012.

[63] 洪日新，李文信等. 广西无籽西瓜生产发展现状与对策 [J]. 长江蔬菜 (学术版)，2010（8）：119-120.

[64] 胡定寰，杨伟民，张瑜. "农超对接"与农民专业合作社发展 [J]. 农业经济管理，2009.

[65] 胡求光，王艳芬. 我国水产品的消费特征及其影响因素分析 [J]. 农业经济问题，2009（4）：18-21.

[66] 黄祖辉，刘东英. 我国生鲜蔬菜物流体系研究——制度、组织与交易效率 [M]. 浙江：浙江大学出版社，2007.

[67] 黄祖辉，鲁柏祥等. 中国超市经营生鲜农产品和供应链管理的思考 [J]. 商业经济与管理，2005.

[68] 黄祖辉. 发达国家现代农产品流通体系变化及启示 [J]. 福建论坛（社会科学版），2003（4）：32-36.

[69] 焦自高，鲁波. 山东省西瓜甜瓜产业现状及发展对策 [J]. 当代蔬菜，2006（8）：4-5.

[70] 焦自高，王崇启等. 山东省西瓜甜瓜生产现状及发展对策 [J]. 中国瓜菜，2009（4）：57-58.

[71] 李炳坤. 我国粮食生产区域优势研究 [J]. 管理世界，1996（5）：151-160.

[72] 李国祥. 2003 年以来中国农产品价格上涨分析 [J]. 中国农村经济，2011（2）：11-21.

[73] 李海平. 论我国农村金融政策支持体系的建设. 中央财经大学学报，2008（5）.

[74] 李劲松，韩晓燕等. 海南省西甜瓜产业发展现状及展望 [C]. 第 12 次全国西瓜甜瓜科研生产协作会议学术交流论文摘要集，2009.

[75] 李锁平，王利农. 我国蔬菜供给对价格的反应程度分析 [J]. 农业技术经济，2006（5）：59-60.

[76] 刘春香，闫国庆. 我国农业技术创新成效研究 [J]. 农业经济问题，2012

（2）：32-37.

[77] 刘芳，何忠伟.中国鲜活果蔬产品价格波动与形成机制研究［M］.北京：中国农业出版社，2012.

[78] 刘海河，张彦萍.甜瓜优良品种及无公害栽培技术［M］.北京：中国农业出版社，2010.

[79] 刘海河，张彦萍.西瓜、甜瓜安全优质高效栽培技术［M］.北京：化学工业出版社，2001.

[80] 刘海清，方佳.中国香蕉产业的国际竞争力研究［J］.农业现代化研究，2010（5）.

[81] 刘君璞，许勇，孙小武，马跃.我国西瓜甜瓜产业"十一五"的展望及建议［J］.中国瓜菜，2006（1）：1-3.

[82] 刘莉莉.关中果业产业化经营组织模式研究［D］.陕西：陕西师范大学，2008.

[83] 刘声锋，郭守金，张显.西甜瓜生产技术400题解读大全［M］.宁夏：宁夏人民出版社，2011.

[84] 刘文革.我国无籽西瓜产业发展状况与对策［J］.长江蔬菜（学术版），2010（8）：121-127.

[85] 刘雪，傅泽田，常虹.我国蔬菜出口的显示性对称比较优势分析［J］.农业现代化研究，2002（9）：370-373.

[86] 刘颖琦，吕文栋，李海升.钻石理论的演变及其应用［J］.中国软科学，2003（10）：139-140.

[87] 卢泰宏.中国消费者行为报告［M］.北京：中国社会科学出版社，2006.

[88] 卢纹岱.SPSS for Windows 统计分析［M］.北京：电子工业出版社，2004.

[89] 罗松远.农户行为对我国农业技术进步类型影响的实证分析——以小麦为例［J］.河南工业大学学报（社会科学版），2009，6：12-16.

[90] 马惠兰.区域农产品比较优势理论分析［J］.农业现代化研究，2004，25（4）：246-250.

[91] 马跃.初论西瓜的市场营销（二）［J］.中国瓜菜，2005（5）.

［92］马跃. 初论西瓜的市场营销（一）［J］. 中国瓜菜，2005（3）.

［93］马跃. 改革开放 30 年大背景下的西瓜甜瓜产业 20 年［J］. 中国瓜菜，2008（6）：55-58.

［94］马跃. 国际金融危机影响与中国西瓜产业经济走向及对策［C］. 第 12 次全国西瓜甜瓜科研生产协作会议学术交流论文摘要集，2009.

［95］马跃. 透过国际分析看中国西瓜甜瓜的现状与未来［J］. 中国瓜菜，2011，24（2）：64-67.

［96］马跃. 中国西瓜甜瓜业 21 世纪进入 WTO 后的发展探析. 中国西瓜甜瓜，2000（4）：38-40.

［97］马忠明，杜少平，薛亮. 砂田西瓜甜瓜生产现状、存在的问题及其对策［J］. 中国瓜菜，2010，23（3）：60-63.

［98］迈克尔·波特. 国家竞争优势［M］. 李明轩，邱如美译. 北京：华夏出版社，2002.

［99］潘慧锋，胡美华，赵建阳. 浙江省西甜瓜产业现状及发展对策［J］. 长江蔬菜，2008，12：1-5.

［100］潘学标. 经济地理与区域发展［M］. 北京：气象出版社，2003.

［101］乔娟. 中国主要新鲜水果国际竞争力变动分析［J］. 农业经济问题，2000（12）：33-38.

［102］乔宪生. 世界水果生产的现状、特点和趋势［J］. 世界农业，2010，（5）：37-41.

［103］青平. 武汉市水果消费行为的实证研究［J］. 果树学报，2008，25（1）：83-88.

［104］青平. 武汉市水果消费行为的实证研究［J］. 果树学报，2008，25（1）：83-88.

［105］曲从规，刘志军. 论生产和消费的本质联系和辩证关系［J］. 吉林财贸学院学报，1988（1）：15-17.

［106］盛玉奎，蓝万炼. 以农业产业化为依托发展我国现代农业物流［J］. 湖南农业大学学报（社会科学版），2004（10）：13-15.

［107］石扬令，常平凡. 中国食物消费分析与预测［M］. 北京：中国农业出

版社，2004.

[108] 时小红. 河南省西甜瓜产业现状及发展对策 [J]. 北方园艺，2010 (11)：208-209.

[109] 史君卿，吴敬学，窦以文. 技术效率分析中的主要方法及其比较研究 [J]. 农业经济问题，2008（增）：51-58.

[110] 宋泽. 中国城乡居民三大收入消费群体及特点分析 [J]. 财贸经济，2005，10（10）：36-37.

[111] 孙巍. 效率与生产率的非参数分析方法、软件与应用 [M]. 北京：社会科学文献出版社，2010.

[112] 孙小武，邓大成等. 湖南西瓜产业发展报告 [J]. 长江蔬菜（学术版），2010（8）：115-119.

[113] 谭静. 农业产业化研究进展综述 [J]. 中国农村经济，1996（10）：33-39.

[114] 汤国安，杨昕. ArcGis 地理信息系统空间分析实验教程 [M]. 北京：科学出版社，2010.

[115] 田建光. 关于中卫市压砂地西甜瓜持续发展的思考 [J]. 宁夏农林科技，2007（5）：179-180.

[116] 田青英，邢后银. 南京市西瓜专业村调查与发展建议 [J]. 中国园艺文摘，2011（12）：50-53.

[117] 王成慧. 市场营销理论的演进逻辑与创新研究 [M]. 北京：中国财政经济出版社，2003.

[118] 王丹. 陕西甜瓜销售模式分析 [J]. 中国商贸，2010（25）：46-48.

[119] 王浩，刘芳. 农户对不同属性技术的需求及其影响因素分析 [J]. 中国农村观察，2012（1）：53-64.

[120] 王浩波，高秀武等. 安徽省无籽西瓜产业现状与发展建议 [J]. 长江蔬菜（学术版），2010（8）：113-114.

[121] 王坚. 瓜事杂谈——历史回顾与问题讨论 [J]. 中国西瓜甜瓜，2005（1）：52-53.

[122] 王坚. 试谈我国西瓜甜瓜生产结构的战略性调整问题 [J]. 中国瓜菜，

2008（5）：1-3.

[123] 王利波，惠长敏等. 吉林省西甜瓜产业发展中的问题与对策研究 [J]. 专家论坛，2012（6）：36-37.

[124] 王庆瑜，李春杰. 从奥运西瓜到廉价西瓜看果蔬供应链的建立 [J]. 北方经贸，2009（8）：59-60.

[125] 王曙光. 新型农村金融机构运行绩效与金融创新 [J]. 中共中央党校学报，2008（4）.

[126] 王秀君，戴桂芝. 我国果品贮藏加工技术发展及其应用研究 [J]. 农产品加工，2007（7）：28-29.

[127] 王怡. 中国苹果市场整合研究 [D]. 江苏：南京农业大学，2007.

[128] 王志丹，吴敬学，毛世平等. 中国甜瓜产业国际竞争力比较分析与提升对策 [J]. 农业现代化研究，2013，34（1）：81-84.

[129] 王志丹，赵姜，毛世平，吴敬学. 中国甜瓜产业区域优势布局研究 [J]. 中国农业资源与区划，2014（1）.

[130] 韦强，邓德江. 京郊西瓜产业现状、问题和建议 [J]. 农业问题研究，2007（10）：83-85.

[131] 伍小梅，廖进中. 中国水果业国际竞争力及制约因素分析 [J]. 中国果业信息，2006（5）：1-5.

[132] 熊刚初. 中国水果供需总量平衡分析及预测 [D]. 湖北：华中农业大学，2003.

[133] 徐乐茵. 浅析西瓜甜瓜在果品市场中的地位与开发前景 [J]. 中国西瓜甜瓜，2004（3）：43.

[134] 徐晔，韩宇果. 中国水果产业链分析 [J]. 果农之友，2007（6）：4-6.

[135] 许传强，齐红岩. 甜瓜高产优质栽培 [M]. 辽宁：辽宁科学技术出版社，2010.

[136] 许勇. 中国西瓜甜瓜的科技成就与发展 [C]. 中国第一届压砂西瓜甜瓜产业发展学术研讨会论文汇编，2007.

[137] 薛亮，马忠明，杜少平，刘东顺. 甘肃省西甜瓜生产现状及发展对策 [J]. 甘肃农业科技，2011（7）：54-55.

[138] 颜送贵. 推进水果产业化的问题及其对策 [J]. 江西园艺, 2003 (1): 6-9.

[139] 杨建强, 张显等. 陕西省西甜瓜生产现状与发展建议 [J]. 北方园艺, 2006 (1): 54-55.

[140] 杨克钦, 俞宏, 刘彦, 何为华, 张劲强, 李君. 国内外西瓜甜瓜农药残留最高限量及其检测技术 [J]. 中国西瓜甜瓜, 2002 (2): 55-56.

[141] 杨艳涛, 张琳, 吴敬学. 2011 年我国西甜瓜市场及产业发展趋势与对策分析 [J]. 北方园艺, 2012 (8): 183-187.

[142] 姚今观, 纪良纲. 中国农产品流通体制与价格制度 [M]. 北京: 中国物价出版社, 1995.

[143] 曾维华. 我国西瓜种植起源考略 [J]. 上海师范大学, 1989 (2): 122-127.

[144] 张国栋. 上海南汇西瓜甜瓜产业化发展实行了四个统一 [J]. 中国西瓜甜瓜, 2004 (5): 41.

[145] 张红宇. 现代农业与适度规模经营 [J]. 农村经济, 2012 (5).

[146] 张峭, 杨霞. 中国水果消费现状分析及其预测 [J]. 农业展望, 2006 (8): 30-33.

[147] 张晓勇, 李刚, 张莉. 中国消费者对于食品安全的关切 [J]. 中国农村观察, 2004 (1): 14-21.

[148] 张中义, 柏桂英, 徐萍. 中国西瓜史探讨 [J]. 郑州轻工业学院学报, 1995, 10 (4): 15-18.

[149] 赵姜, 王志丹等. 中国西瓜甜瓜生产省际间比较优势分析 [J]. 中国瓜菜, 2012, 25 (5): 1-7.

[150] 赵姜, 吴敬学. 中国西甜瓜生产区域化演变分析——基于 29 个省区的实证研究 [J]. 中国蔬菜, 2012 (11): 5-10.

[151] 赵姜, 张琳, 王志丹等. 我国居民西瓜消费特征及影响因素分析 [J]. 中国蔬菜, 2013 (6): 76-78.

[152] 赵姜. 中国西瓜产业发展的经济学分析 [D]. 北京: 中国农业科学院, 2013.

［153］中国农业科学院郑州果蔬研究所. 中国西瓜甜瓜 ［M］. 北京：中国农业出版社，2001.

［154］朱世江. 加入 WTO 对我国水果采后技术的影响与对策 ［N］. 浙江科技报，2001-03-27.

［155］朱希刚，黄季. 农业技术进步测定的理论方法 ［M］. 北京：中国农业科技出版社，1994.

［156］左两军. 农产品超市经营对农业产业链的影响分析 ［J］. 农村经济，2003（2）：12-15.

后　记

2011年，西甜瓜产业再次成为国家农业产业体系建设规划之一，河南省地处中原地带，拥有西甜瓜种植生产的天然优势，也成为西甜瓜产业体系关注的重点区域。

博士研究生毕业后，我继续在河南从事农业经济教学科研工作，也非常荣幸地参与到西甜瓜产业体系建设中，并受中国农业科学院农业经济与发展研究所的委托，负责河南省西甜瓜产业技术经济的调研和研究工作。在这几年的调研过程中，我亲身感受到瓜农在西甜瓜种植过程中的苦与乐，看到了瓜农在西甜瓜成熟时的喜悦，也看到了瓜农在销售西甜瓜困难时的无助。近几年来，我国在西甜瓜品种培育、种植技术、产品销售渠道和社会化服务等方面都取得了非常可喜的成绩，极大地促进了西甜瓜产业发展。由于西甜瓜产业发展过程中的每位参与者的辛勤劳动，西甜瓜的品质和产量不断提升，种植技术不断提高，瓜农收入不断增加，居民膳食结构逐步合理，生活品质不断提高。

能够参与到西甜瓜产业体系建设中，首先要感谢我的恩师——吴敬学研究员。吴老师在学术上给予的无私教导、生活上无微不至的关怀，使我对西甜瓜产业技术经济研究产生了浓厚的兴趣，同时也成为我不断前行的动力。本书的完成还要感谢赵姜师妹、王志丹师弟，正是他们在西甜瓜产业经济发展上的前期研究成果和积累的大量数据，本书的研究才得以顺利进行。感谢参与河南省西甜瓜产业技术经济调研的大学生们，正是他们头顶烈日、冒着酷暑奔走在田间地头，才能使本书得到翔实的一手资料。也感谢河南财经政法大学的同事们，正是你们的支持和帮助，我才能够有更多时间完成研究和本书的撰写。最后还要感谢我的家人和所有支持我潜心教学与科研的前辈、领导和学人!

由于个人能力所限,本书的大部分研究还是局限于西甜瓜产业发展的"浅层",虽然在其研究过程中借鉴参考了国内学者丰富、深厚的研究成果,但是难免还会出现许多疏漏。恳请各位专家学者赐教,我将虚心学习,有不妥之处一并及时改正。

张 扬

2014 年 6 月